致敬改革开放四十周年

国务院参事室资助课题

四十人的四十年

中国农民工口述故事

主　编：王卫民

副主编：卢晖临　彭涛

中国文史出版社

图书在版编目（CIP）数据

四十人的四十年：中国农民工口述故事 / 王卫民主编 . — 北京：
中国文史出版社，2018.11
ISBN 978 - 7 - 5205 - 0765 - 3

Ⅰ . ①四…　Ⅱ . ①王…　Ⅲ . ①民工 – 社会问题 – 研究 – 中国
Ⅳ . ① D669.2

中国版本图书馆 CIP 数据核字（2018）第 258062 号

责任编辑：秦千里　窦忠如
装帧设计：敬德永业

出版发行：**中国文史出版社**

社　　址：北京市海淀区西八里庄 69 号院　　邮编：100142
电　　话：010 - 81136606　81136602　81136603（发行部）
传　　真：010 - 81136655
印　　装：北京市朝阳印刷有限责任公司
经　　销：全国新华书店
开　　本：889×1194　1/16
印　　张：20
字　　数：182 千字
版　　次：2019 年 1 月北京第 1 版
印　　次：2019 年 1 月第 1 次印刷
定　　价：68.00 元

序 · 王卫民
国务院参事室副主任

改革开放四十年最具标志性的事件，是数以亿计的劳动力大流动。

贫穷使农民毅然决然离开家园和土地，到城市打工讨生活。他们凭一把力气、一身汗水，包揽了城里最脏、最累的活，支撑起全世界最大规模的制造业，创造出数量最多的廉价商品供全世界的人享用。

世界上没有哪个群体像中国农民工那样，每天干十几个小时的活，拿最微薄的报酬，住最简陋的工棚，从来没有节假日，不讲任何待遇和条件。

到国外就会发现，欧美人的工作时间越来越短，强度越来越低，收入增长很慢，但他们的日子过得很好，其中一个重要的原因就是，中国制造支撑了他们的消费。世界为中国农民工提供了出卖力气的机会，中国农民工为世界提供了物美价廉的商品。如果真存在美国人所谓的"便车"，那拉车的一定是中国的农民工。

中国崛起的奥秘并不复杂，就是我们在全球合作竞争中的低成本优势。这个低成本主要是农民工的低收入和低福利。在我们付出的发展代价中，农民工付出的最多。他们常年不能见着妻儿，不能照料老人，像浮萍一样在城市间飘荡。

中国的崛起印证了那句老话：有付出就有收获。

中国农民工雄辩地说明：劳动创造财富。

四十年中，我见过最温馨的画面，是掌灯时分，农民工拎着大包小包回家后，孩子的欢笑，妻子的娇羞。

四十年中，最使我欣慰的事情，是春节之后，工厂的大轿车在乡间迎请工人。而很长时期，出门找工作是需要到处求人的。

四十年中，我最不能忘记的，是有一天下班后，一群疲惫至极的农民工，躺在大门外的草丛中，嚼着干冷的馒头，之后，他们还要奔往附近的工地。

中国为什么快速发展，看看农民工就知道了。

社会学家费孝通先生说，一个人只有生活在自己熟悉的社会里，才有意义。

农民工在城市几十年、几代人，从来就没有生活在自己熟悉的社会。他们永远都是外地来的"乡下人"。蒙尘的脸庞、疲惫的身影、脏兮兮的编织袋是他们的标配。艰苦尚可忍受，但公交车、地铁上一些人的白眼最令他们难过。

每年春节，几乎半个中国的人都在回家的途中。这其中的农民工最为执着。他们在火车站日夜排队买车票，在广场上的寒风中等候回家的钟声。最为壮观的，是风雪中的摩托车队，他们载着妻儿，载着给亲戚朋友的礼物，千里迢迢奔向回家的路。

千辛万苦回家，是为了家乡，为了亲情，但更重要的，是要回到他们熟悉的社会，感受生活的意义。每到春节，他们挥霍着汗水跌八瓣挣来的钱，穿着崭新的衣服，提着年货东家进西家出，抽着与他们身份很不匹配的高档香烟。这一切，都是为了意义，为了尊严。而还有什么，能比生活的意义和尊严更重要的呢？

在熙熙攘攘的人群中，每个人都怀了自己的心思，怀了意义和尊严。每个人都有值得书写和品读的心路，即使卑微如农民工。

在改革开放四十年之际，我们编写这本书，是想向这个两亿七千万的人群致敬。

是想提醒大家，在欢庆四十年伟大成就的时候，不要忘记他们。

是想告诉大家，这个为中国崛起做出重大贡献的人群，还有很多困难，很多诉求。四十年后再出发，我们要共同努力，解决他们的困难，回应他们的诉求。

是想请大家读读农民工的故事，这是四十年来，人间最丰富、最真实、最悲壮的故事。

是想请所有的城里人、中国人，善待他们！

2018 年 12 月 8 日

目录
CONTENTS

1 一个平凡女子的 "浪漫" 人生

访谈时间: 2018 年 1 月 23 日上午
访谈地点: 浙江珠岙村, 张姐早点铺
采访对象: 张翠翠 (张姐), 51 岁

> 张姐回想从前的经历, 觉得有拍成电影的潜质, 还
> 得是特别长的那种, 跌宕起伏和矛盾冲突都够了。但若让
> 她用一个词来概括自己的经历, 她反复斟酌后选了这个
> 词——浪漫。她觉得那些吃过的苦、有过的伤痛, 时间长
> 了就变得模糊了, 反倒是这一路的心态变化, 让她觉得自
> 己就像电影主人公一样, 特别富有浪漫主义色彩。

清晨的珠岙村, 人来人往。这个时间出来活动的基本是童装厂的工人,
他们大多没有自己做早餐的习惯, 因此早点摊多便成了这里的一大特色。
细看之下, 不难发现有一家生意似乎出奇的好, 卖的是刚出锅的热干面。
早点摊的主人是一对夫妻, 招呼客人的是老板娘, 烫着卷发, 爱笑, 嗓门
很洪亮, 和寡言的丈夫形成鲜明的对比。老板娘的热络很有感染力, 让人
忍不住猜想她大概是本地人, 一直过着这种简单快乐的小日子。不过, 我
接下来要讲的故事, 也许会让你大吃一惊。

一、饿肚子是儿时最深的记忆

1967 年, 张翠翠出生在江西省的一个农村。兄弟三个, 她是家中唯
一的女儿。张姐上面有两个哥哥, 大哥是父亲和前妻所生, 比自己大 12 岁,
二哥比自己大 5 岁, 下面还有个小两岁的弟弟。张姐 5 岁的时候, 母亲去

世了，而父亲在海上撑船，几个月才能回一次家，兄妹几人基本是跟着外婆长大的。

当时父亲的工作是算公职的，她们可以吃到商品粮。张姐到现在还记得，父亲每次回家都会买 50 斤米，那可能是她儿时最雀跃的时候了，不为别的，就单单为那 50 斤米，因为这就是全部了。父亲不管是隔两个月还是隔三个月回家，米的数量都是不变的，雷打不动的 50 斤，可这对于这四个孩子来说其实是远远不够的。饿肚子成了儿时最深的记忆，饥饿大概是一种痛觉，才会这么印象深刻。几十年过去，她依旧能回忆起当年的饥饿，"实在是太苦了"。

童年的日子就这么伴随着饥饿过去，等到她长成十五六岁的大姑娘，大哥早已是成家立业的年纪，二哥也已不再青涩。向来寡言的二哥和大伯学会了怎么揉面团，做包子，炸油条，做裁缝的大哥也经常帮忙，做好后她就拿到村里卖，还叫弟弟拿到他的小学去卖。几千人的村庄，每天不知道要穿梭多少遍，很长一段时间里面，那些包子、油条都是村里的"独一份儿"。具体赚到多少钱倒记不得了，只记得二哥已经可以自己去县城买16 块钱一百斤的米回家了。当时和张家情况类似的三姐妹家庭，都还没有衣服穿，"可我们自己可以活得好好的"，张姐每每向别人讲述起年少时的这段经历，都是自豪而坚定的语气，可这段过往背后藏着的，也许是那个时代下的不甘。

二、"资产阶级小姐"

就这样在村子里卖了两三年早点，大哥不再做裁缝，跑出去做生意。头脑灵活的大哥发现了一个生财之道，就是从外面进货拿到村子里卖。当时的程序很简单，只要有许可证，没有现金也可以在外面拿到货。这样，兄妹几个又开始经营起了全村第一家"百货商店"，货物种类十分丰富，在当时已经可以赚到一千多一天。张姐被全村的人戏称为"资产阶级小姐"。那时的一些乡长、银行行长之类的人到他们村子办事，都会专门到她家吃饭。

从"吃不饱、穿不暖"到所谓的"资产阶级小姐",不到 20 岁,张姐经历了人生的第一次巨大转变。

张姐到现在还记得开百货商店时发生的一件事。当时大哥从外面收花生回来,雇人剥花生米,再把花生仁卖出去,剥一斤花生给三分钱。雇来的人也都是同村的,直接就坐在她家门口剥。张姐一开始也没在意,后来才发现大家居然只挑大花生剥,小一点的就直接扔掉了。她觉得这样子不行,简直太浪费了!她一个人坐在房檐下,冥思苦想,终于想出了解决办法,让大家把花生拿回去,一斤花生要交出七两花生仁,才给三分钱工资。话音刚落,大家便开始哄抢。张姐第一次见到这种阵势,紧张中抄起旁边的铁锹,大喊:"你们都放下!出去!你们出不出去?你们要不出去我就拍你们的头!你们去外面好好排队,一下一下称,每个人多给你们一点,你们不要这样抢!"

场面当然是被控制住了,村里人也没见过这种拼命的架势,主动在门外排起了队。张姐的这一举动颇有点"一战成名"的味道,村里人开始发现这个"资产阶级小姐"似乎有点凶,每次到她家领花生或其他东西都比较有秩序。"其实我也没想那么多,就是个急性子,头脑一热就抄起了那把锹,哈哈哈。"张姐后来回忆说。

百货商店开了五六年,转眼张姐到了嫁人的年纪。有很多媒人上门来说亲,然而她当时心里就一个想法:要嫁得远一点,越远越好!原因无他,真的太累了。父亲拿着家里开店赚的钱去外面找旅店,特别挥霍;大哥甚至借着去外面进货的名义,带着嫂子到南京、上海去旅游,"可享受咧";除了顾店,家里面还有大伯的女儿和小弟小妹们需要她照顾,也没有年纪相仿的姐妹可以替她分担。二十出头的年纪,这个家里里外外全部由她一个人操持,累得喘不过气的时候一心只想着逃离这个家,逃得越远越好。

张姐丈夫的舅舅是她本村人,和她家提了这门婚事,说自己外甥是个不错的老实人。张姐也没考虑别的,一听未来婆家离自己家有一百多里就答应了。出嫁那天,全家都在哭,老的少的,大的小的,张姐说,"不知道的还以为死人了呢。"张姐抹了把眼泪,就头也不回地跟着婆家的车走了。

"走了好，走了就不用管他们了。"张姐的眼泪随着颠簸的车洒了一百多里的路。

三、"人心换人心"的生意经

1990年，嫁过去不久的张姐便怀孕了。儿子一岁左右的时候，张姐的父亲和大哥二哥都去了省会南昌做生意，张姐去那边找他们玩，看到南昌生意还不错，当机立断不回家了，直接给丈夫打电话让他带着儿子出来做生意。张姐做起决定来似乎总是这样果断，毫不犹豫，想到就去做了，不会将时间浪费在选择和犹豫上面。

就这样，一家人在南昌开始了新生活。张姐一家人在南昌全卖早点。他们租了一个店铺，她在里面卖包子，哥哥们在外面摆摊炸油条。事实上，她们家也是全村第一个出来做生意的。从"第一个卖早点的"到"第一家百货商店"，再到"第一个出去做生意"，张姐开玩笑说自己家引领着全村的时尚潮流。最开始是张姐的大伯在外面炸油条，赚的一角一角的钱，全部用麻袋装起来，背回村子，引发一阵阵惊呼。村里人也不知道袋子里面到底是多大的面额，只意识到原来外面做生意是这么好赚的，便都萌生了出去做买卖的想法。就这样，亲戚带亲戚，朋友带朋友，几乎全村人都出去在外面做起了买卖。有意思的是，村里出去的人全部涉足早点业，有的做大包子，有的做小包子，有的炸油条……张姐一家带动了全村几千人外出做生意的热潮，附近村的人一提起这个村便知道，那是个人人跑出去卖早点的村子。

在南昌的这些年，尽管每天的收入还不错，但是张姐并没有存什么钱，因为父亲和残疾弟弟（弟弟在1990年被压断了双手）全部要她照料，负担很重。父亲后来患了尿毒症，连续三四年的医疗费用是很大的负担；弟弟基本帮不上忙，每天吃饭和抽烟喝酒的费用也是一大笔；两个哥哥生意都不好，有时反倒需要她来接济；还有村里的一些亲戚朋友会到她这里来歇脚。张姐每天都要做很多包子、粉、麻花，还要蒸大饼，早上2点钟便起床，一天到晚 24 小时除了睡觉连坐的时间都没有，一个人跑进跑出，做几十斤包子。大哥看到妹妹这样直流眼泪："我妹妹怎么这么苦哟！"其实张姐心里倒没觉得自己有多苦，累是累的，但她觉得未来还是有希望的，毕竟小时候没吃没穿的日子都能熬过来，现在的日子再苦也比从前好多了。"努力多攒一点钱，总能过上好日子吧。"怀着这样的想法，张姐在南昌卖包子一卖就是十几年。

时间久了，曾经的"村里一枝花"身上自带的热络、会交际的气场便逐渐显现出来了。老家来人到她这里做客，只要说是找那个卖包子的就可以了。在南昌的十几年，周边人没有说张姐不好的。"非典"那年，全部店铺都被关了，不准做生意，只有她一家可以继续卖。派出所的人这样说："别人有工作你没工作，你不做你小孩不吃饭了？"就连吸毒的人都不找她麻烦，在别的店吃霸王餐、收保护费的主儿到她店里，不让付钱还偏要付钱给她。归根结底，还是得"人心换人心"，张姐说，你对别人怎么样，别人都是能感受到的，只有把这一颗真心捧上，别人才能真正知道你的好。

四、丈夫意外受伤

在南昌做了十几年早点生意，转眼儿子便到了升初中的年纪。儿子成绩不算好，张姐便想，既然不会读书就一定要回家，回家就有同学，有同学就有路子。她自己吃了离娘家太远的亏，在外面没什么朋友，做起什么事来打不开手脚。张姐做了决定，回家！在南昌的这十几年也着实没攒下什么钱，最后回家的时候她身上只揣着 700 块钱。南昌的生活像极了电影桥段里面匆匆而过的行走画面，日子一天一天地过，没什么太大的波澜，最后的记忆只剩下凌晨 2 点的街道和手中攥着的 700 块钱。

回到老家后，丈夫到景德镇的第三建筑公司做活儿，张姐找了个饭店打工，在后厨帮忙，日子也算过得去。然而好景不长，丈夫在工作时出现了意外。本来应该是两个人干的活儿，老板让他一个人做，丈夫整个人从十吨的车子上栽了下来。一双手全部摔断了，人也晕了过去。

当时的张姐其实正生着病，在饭店刷碗的时候后背意外撞到了水龙头，严重到腰一点不能弯，上厕所都困难。丈夫出事的时候，她的情况刚刚好转一点，勉强可以起得来。听到消息，她就急急忙忙往工地赶。未曾想到赶到工地听到的第一句就是："怎么没摔死啊？这一双手断了得赔多少钱？不如死了自在一点！"说这话的是丈夫所在建筑公司的老板娘。看着丈夫血肉模糊的双手，张姐心想，不活了，我和你同归于尽算了！就上去揪住老板娘的头发，厮打在一起，浑然忘了自己背上的伤。还是旁边的人把她们拉开，把丈夫张罗着送进了医院。

住院的那段时间是最为煎熬的。孩子还小要读书，张姐的腰又伤着暂时不能做事。她常常想，为什么伤的不是自己呢？为什么伤的偏偏是他呢？张姐甚至去算了几次命。算命的人说她那时候是最苦的运气，过了就会好了，她听着也只能苦笑。事后法院判了3万块的赔偿金，但是老板分毫不给，她也没有半点办法。这种公司都是和法院搞好关系的了，听说有类似情况的人想要上诉，身份证都被拉黑了，好人硬生生被变成坏人，连大门都不让你出，又能告到哪里去呢？

只有打官司，不停地打官司。张姐借了两三万块钱去打，依旧没有结果。向来寡言的丈夫那时候总是掉眼泪，张姐笑言自己的心态还蛮好，虽然借钱吃饭，跟娘家人开口就是几千几千的借，可她还有心思打麻将呢！丈夫骂她，总是要和她吵架，她就安慰丈夫不要急，急什么，这个钱是可以赚得到的；如果你不想打这个官司，明天我们就出去做生意。丈夫其实从小没吃过什么苦，他爸爸原来是做会计的，爷爷是打铁的，就这一个儿子，家里生活条件相对来说不错，哪里经历过这种借钱吃饭的日子。张姐便给丈夫讲自己的小时候，讲那些吃不饱也穿不暖的过往，她说现在至少钱是好借的，以前想借都借不到啊。后来丈夫的情况逐渐好转，官司也没有进展，她就决定不再耗着了，拿着哥哥嫂子给的1500块钱做本钱，到温州做生意。

五、在温州翻了身

到了温州，生活似乎有了新的开始，电影镜头仿佛一下又被拉长。之所以选择温州，是因为张姐有个妹妹原来在温州做过服装，她给他们推荐了这个地方。张姐在温州虽然还是卖早点，但不再是包子、油条了。她来时观察了一下，发现这里不缺卖包子的，也不缺炸油条的，但是没有做热干面的。张姐在南昌见过人家怎么做热干面，自己琢磨一番，便重新支起了早点摊。说起会做生意这点，张姐说这能追溯到她奶奶身上，她小的时候奶奶在村里卖豆腐，都能比别人卖得好一些。

张姐的热干面一开张就生意红火。虽然卖得便宜，两块五毛钱一份，但第一天就卖了 400 多块钱。现在涨到四块钱一份，一天连本带利可以卖到 1000 多块钱。刚到温州那段时间是特别苦的，打官司欠了别人不少钱，压力特别大，心里还郁结着气，张姐每天起床都能发现头发又白了一绺。睡觉也不完整，分成晚上两个小时，下午两个小时，因为不光要做早点，还要做夜宵，能赚一点是一点。别人问她怎么起得来，她说起不来，但是为了这个钱，爬也要爬起来。打官司欠钱的压力和后来盖房子欠钱的压力还不太一样，她总是会有一种深深的无力感，觉得自己的手里什么都抓不住，却还是得咬着牙、不松劲儿地坚持着。

在温州是赚到钱了的。张姐还上了打官司的钱，剩下的全部拿回老家，花了几十万盖了新房子——当然也借了十几万。好在温州这边人口比较集中，厂子也多，没几年她就还得差不多了，现在只欠着二哥 36000 块钱，自家亲戚也没那么多顾忌。提起老家的新房子，张姐满脸都是非常自豪的神情，神采飞扬地讲述三层楼的设计具体是什么样的，130 平方米的房子下面建成了门市房，等到他们回老家还可以继续做点小生意，等等。她常常和别人讲，自己活了大半辈子，最自豪的就是房子盖起来的时候。在张姐这一辈外出打工者的心里，能够在老家拥有属于自己的新房子，已经不再是单纯意义上的物质满足。她们希望在外人看来，自己算"混得好"的那一批人——这大概具有某种程度上的象征意义。

六、她觉得自己就像电影主人公

现在的张姐50岁，她总念叨着自己老了，不再年轻了，不过心态倒是越来越好了。可能是经历得多的缘故，对于很多事情都看得很开。她现在在珠岙生活得挺舒服，每年5月份都放假，有时候还回去看一下老人小孩。她觉得珠岙的人也蛮好，像她的房东逢年过节做点好吃的总会给她送一份过来。不过去年房租从一个月130元突然涨到300块，还是让她抱怨了一下。她现在的作息是这样，晚上10点多睡，丈夫1点起来收拾，2点把她叫起来准备出摊；下午从1点开始睡，睡到四五点钟，6点钟去跳舞。珠岙村有个"文化大礼堂"，前面有个广场，每晚都有很多人聚在那里跳广场舞。张姐觉得自己跳得还不错，有时候还会上去领舞。

要说起还有什么遗憾的事，张姐觉得就是丈夫的保险问题迟迟没有解决。丈夫曾经工作过的景德镇第三建筑公司，现在卖掉了，卖了很多钱，全被分掉了，他们剩下的这一两百人什么都没有。有精力的人，有时间就天天去吵，问题最终得到解决：出8万块钱把他们的养老保险买下来，现在他们可以拿到2000块一个月了。还有的人跑去北京上访，最后也把这个养老保险办下来了。张姐和丈夫没有时间，也没有精力，又找不到门路，这件事情就只能一直拖着。

一提起这个事儿，张姐难免会想起当时丈夫受伤的委屈。她总觉得上面的政策还是好的，就是被下面搞得乱七八糟、乌烟瘴气的。比如丈夫后来办了一个残疾证，判定为四级残疾，开始一年给他220块钱，就给了一年，后来就什么都不给了。丈夫受伤那一年，她几乎没怎么做事，偶尔去给别人打工，做做包子，两个人不到2400块一个月。她和丈夫家里因着父母工作的关系，都是吃商品粮的，没田没地，没有一点保障。辛辛苦苦做了一辈子，万一以后生了大病，除了儿女就什么依靠都没有了。

张姐有一儿一女，儿子今年28岁，女儿22岁。当初读书不太好的儿子后来进了技校，学了汽车维修。本来张姐想给他开个维修店，但儿子大概是从小看到爸爸妈妈做生意太过辛苦，不想自己做，就去考了个汽车评估证，应聘成功了一家上海的公司，现在每个月基本工资有 500 块，还能有些提成。女儿今年刚刚参加工作，考上了老家那边的"三支一扶"，以后就是一名人民教师了。儿女两个都没有对象，张姐对儿媳妇没什么要求，但是有一点，不能像她一样，个子太小；也不能太漂亮了，太漂亮的"苍蝇"多，要守不住的。对女儿的要求就是不能远嫁。张姐年少时没有姐妹，在这上面吃了不少苦，受了不少委屈，就这一个女儿她一定要留在自己身边。

活了大半辈子，张姐始终信奉着那句话——"人心换人心"，没做过什么后悔的、伤害到别人的事情。做生意的时候要是碰到有人手机掉了，会特意晚收摊儿，等着别人过来取；有人端着东西烫手，也会让人在她这儿歇歇脚，不买她家东西也没关系的。为数不多的争吵基本是为了维护孩子，许是从小没有母亲，也缺少父亲陪伴的缘故，张姐对儿女十分呵护，护犊情深。

张姐有时看到那种人物传记类的电影，回想起自己还没过完的这一生，觉得也有点拍电影的潜质，还得是特别长篇的那种，跌宕起伏和矛盾冲突都够了。但若让她用一个词来概括自己的经历，她反复斟酌后选了这么个词——浪漫。她觉得那些吃过的苦、有过的伤痛，时间长了就变得模糊了；反倒是这一路的心态变化，让她觉得自己就像电影主人公一样，特别富有浪漫主义色彩。她说，你看，就像我们这种犄角旮旯儿里的平凡人，单拎出来也都有很多故事可以讲。是啊，那份专属的浪漫大概从少女走街串巷卖早点便开始了……

撰稿人：陈舒雨（北京大学社会学系硕士生）
指导老师：温莹莹

2 一辆小轿车的人生证明

访谈时间：2018 年 7 月 8 日
访谈地点：安徽店集村，陈丹路家中
访谈对象：陈丹路，68 岁

> 他在 64 岁那年，拿到驾照，并买了一辆崭新的大众
> 轿车。邻居们纷纷赞叹："你可行了啊！都六十几岁了，
> 还买车开！你可行了！"陈丹路心中乐开了花，同时泛起
> 一股酸楚，几十年来曲曲折折，是不灭的希望与坚持，最
> 终让他证明了自己，也证明了人生。

2014 年 5 月 28 日，陈丹路拿到了驾照，在他 64 岁的时候！

一个月后，一辆崭新的黑色大众小汽车停在陈丹路家门口，店集村的老街上。四方邻居好奇地看着，只见陈丹路喜气洋洋地从驾驶座上下来，锁上车，进了家门。过往的邻里乡亲禁不住好奇，纷纷前来打探，纷纷赞叹："你可行了啊！都六十几岁了，还买车开！你可行了！"

陈丹路心中乐开了花。30 年了，自己像一只春蚕，辛勤地劳作吐丝，今日终于结成了茧，买了一辆体面的车，他终于证明自己并不比别人弱。上一次受到这样热烈的称赞，还是 1992 年，他用开饭店的第一笔收入盖新房时。

想着想着，陈丹路的心中泛起一股酸楚。几十年来，自己没少面对命运不公的对待，没少经历超乎常人的苦痛，没少承受邻里的轻视与伤害，几经辗转，他终于把握契机翻了身，虽然有些遗憾无法补救，希望与坚持还是让他证明了自己，证明了人生。

一、"黑五类"的历史包袱

陈丹路的母亲 15 岁时便嫁给了他父亲，19 岁有了他。土地改革时期，因为被划定为地主，祖父被镇压，留下祖母。经历了家庭巨大变故的父亲，感到自己唯有读书这一条出路，便下了苦功上学，终于考到芜湖的安徽银行学院，三年后毕业分配到灵璧县银行工作。工作不到一年，上海财经学院招生不足，从银行的新人中补充生源，父亲趁此机会来到上海念书。假期父亲回家，发现妻子竟然与婆婆矛盾不断，一气之下提出离婚。队里不问女方的意见，直接发出离婚书，母亲只好带着八岁的儿子回到老家。桂桥 9 岁生日过后，随着母亲改嫁，有了继父，从姓赵改姓陈，在店集村落下脚来。

1968 年，一个村只有五个学生上高中，陈丹路在列。为响应"学制要缩短，教育要革命"的口号，那年的高中改为两年学制，陈丹路 1970 年就毕业了，在家等待推荐跟读的消息——如果能被推荐去跟读，毕业后就可以转正做老师，拿稳定的工资，可谓前程似锦。然而消息来了——同村出去的五个高中学生，其他四个都被推荐了，唯有他落选……

难过，痛心，不甘……沮丧中他又感到悲凉，是啊，自己既没有关系，也没有钱，傻傻地等待结果，不过是竹篮打水一场空罢了。更重要的是，自己仍然继承了祖父的地主成分，政治身份这道坎怎么能随随便便跨过去呢？——可地主的后代就要遭受这样的对待吗？自己难道真的比同村另外四位青年差很多吗？难道因为背上了地主的成分，自己就真的与各种各样的机会无缘了吗？

事实告诉他，的确如此。不仅仅是高中毕业后的一个跟读名额，即便在他过了这道坎，决定应聘新的工作、寻找新的出路的时候，他也是一次又一次地被"地主成分"四个字打倒在地。因为有政审，年轻的他无法参军，几乎所有工作单位都拒绝将他聘用为正式工。毕业后几年，除了种地他没有任何收入来源。可是在家种地实在难以维持一家人的生计。继父过世，家里还有两个弟弟三个妹妹等他养活，他不能就这样完全放弃了啊。"好吧，正式工不用我，临时工总可以吧！"这样想着，1976 年经熟人介绍，陈丹路来到凤台县水泥厂，成为了一名临时工。

"凤台县水泥厂里有国营的工，有大集体工，俺们临时工待遇最差。没啥福利，开会都没你的份。人家一开职工大会，国营集体的，就坐在大礼堂里面开，俺们临时工呢就没这门子。"陈丹路如此回忆水泥厂做工的日子。临时工做的都是推石头这类极耗体力的苦活儿，一天一块五毛钱，干八小时。日复一日，没有休息，一个月工资 45 块钱。拼了命想挣钱的陈丹路，没什么可挑可拣的，不仅自己不休息，还常常主动帮有事请假的工友顶班，挣一点额外的收入，一个月能挣到五六十块钱。可是在厂里吃食堂一天就要花一块钱，有时候到街上买件衣服甚至会变成"月光族"，也就勉强补贴一点家用。陈丹路回忆道："我在那儿干了八年临时工，腰里从来没有 100 元，没有这个数字。腰里装 100 块钱？没有啊！"持续拮据的生活让他对这份工作充满了失望，脑中开始盘算新的活计。

1984 年，他辞去水泥厂的工作，学会了裁剪的手艺。不过他和其他人不同，学裁剪不是为了做裁缝，而是为了开裁剪培训班。裁缝是个稳定行当，可在陈丹路看来弊处太多，在街上租个门面，除去吃喝，一个月下来同样落不了几个子儿，只比水泥厂轻松一点而已。相比较而言，办培训班虽然不是长期的活儿，短期的收入还能支撑一笔花销。他一期收 20 个学生，每人学费 15 块钱，合计一期能挣 300 元。一期结束后，他便回家劳动，做农忙时该做的事。不过这短期收入通常也只能支撑农忙时的开销，以及家里小弟小妹的花费。一年到头仍然攒不下来多少钱，陈丹路愁归愁，却也没什么好办法，一晃自己竟然快 40 岁了。

20 岁高中毕业之后的 20 年间，陈丹路的人生可谓失意至极。作为"地富反坏右"这"黑五类"的一分子，那个时期他受尽嘲弄与白眼，不仅在高中毕业后失去了做教师工作的机会，而且几乎所有正式工作都将他拒之门外。家庭贫寒，成分不好，家庭负重，到了该成家的年龄，却没有哪个人家愿意将女儿嫁给她，就这样一直单身。

二、转运

1991 年的一场洪水，竟然成为了陈丹路"转运"的契机。

5、6 月份暴雨连绵，压垮了店集老街上陈丹路家的两间住房。后面带砖块的两间土房子硬朗一些，扛住了暴雨袭击，能够勉强住人。"不能在家中再待下去了！"陈丹路想。房子亟待整修，需要一笔钱，于是他开始联系这些年来交好的熟人、朋友，试图找份能挣钱的活儿干。

那时陈丹路有个当兵的朋友，转业到凤台县的新集煤矿开车，他介绍陈丹路到新集煤矿边上开饭店。陈丹路便拎上行李，只身来到新集煤矿，做起了淮南牛肉汤等各种小吃。矿上的工人干活儿累，下班后想吃点实惠又可口的，陈丹路的小饭店正对他们的胃口。煤矿边上的地租金不贵，陈丹路的收入明显好转，他慢慢看到了生活的转机，于是越干越起劲。他一边攒着钱一边美滋滋地想："等过年回家就有钱翻修房子了！"

新房子在街边上盖了起来，邻居们跑来观看，笑嘻嘻地夸着："哎呀你发财啦！"那时候外出的人少，村里没几个人能挣钱盖房子，陈丹路盖起的这栋房子还属一流。虽然是自己一手出钱盖房，弟弟们也早已成人，新房盖好后他还是叫来弟兄一起住。身为大哥的他从来没有多少私心，像父亲一样牵挂着弟弟妹妹的生活。后来他又托那个朋友将二弟招到新集煤矿上当矿工，自己则继续卖小吃。

可到了 1997 年，门面租金上涨，征税也更严格，小饭店赚不到什么钱了，于是陈丹路再度回到店集。虽然是停下了饭店的生意，但陈丹路赚钱的心思没停，他又开始想新的法子了——那个时代农村人的生活已有些许改善，集市上什么都有，还有唱戏这类热闹的活动，陈丹路便到集市摆摊。他做的是套圈儿的玩活儿。来赶集的人们掏钱套圈，套中了玩具就送给顾客，套不中则他赢利。征税风头稍缓，陈丹路还回到新集开饭店。征税风头一紧，他就回老家继续摆套圈儿。这样来来回回，他合计在新集煤矿开饭店 8 年，在集市上摆摊 4 年。多年的打拼总算有了一些积蓄，在跨进 21 世纪的大门之前，做大哥的陈丹路给两个弟弟都娶了媳妇。将家人都安顿好后，他这才安下心来。

三、抱养了一个闺女

家人都安顿好了，新集繁忙的饭店生意也告一段落，就剩陈丹路和母亲两人住在 1992 年盖的房子里。单身四十几年，陈丹路已经不抱娶媳妇的心思。农闲没有集的时候，他常常坐在房前的小板凳上，看着街上追逐打闹的小孩发愣——"我是不是也可以有一个孩子呢？"

在当地，年纪大的单身汉抱养一个女婴并不是什么稀奇的事情。人到中年，尤其即将迈向老年时，哪怕是想赚钱，心灵上也总想有个寄托，而最好的寄托便是孩子。陈丹路很快如愿抱养了一个。初见女儿时，她水灵灵的大眼睛一下子就博得了这个单身老汉的全部欢心。

2003 年，阜阳市颍上县的刘庄矿开工建设。有新矿就有工人，有工人就有生意。于是在 2004 年，陈丹路带着闺女和老母亲，来到了刘庄。这一次陈丹路细细谋划了一番。矿边上有门面出租，是楼上的房屋，看起来基础设施、卫生条件都好。但是陈丹路想，这些来矿上打工的工人，经济条件往往很普通，平日里不会在吃饭上花多少钱。如果把饭店开到楼上，一方面房屋的租金贵，另一方面工人们也会觉得楼上的饭肯定卖得贵，不愿意来吃。陈丹路就在矿边上租下一块地皮，一月仅几十元，自己用石棉瓦、毛竹搭了一个简易的棚子，四米宽，七八米长。前面摆锅做饭、招待客人，后面住家。设施虽简陋，但工人们喜欢这种大排档似的小吃店，三块两块也行，十块八块也有，很是实惠。

那会儿他只准备午饭和晚饭，生活规律，早晨 7 点多起床买菜，晚上 10 点多收摊休息。母亲帮他看门、摘菜。女儿已经 10 岁，平时在颍上县古城镇的小学里念书，放学回家便给他搭把手。10 岁的小丫头，还干不了重活儿，虽然端不住碗、掌不住勺，却能在父亲的指点下摸得清牛肉汤的调料，父亲炒菜时，她便负责兑汤、烧汤，还有点菜。汤快开锅了，小丫头喊着："俺爸！俺爸！汤好了！"父亲便将汤舀进碗里，给客人们上桌。有了自家姑娘的帮忙，陈丹路大可放心炒菜，不必分心烧汤的事，节省了不少时间。闺女一天天长大，端得住碗了，就帮忙上菜，能承担的活儿越来越多，陈丹路也越来越省心，生意也越来越好。

女儿念到初中时，还是决定放下学业，回来一心给父亲帮忙。父亲虽然有所不满，但心里清楚，一来女儿本身不是读书的料，二来自己也的确顾不过来，倒不如父女俩安心做好这饭店的生意，好好努力，为女儿攒下嫁妆钱。

2014年，颍上县启动农村环境综合整治活动，陈丹路的小店面被作为违章建筑拆除了。经历了六十多年沉浮的他，早已对命运的陡变安然处之。他想，生意停了便停了，反正已经在这里打拼了十年，不如回老家安稳待一阵子！

四、买辆小轿车！

实际上，陈丹路回家后并不"安稳"。他琢磨，他这大半辈子已经过去，前40年几乎没能抬起头来，这后20年做饭店总算挣了些钱，改善了生活。攒着这些钱，除了给姑娘准备嫁妆，还有什么意义呢？闺女已经20岁，出嫁的日子越来越近，嫁人以后她便成了婆家的人，虽然相信闺女有孝敬自己的一份心，但他不想闺女太费心思，家庭不和。膝下又无子无孙，没有必要新修房屋或者买楼。像他这样的单身老汉，在农村最受人歧视，没有儿孙就像一个国家没有军队一样孤立无援，很容易受人欺负……思绪万千的他突然看到凤台县驾校的广告，灵光一闪："有了！买辆车！"

于是，陈丹路挤在年轻人堆里，开始考驾照。他到县城里的大驾校报了名，学费花了5000多。驾校离家百十里路，他每天早早起来踏上去往县城的班车，再转车到驾校练习，每天一个来回就花掉50块钱。但是，看见驾校像一所大学那样宽阔的场地，几十个教练员穿梭在车辆之中，某种自豪感在陈丹路心中油然而生。比起未来要买辆车的花费，这点花销算什么呢? 况且打定主意要学好车、买好车了, 就应该踏踏实实地去做。他无疑是驾校里的高龄学生, 驾校的教练员和学员总是称赞他的勇气和毅力, 他也觉得待在学员中间, 自己仿佛也年轻不少。那些年轻时没有实现的受人尊敬的感觉, 如今在一点点地捡回来了。

陈丹路记得很清楚, 2014 年的 5 月 28 日, 是自己拿到驾照的日子; 6 月 27 日, 是自己拥有一台小轿车的日子。这辆车从买下来到上路, 一共花掉他积攒的 18 万元。难怪乡亲们看了他的车都赞不绝口。这车每天停在自己家门口, 就像是陈丹路的一个孩子一样。他感到自己多年的付出终于获得了回报, 多年的失意终于转变为得意。这辆车清清楚楚地摆在他眼前时, 那些心酸、苦累、不甘即刻消散, 留下的是自己结出硕果的明证。

生活并没有在 2014 年就止步不前。买车后的陈丹路又带着家人到阜阳市颍东区口孜东矿边开了三年饭店。2017 年底, 陈丹路回家整修了老房子, 又花三四万元给母亲治了病。

自从到刘庄矿开饭店以来, 闺女一直是自己的贴心帮手。一转眼, 她就到了选人家的年纪。陈丹路心想, 决不能让她像自己一样被耽误了, 于是决定收手不干, 专门给女儿说婆家。陈丹路明白, 这意味着饭店事业的终结, 女儿人生新阶段的开始, 而自己的老年生活也自然而然地来了。

"惊风飘白日, 光景驰西流。" 陈丹路一生坎坷, 事事曲折。时代给了他重证自我的机遇, 他也凭着自己的努力和倔强找回了自尊。

撰稿人: 王思凝 (北京大学社会学系本科生)
指导老师: 吕亮明

3 打工十八年

访谈时间：2018 年 1 月 23 日
访谈地点：安徽店集村，杨晶晶家中
访谈对象：杨晶晶，30 岁

> 那时候就只知道找钱。没有想那是我最亲的人，多陪一陪。一门心思想着在外面漂漂漂。漂，就跟一根绳子一样，越拉越长。没有想过把它收一下，从来就没有想过回家来陪陪家人，这是最后悔的。……没有人去教你这些东西，你自己没有亲身体会过，你感觉不到。就这几年，我才体会到。

一、大山里的辍学少女

杨晶晶出生在贵州凯里，她这样描述自己的家乡："那边也挺好，那边很漂亮，那边那时候很穷。"

她四岁那年，妈妈身体已经不太好。爸爸送她到外婆家，爸爸离开时她悄悄地跟在后面，走了两个多小时山路，一路跟着回了家，一路上爸爸竟然没有察觉。回忆这段经历，杨晶晶说："就有一种很强烈的预感，就想在妈妈身边多待一下，不知道为什么，特别想跟我妈在一起。"后来妈妈就走了，而"父亲，什么都没做"。7 岁的杨晶晶和两个妹妹成了没妈的孩子，好心的外婆将她们抚养长大。

跟当时大部分中国农村孩子一样，杨晶晶初中才开始接触英语。"当时就感觉很好奇，然后使劲地学。老师教的记不住，没办法，就在单词下面写汉字。现在想想，也蛮好玩儿。"然而，无忧无虑的初中生活刚开了个头就戛然而止。外公外婆家境贫寒，种的地只够自家口粮，每年只有一两千元现金收入（制造黄表纸，一种用于丧葬仪式的纸张）。条件不允许，杨晶晶不得不在初一辍学，开始打工。

那一年，她13岁。

杨晶晶就在市区里打杂。换了好几种工作，卖过衣服，在狗肉馆和小吃店当过服务员，"心思不在打工上面，老想着要回去上学，不愿意好好打工"。

二、见到了周润发的上海滩

2002年，也就是辍学的第二年，上海某纺织厂的一位老板来凯里招人。杨晶晶听说是到上海，就很好奇。她小时候在电视上看周润发演的《上海滩》，就感觉上海好，是自己心里想去的那种地方。"因为是小孩子，没见过世面，老是有一种幻想，就喜欢去想那个。"

最后招到的人要么是四十几岁，不识字的；要么就是她这种小小的，跟她差不多一般年纪的童工。那时，凯里一带在外地打工的人不多，人们想出去打工，不大容易找到熟人，只有选择招工这种方式。到了上海，才发现招工单位是上海一个很偏僻的郊县纺织厂，每天劳动时长一般是12个小时，无休假日，一个月工资200块钱。工厂管理很严，不允许工人外出进城。一年时间里，杨晶晶一直没有机会亲眼看看电视剧《上海滩》中描写的繁华都市是什么样。

将近年关时，工人们偶然了解到市区里的工厂在同等工作强度与时长下，工资有六七百块钱，觉得这家纺织厂太黑心了。他们没有进市区工厂的门路，但决定回老家过完年以后再不来这家厂子了。

离开上海时，老板包了一辆小客车送行。火车是夜里12点的，他们不到下午5点就到了上海南站。候车时间太长，大家百无聊赖。就在这时，他们站在火车站外的广场上，远远地看到了东方明珠塔。

一个男孩子提议："走，我们去上海滩玩去，不去的话，可能没机会了。

既然都要回家了，我们就看一下。"

"我不敢去，万一走丢了怎么办？"一行二十几个人，女孩子们犹豫不决。"没事的，既然我敢把你们带过去，肯定就能把你们带回来。""那好吧，我们就信你一次吧。"杨晶晶和其他三个来自一个乡的姐妹，平时经常在一起，胆子相对较大，就站出来响应了男孩子的提议。四个女孩子兴奋地手拉着手，跟着男孩子，朝着东方明珠塔的方向走去。出发的时候，她们仅拿了一块老式怀表，作为计时工具。

"那时候上海可能有地铁了，但是我们也不会坐，就直接走路去外滩，到南京路——那时候也不知道南京路，是后来才知道的。东方明珠塔很高，我们眼睛就盯着东方明珠最高的地方，一直朝着那个方向走。有时找不着路，就绕，绕了好大一个圈圈才找到外滩。那个时候也没有手机或者 GPS 定位，就凭着自己的感觉走。"

可能走了几个小时，最后终于到了外滩，又累又兴奋："啊，原来是这个样子的。上海的夜景太好看了。那时，已经忘了所有的一切了，忘记了我能不能找到路回去，忘了我该怎么回去。因为太繁华了！"

外滩太繁华，夜景太美，然而，她们甚至来不及逛逛外滩，一看表9点了，就赶紧往回赶。面对着差不多的路，差不多的房子，大家突然害怕起来：来时有东方明珠塔指引还好办，回去可怎么认路呢？走走问问，终于在火车出发前赶到了南站。

第一次去上海，离别前的东方明珠之行对于这个 14 岁的少女来说，虽然太过匆忙，却留下了终身难忘的记忆！

三、"与我无关"的花季

从上海回来，见凯里市区工资太低，杨晶晶就一心想着再度出去。杨晶晶打听到堂舅在广东打工，就央求堂舅带着她去了广州。

那年，她 15 岁。

一开始进的是一个五金厂，制作出口的塑胶订书文具。忆及这段经历，杨晶晶的形容是"很累很累""印象非常糟糕""很糟糕很糟糕""比在上海还要惨"……

工厂食堂就是一大锅煮，只有三个菜，不仔细找看不到肉粒。两米左右的大锅，几个人一起翻炒，煮出来，很少能看到油星儿。"说句难听的，就是喂猪的。"恶劣的生活饮食，对还在长个子的花季少女，无疑是一场灾难。加班时间长，休息时间少，杨晶晶经常头晕，可也舍不得出去吃。只有身体实在熬不住，才会偶尔去快餐店里面，花个两三块钱买碗河粉、米线。

第一年加班加点干，一个月有 600 多块钱工资。之后换了工厂，仍然很辛苦，工资也略有增加。这时，两个妹妹还在上小学、初中，杨晶晶舍不得花钱。"作为最大的姐姐，压力是最大的。当时没有考虑过在自己身上花钱，不会在没有意义的事上去多花一分钱。工厂的小姐妹们经常出去吃喝。我跟她们不一样，家里有困难。"打工三年，除了寄回家的，她还积攒了一万多块钱带回外婆家。花季少女就这样以瘦弱的身躯支撑着妹妹们上学。

"打工挺辛酸的，说实话，并不好。打工并不潇洒。他们说潇洒就是累完以后，可以去唱歌、吃个烧烤。像安徽这边，基本上父母都会为子女存一点钱。他们打工赚的钱，往自己身上花就可以了。但是我们家不一样，家里条件本身就苦，如果你还是大把大把地花一些傻钱的话，那就没办法了。"

杨晶晶说，别人出去打工，回家乡时都讲究穿得好，她回去时还穿得跟学生时代一样，甚至比老家的小伙伴们穿得还要差。她因此还被表姐取笑："你都出去打工那么多年了，你存那么多钱干吗？你不知道往自己身上穿好一点？""没必要。我不要穿那么好的，本来这个条件也不好。"

四、再回上海，遇到爱情

2007 年下半年，杨晶晶离开广州，又来到上海。第一份工作是做航天冰箱，由于冰箱订单不稳定，生产断断续续，又换了好几份工作。

这时候的工厂慢慢地正规起来，虽然没有五险一金，但比早先那家黑心纺织厂好多了。工资是按照上海的最低工资标准发放的，加上满勤奖，月薪约一千七八百块钱。工作是跟着流水线走，线上没有货，也可以休息、聊天，就是不能耽误工作。印象很深的一个线长是安徽人，比较会关心、体恤工人，如果流水线上不忙，下午四五点完成任务，他会让工人们提前下班，再到下班时间帮她们打好下班卡再走。可能自此开始，杨晶晶就对安徽人产生了好感吧。

冰箱厂前面有一个葡萄园，就是所谓的农庄。杨晶晶喜欢下班之后和要好的小伙伴们一起去逛一逛。有哪个姐妹生日，或者下班早，基本上都会去。去葡萄园的次数数都数不过来，甚至哪一条路在哪里，闭着眼睛都能走。这里就像一个忘忧乐园："感觉就喜欢往里面跑。玩得很开心，因为不开心的，基本上甩在脑后了，没去想了。等回家的时候，一个人的时候，再慢慢想吧。那个时候的人，就是玩得开心。不像现在，基本上是一门心思都在找钱，没有时间去玩的那种。"这个时候，最小的妹妹也开始工作，杨晶晶的负担减轻了不少，花钱的欲望也多一点了，每个月自己花个五六百块钱，剩个一千寄回家。

生产线的工作一成不变，枯燥的时候，唯一可以解闷的就是和几个同事用手机放歌。当时最流行《死了都要爱》《爱情码头》《包容》。后来，郑源的歌像一股风暴，迅速攻陷大街小巷。杨晶晶最喜欢听郑源的歌，不自觉就会被这个"情歌王子"所吸引，喜欢他的声音，觉得特别好听。曾经有车间工友追求她，但杨晶晶说自己心思也不在这上边——可能是爸爸的缘故，她对现实中的男人甚至有一些讨厌。"我基本上就是凶巴巴，都没有多少人敢靠近我。我们车间主任还开我的玩笑：'你不会是同性恋吧？人家像你这么大的年龄，都谈恋爱，结婚生子了，你干吗还没有谈？眼光不要太高了哦。'"

有缘人注定会在生命中不期而遇。杨晶晶跟丈夫相识于 2010 年。当时他在一家"模特道具"厂打工，因为厂里面没有宿舍，就在外面租房子，正巧是杨晶晶的隔壁。碰面时打招呼讲讲话，谈不上有什么特别的感觉，但一来二往，半年以后，突然间感觉不再陌生，甚至有些亲近了。"遇到他的时候，最小的妹妹也不用我养了，这些年东奔西跑，内心里可能也期待着有个自己的家吧。"杨晶晶决定跟这个男人过一辈子，因为他给人一种挺踏实的感觉，不像别的男孩子那样喜欢花言巧语。"因为小时候很穷，就想着将来的那位不要嫌弃我穷。只要他对我好一点，就可以了。找个有钱人，人家也看不上你。就心里想着要找一个心好的。"

谈恋爱的时候，杨晶晶认为展现最真实的自己最重要，从来没有特意去打扮。"因为我感觉两个人在一起生活，就要真诚一点，没必要把虚伪的那一面给弄出来。以后过日子了，再慢慢发现对方的不对那种，我感觉没必要。"她也用自己的相处之道去经营这段爱情："我不需要他来怕我，我也是这样的。他不算是怕我，属于尊重我。"

恋爱谈了一年，其间杨晶晶跟着男方到店集老家看了看。2011 年底，两人在店集结婚。婚后又回到上海打工。2012 年，孩子在上海出生。夫妻俩同进退，再没有分开。

五、"模特道具"与房子

杨晶晶丈夫之前的家是在店集老村最后面，三间小瓦房，家里穷，只在结婚时简单粉刷过一次。这些年店集人在外打工赚钱，几乎家家户户都盖了楼房。而丈夫弟兄三个，一大家人还挤在三间小瓦房里，过年回来住都成问题。杨晶晶和丈夫想趁着年轻，挣钱盖楼房。夫妻俩在上海，带着孩子花销大，存不下钱，听朋友说在无锡做"模特道具"收入高，于是他们将孩子送回店集老家，托爸爸妈妈照顾，夫妻俩一起去无锡做"模特模具"，一直做到现在。

杨晶晶丈夫干这行有十来年了，没有加班一说，计件工资，要想挣得多，得使劲卖力。"我老公结婚前，没有正儿八经地去做，中间做做停停。他不是那种很有奔头的人，心里也没有冲劲，一心就想着玩，没有考虑到养家。"结婚有了孩子，情况变得不同了。2013 年，夫妻俩转到无锡，两个人开始"正儿八经"地干。

第一道程序是做毛坯，夫妻俩做一个件，要半个小时左右，30块钱。一天要不停地跑，基本上没有时间停下来。这个活儿特别累，特别脏，更要命的是灰尘大，一天下来要吸进去很多灰尘。没有多少年轻人愿意干。

"以前也想过得尘肺病的危险，但像我们农村人，不就是哪里钱多往哪里走吗？轻松一点的活儿，工资太低了，不愿意去，家里有老，有小，都要负担的。所以这几年就一直在做这个活儿。

"我以前很穷，我是那种能吃苦的人。只要有活儿干，我们俩大概一天能干二十五六个。必须使劲，中间没有任何休息，停一秒钟都不行，必须要赶，要小跑。这样使劲干一天，我们俩大概能挣六七百块钱。"

无锡那边的美术展览特别多，需要很多的模特道具，但这些展览是什么样，杨晶晶无从知晓，也没有心思去了解。夏天天亮得早黑得晚，每天4点半就必须起来去干活儿。下午厂里要是赶货，没有休息时间，到5点半才能下班。吃完晚饭后继续上工。一天干活儿时间基本上是11个小时。上班，下班，吃饭，睡觉，每天如此。

杨晶晶对收入还算满意。"两个人使点劲的话，大概一年能挣十来万块钱。对于我们来讲，也是很好了。我们也没有任何别的能力，只有出体力。"

杨晶晶夫妻俩平时在无锡辛苦打拼，一年难得回店集老家几次，过年是一定在老家的，一般到年关将近才赶回来。今年回来过年比往年早，主要是因为新房子刚建好，需要装修，也想回家多陪陪小孩。

建房的钱主要是杨晶晶夫妻这几年打工的积蓄，又向亲戚借了一点，才凑够了建房款。"打工这么多年，把钱全花到房子上肯定是不划算。怎么讲呢？农村没有房子肯定不行。我盖这个房子，一个是为了老人，第二个是为了小孩。老房子那边比较潮，而且用水也不方便，小孩写作业都没有一个舒服亮堂的地方。我就说'反正不管花多花少，就盖一处在那里吧'。就是这样想的，小孩会有一个好一点的条件。"

不过整个建房过程他们没有怎么操心，基本上是公公和婆婆在打理。

每次离家去无锡与孩子分手，孩子都哭得厉害。"实际上我们心里也不好受。我就不说了，小孩的爸爸每次走眼睛都会红，他挺舍不得小孩的。在外面的时候也肯定想，但这是没办法的。"

杨晶晶重视孩子的教育，但眼下为了生活不得不常年与孩子分离，她希望接下来几年多赚钱，等孩子上初中时，再回来陪读。"这里很多人就想着多挣钱，存着给孩子结婚用，而不在意孩子的教育。我就希望孩子以后能有一点文化，不希望他废掉。我的想法是，我尽量把他培养出来，尽量让他自己学会去独立，自力更生，不希望他依靠父母。孩子长大成人，我希望他最好有一份他自己真心喜欢的工作，不要像我们这样累。"

不过，杨晶晶发现孩子现在比较内向，不爱说话，她有点担忧："他好像有一点东西释放不出来，就怕他时间长了，会有问题。可能跟我们不在身边有一定关系吧。我们在他身边的时候，他很开朗的，玩得也很嗨。所以我有时间的话，就尽量回家来陪陪他。"

这位只比访谈者大几岁的姐姐，穿着朴素，可我们却看到一个坚强、独立的女性，在不懈地奋斗着，尽管疲惫，在现代化、城市化的道路上，却未曾停下脚步。从13岁到而立之年，打工18年，她这样说——

"我们经历的都是一些芝麻小事。其实我也很累，我都想回家了。打了十几年的工，太累了。您问多年打工，印象中最开心的是什么，最难受的是什么，好像我难受的基本上都很少，除了家里一些事情。打比方说外婆生病了，外公身体不好了，挺闹心的。开心的，跟朋友一起出去玩，聊聊心事。我好像没有什么特别的爱好。感觉自己身上有责任，责任好像释放不出来，就像刚才我讲我家小孩一样，就是释放不出来，没有说特别想去干吗。

"现在后悔的，就是外公生病时，没有回家去照顾。你没有成家的时候，没有人跟你讲这些，你根本就不懂这些；等你成家了以后，才会慢慢慢慢去体会这个东西。那时候就只知道找钱。没有想那是我最亲的人，多陪一陪。一门心思想着在外面漂漂漂。漂，就跟一根绳子一样，越拉越长。没有想过把它收一下，从来就没有想过回家来陪陪家人，这是最后悔的。包括我两个小妹长大了，我都不了解她们，不知道她们最需要的是什么。

只知道你需要钱，我给你钱就可以了，没有想到那是我的妹妹，我有责任去管她们。没有人去教你这些东西，你自己没有亲身体会过，你感觉不到。就这几年，我才体会到很多东西。外公现在不在了，我现在就特别想去陪陪我外婆，但是这边又有一大堆事情要去做，也走不开。有的时候，其实人也是挺为难的。

"从安徽到贵州，回家一次要四天多。结婚以后我一共回贵州老家两次。第一次是我们家小孩三周岁时，第二次是我小妹结婚时。每次回去，总共得花一万多块钱。老家也就剩我外婆一个人了。好在外婆那边也可以用手机了。我小妹她回去看我外婆，能够给我发视频了……"

撰稿人：张春净（北京大学社会学系硕士研究生）
指导老师：卢晖临

4 嬷嬷

访谈时间：2018 年 1 月 27 日上午
访谈地点：浙江珠岙村网吧
访谈对象：嬷嬷，22 岁

> 嬷嬷带着狗上班，老板娘说：狗和工作你选一个吧。
> 嬷嬷觉得狗是一条生命，不能扔，自己没有吃的也要给狗
> 吃。双方没谈拢，于是拉倒，辞职，姑娘我不干了。后来，
> 嬷嬷来珠岙的这家网吧应聘，嬷嬷问老板：
> "允不允许带狗？"

嬷嬷是珠岙村一家网吧的小主管，22 岁。她养了一条狗，她说就是因为这条狗才来珠岙的。

嬷嬷 14 岁就跟随父母到温州某鞋厂学习车包，到如今打工八年了。在这八年里，她在鞋厂干过，当过饭店服务员、理发店洗头工、KTV 服务员，做过微商，卖过衣服，当过网管。其经历之复杂，社会经验之丰富，让 95 后同龄人汗颜。

一、穿拖鞋上班

嬷嬷的父母在她一两岁的时候就到温州某鞋厂打工了，嬷嬷初二辍学后，他们干脆把她接到工厂打工。嬷嬷的工作是车包。鞋厂工作特别累，凌晨 4 点起床，晚上 12 点下班，中午一个小时的吃饭休息时间。学徒每月2000—3000 元工资，学成一个月七八千，最高一万五。车包车得多，拿得也多。

可是嫣嫣觉得特别累，上班怎么可以那么拼嘛，总得让人休息吧。虽然身边的同龄女孩和亲戚朋友都这样，父母也就觉得没什么不正常，但嫣嫣不甘心如此拼死拼活，在 17 岁时便和姐妹们结伴去了深圳。

嫣嫣有个姐妹在深圳某剃须刀厂工作，于是投奔到她那里。一开始口袋里还有点钱，但经不起吃吃喝喝、玩玩乐乐，一个星期钱就花完了。她想，她可以干些什么了，就找了一家高端餐馆，做餐饮服务员，也就是端盘子。嫣嫣不习惯，放不下身段，不喜欢一边鞠躬一边说"你好"，而且她忘性也大，"几号桌吃饭我记不清"，"有几个人来几号桌，点了什么菜我又给忘了"。领班见她什么事也做不来，就是一顿批评。嫣嫣自尊心强，受不了，觉得太严格了，她最受不了别人管她。上班的第五天，餐馆培训，给每个服务员发了一套西装，同时要求自备黑色的高跟鞋。嫣嫣没有这种鞋子，就穿了一双拖鞋去，结局可想而知，又被臭骂一顿。嫣嫣终于爆发了："我还真不做了，不就一双鞋子吗？你要是给我一双鞋子，我就不会这样！"嫣嫣当场脱下西装外套，扬长而去。在深圳的第一份工作就这么结束了。

二、"你也挺不容易的"

嫣嫣从饭店出来，看到洗发店门外有一张招聘广告，招学徒工，就过去应聘。"招人吗？"

"你会做什么？"

"我什么都不会做，不是招学徒工吗？我可以学的。"

"学徒工工资很低的，700 元一个月，包住。"

这是嫣嫣和老板的第一次对话。再不做事就饿死了，嫣嫣没得选择。这次打工时间较上次的五天长，一个月。嫣嫣说，那是因为老板好，老板不好我会做一个月？那时候确实没有收入，没钱吃饭，老板和他老婆让她在他们家里吃了一个月，这让嫣嫣感叹世上的好人还是挺多的。可是后来，又出"事故"了。嫣嫣给人洗头时使劲抓，洗发水洒到客人身上，遭到客人投诉了。嫣嫣委屈地说："我不会洗头啊，我才学了五六天。欧式洗头有好几种的，一个是躺着的，洗完了还要按摩，还要敷脸。老板凶我，可是我怎么可能又走嘛，走了去哪，啊？"后来，妈妈的男朋友出现了，没钱，男朋友就接济一下。一个月后，妈妈姐妹说要从深圳回温州，妈妈便和她一起回去了。结算工资的那天，老板给她700块。她觉得跟理发店里的人也有了感情，老板和老板娘收留了她，不知道怎么感谢他们，700块就不要了。妈妈对老板说："你也挺不容易的，700块就不要了吧。"

最后回温州的火车票是男朋友给她买的。

三、"打了客人一巴掌"

妈妈回到温州，没有看望父母，直接到池湖，和姐妹租了一间非常小的房间，在某KTV当服务员。她内心本就不看好这种娱乐场所的工作。有些客人看服务员长得可以，会乱摸的；还有的客人醉酒神志不清时也会乱碰。遇到这种情况，妈妈一般会温言细语加以制止，让客人拿开他的手。有一次，又有客人喝醉酒了，骚扰她的姐妹。妈妈看在眼里，觉得恶心至极，当场就给了那个客人一巴掌，呵斥道：

"把你的臭手拿开！"

客人也不服：

"你个服务员你很跩啊！"

妈妈说，她当时就是很凶，去找自己的老板理论。老板的做法可想而知，他要妈妈先给客人道歉。妈妈一听火冒三丈：

"凭什么让我道歉？我们这里是很正规的量贩式KTV，没有小姐和公主，我们服务员就该被这些客人乱摸吗？"

老板一边在客人那里调和，一边私底下哄妈妈。作为当事人的姐妹也说没事，可是当事人都不计较的事，在妈妈那里就是很恶心，就是过不去：

"我说我不做了，你做就做，我走，好吧？"

妈妈说：我男朋友还没有牵过我呢，我的手能让你摸？当即就把衣服脱掉，走了。事后妈妈和姐妹两人总结：我们做服务行业是不是特别不行啊！

后来她们就去温州瑞安继续做鞋子了。

四、差点做了妓女

有一天，妈妈和姐妹一起在街上看到一则小广告。广告上说，一个月可以轻轻松松赚六七千元钱，长期招聘。工资吸引了她们，公司的红纸贴出来跟 KTV 一样的，看来是 KTV 性质的场所。妈妈就叫姐妹给那边打电话。那边的人很热情，开车来接了她们过去。不是 KTV 似的娱乐场所吗，怎么一间房子里坐着三个衣着暴露的小姐？应该是等着接客吧？姐妹俩这才恍然大悟，原来上了贼船！于是两人策划凌晨 5 点钟逃走，先假意说好明天上班。对方当时拼命给她们洗脑，说做这个事有很多钱啊，会戴套啊，很安全啊，而且包吃住。当时行李已经全转移过来了，他们把姐妹俩接到一个房间，晚上开车给她们买了床单被褥和衣服，还派人盯着。凌晨 5 点钟，妈妈和姐妹偷偷起来，收拾好衣服，趁盯梢的人不注意，迅速跑到马路边拦了一辆出租车，跑了——走时没忘了把新买的衣服也顺手拿走。现在回想起来，妈妈还心有余悸。

五、"一定要还的 500 块钱"

"说来感慨，世界上好人还真是挺多的。"那时候外公去世，妈妈从那家 KTV 出来之后，悲伤中有些迷茫："我不知道去做什么，连回家的车票钱都不够。"有一天，妈妈在 QQ 上随便发表了一个签名：

"哪个好心人能借我 500 块钱，我有急事需要。"

还真有人回应，这人就是她后来的第二个男朋友。他加了妈妈的 QQ，问出什么事情了。妈妈说，要回老家，才来池湖路费不够。男生觉得女孩子在外不容易，没事谁会在网上求助呢？便借给她 500 元钱。妈妈发那条消息本就不抱希望，很感动，问男生：为什么要帮一个你素昧平生的陌生人呢？男生说：一个女孩子家家如果真没有急事，是不可能发这样的消息的。

然后他让她赶紧买车票，嬷嬷一路跟着他去了他工作的汽车美容院，说："小哥哥你可不可以把电话号码给我啊，500块钱要还你的。"之后两个人一直在网上保持联系，聊着聊着变成了男女朋友。从湖北回来后，嬷嬷又来到池湖，找姐姐借了钱，就把钱还给男生了。嬷嬷说，这个钱一定要还给他，就是确定了男女朋友关系还是要还。这个人好，懂事，不想欠他什么。

六、做微商

2014年下半年，嬷嬷回到瑞安做验收鞋子的工作。这个活很轻松，3000多元的死工资，上午11点上班，下午5点钟下班。嬷嬷很喜欢，从9月做到12月。后来，厂里放长假，过完年嬷嬷就和姐妹去云南旅游。那时候两人手里已经有些钱了，在大理、红河、昆明等地玩了个遍，大概五六个月后定居在昆明。这么玩下去也不是办法，她得找件事做。9月份，嬷嬷决定做微商，销售面膜和妇科产品，销售对象是亲戚朋友。当时嬷嬷手头的钱用得差不多了，没钱拿货，就找父母赞助了7000块——她的第一桶金。亲戚朋友卖完一圈，产品就卖不动了。嬷嬷也没有用心经营，她的微商生涯就中断了。为此她父母后悔不已。不过嬷嬷坚信，如果她坚持的话生意还是能做下去的，她这个人就是缺少耐心；时光不能倒流，自己做的事情不后悔就行了。最后，嬷嬷把剩下的产品寄给海南的舅妈，自己的创业历程宣告终结。

七、网管和狗

微商遭遇失败，钱也用得差不多了，嬷嬷心里颇为难受，去了上海，随后又回到温州做鞋子的验收，两个月后就辞了。可后面转念一想，还是要做些什么才好，就去温州火车站附近的一个网吧当收银员。

现在嬷嬷算是网管的老师傅了，但刚学收银的时候，她那个笨连自己都嫌弃。人家学几天就熟了，她用了十几天。她用最笨的办法记账，一笔一笔地记，这个是网费，那个是充值，理不清了就大哭一场。她说，"我的数学差得一塌糊涂，搞不清楚。"白天上班弄不清，晚上回到出租屋里再一点一点地记，不仅要分门别类，还要一项一项地计算。最后，这件异常艰难的事情在出租屋的灯光下终于被她攻克了。她现在回想起来还有些后怕呢，"这么简单的事情居然下了那么大的功夫！"

在她做网管的那段时间，嫣嫣的姐妹去了温州的某娱乐城 KTV 做"公主"。嫣嫣说，小姐的小费一晚上 1000 多元，出台的话另说，而公主一晚上可以拿到 300 元。嫣嫣特别看不起做小姐的，做公主还勉强可以接受，但她不会去做。有手有脚的为什么陪客人喝酒还让人摸？后来嫣嫣也就不跟那些人来往了，"她们也是在想着钱吧，只要有钱啥都行，我们不一样的。"

嫣嫣的就业就像天气一样捉摸不定。2017 年 7 月，她又跟着姐妹去火车站商场卖衣服。那里人多，客流量大，可是喊破喉咙就那几件衣服，真心累。她想，我怎么可能卖一辈子衣服嘛，于是又重操旧业，干起了网管。可是和一个男同事处得很不愉快，嫣嫣做了一个月就走了。

然后又是各种玩玩玩。她也许感觉太孤单，就买了一条狗，1800 块。后来她想，这两个月大的狗怎么可能要 1800 元呢？这花光了她的积蓄。但是嫣嫣有自己的人生信条，做这种事情不后悔。这条狗简直就是嫣嫣的冤家，还导致她把工作丢了。嫣嫣带着狗上班，老板娘说：狗和工作你选一个吧。嫣嫣觉得狗是一条生命，不能扔，自己没有吃的也要给狗吃。双方没谈拢，于是拉倒，辞职，姑娘我不干了。

后来，嫣嫣来珠岙的这家网吧应聘，嫣嫣问老板：

"允不允许带狗？"

老板说可以。于是嫣嫣就来这儿做了小网管。

撰稿人：王星宇（北京大学社会学系硕士生）

指导老师：卢晖临

5 人生没有如果

访谈时间：2018 年 1 月 22 日上午，1 月 23 日下午
访谈地点：安徽店集村委会
访谈对象：苏为昌，52 岁

> 在人生道路上，苏为昌曾经面临着许多选择，也许只要拐入另一条岔路，现在的生活就完全不同。回忆往事，感慨也罢，遗憾也罢，终究无法逆转时间，唯一能做的便是知足常乐，相信一切都是最好的安排。

一、意外的辍学

1980 年，刚上初一的苏为昌就遇到了可能改变他一生的两件大事：留级与订婚。那一年，以优异成绩结束初一课程的苏为昌准备升入初二学习，但学校里的老师找到了他。老师觉得他天资聪慧，是一个可以重点培养的"好苗子"，希望他能够留级一年，将基础打牢。不谙世事的苏为昌没有过多地考虑便答应了。可那时候在村里当干部的父亲并没有将儿子的学业当作重要的事，对儿子留级，父亲并不在意。不但如此，他还自己做主，为苏为昌定下了一门婚事。虽说"父母之命，媒妁之言"的现象在当时比较普遍，但不到 15 岁就定下婚事这在当时依然是件新鲜事。同学们常常投来异样的目光，这让苏为昌感觉浑身不自在，心思也不能专注地放在学习上了。

再上一年初一，数学老师换了新人，教学水平不行。留级的苏为昌面对已经学过的知识，感到无聊，慢慢懈怠起来。升入初二后，多了化学课。

这本是应该好好听讲的新知识，但是因为化学老师曾找苏为昌的父亲托关系办事，这让苏为昌有些反感，不喜欢这个化学老师，因而上课也是心不在焉，几乎是放弃了化学课。到了初三，初中一二年级被合并到隔壁的彭庄中学，整个学校只剩下初三一个班级12个人，学习的氛围更是荡然无存。

婚事、师资、撤校等多重因素叠加，本应该被重点培养的苏为昌最终却没能顺利通过中考，初中毕业后便停止了学业。

二、当兵未果，外出打工

1983年初中毕业后，苏为昌开始规划他的出路。他首先想到的是去当兵。成为一名士兵，似乎是每个男生的梦想。然而，父亲极力反对。他悄悄交代村里领兵体检的人一定不能让苏为昌通过。那个时候，对越自卫反击战还在进行，长一辈的人对于当兵都是害怕的，包括苏父在内。为了儿子的安危，苏父无情地将苏为昌的当兵梦斩断了。

无奈之下，苏为昌只能先待在家里，跟当木匠的哥哥学了几个月的木工。家里经济条件算不上好，一直待在家里不是个办法，未满18岁的苏为昌开始考虑别的出路。1984年春节，在外地打工的本村胡大哥回来招工，眉目清秀且一身干劲的苏为昌被选中，于是他跟着胡大哥开始了自己的打工生涯。

打工的第一站是湖南衡阳。那时候从店集到衡阳交通非常不便，要从邻近的马店坐车到阜阳，从阜阳坐车到河南信阳，再从信阳坐火车到衡阳。一开始，苏为昌在矿上工作，他的工作就是将生产的矿土挑到其他地方填平，辛苦而枯燥，是个重体力活儿。但是，苏为昌吃苦耐劳，很快就得到包工头的赏识，三四个月后调到衡阳市里，在核工业部第二十五公司第一分公司下设的厂里打预制板。工资是按工计算的，根据工程的不同，工的价钱从4分到12分不等，苏为昌平均一天能够挣到一块多钱。厂里包吃包住，没有过多的开销。但年轻的苏为昌好玩，初到城市感觉什么都很新奇，发下来的工资买衣服、买鞋子，辛辛苦苦干一年，回家时并没有剩下几个钱。

在打工生活中，看电影是苏为昌平时的一大消遣。他很喜欢看电影，一个月能够看上一两次，甚至还因为看电影落下了脚伤的病根。那是《少林小子》上映的时候，苏为昌很兴奋，卖力地把当天所有的任务干完，匆匆吃了饭，便出发去看电影。因为担心赶不上电影，苏为昌和另外一个工友不走大门，直接翻墙跳到大街上。两个年轻人爬上三米多高的墙头，"蹦"的一下就跳了下去。随后感觉脚有点痛，但是他们没多在意。结果电影放映到一半，两个人都扛不住了，去医院一检查，是受伤了。到现在，苏为昌的脚后跟还落下了毛病，无法长时间地站立或行走。

1985 年，在家过完年后，苏为昌又回到了预制板厂。勤劳能干的苏为昌得到公司经理的关注。一天，经理找到他说："小苏，你想不想干其他的事呢？""是什么事呢？"苏为昌有些不解。

"公司有一个车队，在招司机，你想不想学开车？"经理问道。

"我想！"当上公司的司机意味着不再仅仅是个工人了，很可能连户口问题都能解决，这对于苏为昌来说无疑是一个非常好的机会。

"那你需要交 600 块钱的学费，之后什么都不用问了，工作都给你安排好。"这个条件难倒了苏为昌。在 1985 年，600 块钱对于苏为昌一家来说不是一个小数目，家里根本拿不出这笔钱。苏为昌只能选择放弃。一直到现在，苏为昌每每想起这件事就感到有些遗憾，人生很多的决定，或许做了就会有和现在完全不一样的结果，可惜，时光不能倒流，人生也没有如果。

这一年春节，苏为昌没有回家，一直在厂里干活儿。挣到的工钱大多数寄回家里，一共寄回去 600 多块钱。

三、与爱情擦肩而过

1986 年，过了春节，苏为昌被调到衡阳西渡另一个预制板厂里。厂里的生活一如既往的枯燥，上工、休息，日复一日。这个时候，工厂附近一个放牛女孩吸引了苏为昌，而英俊的他也获得了女孩的青睐。两个青春洋溢的人萌生出了纯洁美好的情愫。但苏为昌家里是有未婚妻的。未婚妻很快知道了他在外恋爱的事，她赶到衡阳讨要说法。两个人年轻气盛，吵起架来各不退让，苏为昌打了女方一个耳光，两人不欢而散。

　　苏为昌的父亲知道后，打算换回婚约，托人带信让儿子马上回去。同时，放牛女孩的父亲对苏为昌也有了不好的看法，阻拦女儿和他继续交往。苏为昌不愿回家，又不愿再待在衡阳这个伤心之地，一赌气直接转到湖南永州市江华县的一个稀土矿工地上干活儿。在苏为昌离开衡阳之后，放牛女孩的父亲给他写了一封信，同意将女儿嫁给他，同时"约法三章"：第一，不能打女孩；第二，要等女孩的哥哥从武汉当兵回来后才能结婚；第三，结婚后必须一年回衡阳一次。然而，当时通信不便，这封信辗转到苏为昌手上已经是几个月后的事了。时过境迁，这封"迟到的信"未能接续前缘。

　　除了这位放牛女孩，苏为昌在衡阳还有着另外一笔"感情债"。在预制板厂打工的时候，苏为昌认识了隔壁厂的一名本地女工。当时苏为昌正和放牛女孩谈恋爱，两人只是相识，并没有过多的联系。后来有一天他在衡阳市区闲逛，在和平公园门口遇到她。聊天中得知，她已经离开隔壁工厂，和堂姐在公园门口卖小吃。年轻人之间爱开玩笑，苏为昌调侃道："你干这个能赚多少钱呀，我说你们俩跟我一块儿到浙江打工得了。"说者无心，听者有意，姐妹俩将一句玩笑话当了真。加上小妹一直对英俊帅气的苏为昌有意思，她们便邀请苏为昌和他的一位工友到家里做客，买了猪蹄热情招待他们。之后四个人还在衡阳一起吃饭、一起骑马拍照。后来，苏为昌离开衡阳去江华，匆忙中不辞而别，这两个女孩却一直相信原本的"承诺"。她们找到那位工友询问苏为昌的下落，工友骗她们说去了浙江某地，姐妹俩竟然跑到浙江去找他。她们几经周折来到店集，没找到苏为昌。姐妹俩心灰意懒，最后分别嫁给了那位工友和他的表弟。她们之后的生活并不顺利。谈到这段往事，苏为昌充满愧疚和遗憾，唏嘘不已。

四、知足常乐的生活态度

　　在江华的矿上，苏为昌经过培训，获得爆破证；同时，他还带了同村的一二十人到矿上做工，转身变成了一个"小包工头"。

矿上的打工生活虽然艰苦，但也充满乐趣。一天，苏为昌抄下一篇很有意思的文章，给同村一位会说书唱大鼓的工友，两人合作，编了一首朗朗上口的小曲：

终日奔忙只为饥，填饱肚子又愁衣；绫罗绸缎身上穿，抬头又嫌房屋低；盖下高楼并大厦，又虑出门没马骑；出门身骑高头马，马前马后少人随；家丁找下数十个，有钱没势被人欺；有幸当了知县令，又嫌官小职位卑；一攀攀到阁老位，又想称王把基登；有朝一日做了帝，又问神仙在哪里；登天升仙没做好，阎王火怒把命催。

这一支小曲其实讲的就是"人心不足蛇吞象"的故事，告诫世人不能贪心，要知足常乐。这种生活态度一直影响着苏为昌。在他看来，结婚前的打工生活其实"一点也不苦"。那个时候年轻有力气，烦恼也少，挣了钱就喝喝酒、看看电影。和在衡阳的时候一样，在江华的苏为昌依然保持着"有钱就花、及时行乐"的消费习惯。他和妹夫在江华各花了200多块钱买了一整套黄色的呢子衣服。在当时，200多块钱甚至比一个月的工资还多。

两人穿着这套衣服回到店集，走在街上，迅速引起了村里人的注意，大家都在猜他们"是不是部队来的"。这两套衣服还掀起了村里的"时尚潮流"，此后很长一段时间里，村里卖衣服的都是照着这两个款式进货。苏为昌穿着这身衣服照了张相，他说：

"那张相，说实话，到哪儿相亲都能相得到。"

五、有了一个家

1987年初，苏为昌在矿上过完年，回到了店集老家。21岁的苏为昌到了谈婚论嫁的年纪。父母为苏为昌相中了一个老家阜阳的女子并定下了亲事。这次又是"父母之命，媒妁之言"，苏为昌只和这位女子见了一面，便回到了江华的稀土矿。矿上的工程并不景气，没干几个月，在1987年的秋天，苏为昌回到家中，在生产队干一些水利工程的活儿，挖沟打河坝。

苏为昌和第二位定亲的女子并不相识，并无感情，他的内心依然怀着对自由恋爱的渴望。在老家的这段日子里，他和本庄一个女子产生了感情。女子是苏为昌嫂嫂的堂妹，两人从小在一块儿长大，女子一直对苏为昌有好感；但碍于他初中就订了婚约，没有机会表达心意。这次苏为昌从江华回来，原来的婚约已经不在，两人很快谈起了恋爱。但这事遭到女孩父母的反对。当时的店集，婚姻自由风气渐开，女孩便和苏为昌说："我们私奔吧。"年轻气傲的苏为昌认为得不到女孩父母的认可，自己强行出走太没骨气，反对私奔。两个年轻人为此争吵不休。苏家人也强烈反对："你可不能走啊，两家本来就是亲戚，你这一走，她的父母来我们家闹可咋办？"不能出走，又不能继续，这一段持续了一年多的感情最终无疾而终。

1989年阴历四月二十六日，感情生活一直波澜起伏的苏为昌终于安定下来，和第二位定亲的女子成了婚，组建了家庭。婚事办得比较简单，买了几件新衣和一台缝纫机，加上办酒席，一共花了不到2000元。妻子用彩礼钱购置了一台17英寸的电视机，他们家因此成了村里少有的拥有电视机的人家。

当年，收过小麦后，已经两年没有外出的苏为昌带着新婚妻子到浙江衢州打工。但是没有外出过的妻子不适应，加上怀了孕，因此没干几个月，在春节前，两人便回到了家中。

1990年3月，女儿出生。秋收后，苏为昌便与父母分了家，分得5亩多的田地。父母搬到庄外一处新建的房子里，把三间老房子留给了苏为昌。结婚时欠的债骤然压在了苏为昌的身上，苏为昌感觉到了养家的压力。分家后的第一个春节，入不敷出的苏为昌向本村朋友借了50块钱才勉强过了年。这么多年过去，苏为昌依然清晰地记得当时朋友没有要利息，而这笔账最后还是老丈人帮忙还清的。

1991年，儿子出生，家里的花销更大了，一直在家的苏为昌必须重新外出。1992年收过庄稼后，苏为昌到宁波的桩机工程里打桩干活儿。因为家里需要钱，那年春节他也一直留在工地上值班。在桩地上，一天能够挣个二三十块钱。和年轻的时候不同，这时的苏为昌省吃俭用，每一分钱都攒下来寄回家里。

春节值班期间，苏为昌喜欢看《青年文摘》打发时间。他注意到杂志上有个读者投稿的栏目，一时兴起，有感而发地写了两个故事邮寄投稿。一篇名为《迟到的信》，另一篇名为《迷茫的人生》。前者讲述他在衡阳发生的那一段阴差阳错未能结果的感情，后者则是表达刚刚成家的他对于人生的迷茫和感慨。他对不能给自己的婚姻做主感到非常遗憾，一次次错过的缘分像是命运的捉弄，让他对人生产生迷茫。

1993年秋天回家收了庄稼后，苏为昌又到上海打工，以前和哥哥学过的木工技术发挥了作用。但是木工也没干多久，春节前便回家了。适逢村里重新调整承包地，苏为昌一家一共分得了11亩地。土地数量翻了番，单靠妻子一人难以顾全，因此，苏为昌从这时开始就不怎么外出了。

一直到现在，苏为昌依然清楚地记得自己开始当生产队长的日子：1996年7月15日。一开始，苏为昌并不想当队长，因为自己的父亲就是干了一辈子的村干部，家里境况并没有多好，所以他觉得当队长"没有什么出路，打算有机会再外出，后来考虑到家里仅靠妻子一人支撑确实困难，而且自己如果不在，儿子和女儿的培养基本也就荒废了。权衡利弊，苏为昌最终选择留了下来。自此之后，也就不再外出。

当生产队长每年有不到2000元的补贴，靠着家里的十几亩地和养的牲畜，勉强可以维持一家的温饱和生计。虽然日子并不宽裕，但是一家四口至少聚在一起，一切的困难在"家"的面前都显得渺小了。和结婚前相比，此时的苏为昌已经深刻地体会到了"家"的分量和责任，他是一家之主，要守护这个家，守护他的儿子和女儿。

当被问到这大半辈子来最令自己骄傲的事情是什么的时候，苏为昌毫不犹豫地说，是两个孩子在2010年同时考上了大学。他脸上露出了难以掩饰的喜悦和自豪。

而今，女儿和儿子都已各自成家，孙子已经将近一岁，小外孙也即将出生，忙碌奔波了大半辈子的苏为昌终于可以考虑慢慢停下脚步，好好享受这天伦之乐。

　　在人生道路上，苏为昌曾经面临着许许多多的选择，也许只要拐入另一条岔路，现在的生活都完全不同。回忆往事，感慨也罢，遗憾也罢，终究无法逆转时间，唯一能做的便是享受当下，相信一切都是最好的安排，知足常乐，感受生活。

撰稿人：李彧强（北京大学社会学系本科生）
指导老师：温莹莹

6 可怜天下父母心

访谈时间：2018 年 1 月 23 日下午，1 月 24 日上午
访谈地点：安徽店集村，邱小芬家中
访谈对象：邱小芬，47 岁

> 在上海将近十年时间里，邱小芬几乎没有请过假："舍不得请假。有一次儿子到上海，请一天假带他去市区转转，心疼得狠——那不是一天假，是少挣了两百块钱啊！"

2009 年，安徽，店集村。

夜色已深，邱小芬躺在床上，睁着双眼，出神地思考着。

几年来在村里辛苦经营的米厂，最终打了水漂，这是她无论如何不能预料，也难以接受的结局。四年来，她和合伙人一车沙子一车砖经营起来的米厂，才熬到盈利的时候，就有人把她赶走。

在抬头不见低头见的情况下，即便自己一味退守，也扛不住一些人天天找自己的麻烦，更何况即便能扛得住，又能扛多久呢？

她又想起那些寄人篱下的打工时光，想起百来斤的化肥压在肩上的重量，想起不愿承担家庭重担的丈夫，想起自己因软弱曾经受过的无数委屈……终于，她想起自己唯一的希望，唯一的儿子。

宛如一阵凉风吹来，邱小芬的思路逐渐清晰了，好像脱出了眼前进退皆是痛楚的两难境地，成了一个清醒的旁观者，冷静地审视着在矛盾里挣扎的自己。别犯傻了，她听见自己说，要给儿子置办婚礼、供他成家，没

有个几十万是拿不下来的。钱是不得不赚的，能赚多少就要赚多少；而米厂的梦已经终结了，不愿醒来的只是自己而已。在已经没有胜算的情况下，自己越早想通，新的路程就越早开始。自己还不到 40 岁，有什么事情是做不成的呢？

还是想别的辙吧。她翻身摇醒睡梦中的丈夫："让他们闹吧，我们走，跟我去上海！"

一、打工让邱小芬好似换了一个人

结婚时候，邱小芬压根儿没有想到，日后的生活会如此艰辛。当时的她是村里最漂亮、最有文化的女孩子，村里的一个校长把她介绍给当地教育局局长的儿子。看到夫家条件不错，并不富裕的邱家也没有过多迟疑，两家就此结成了亲家，而邱小芬的命运也因此改变了轨迹。

婚姻并不如意，嫁过来的邱小芬感到压抑。怀着身孕的她每天操劳依旧，洗衣、烧饭，而丈夫则不着家，经常晚上跟别的女孩出去玩耍。婆婆苛刻得超出想象；至于那位高权重的公公，却是个只考虑自己的人，不要说对外人了，就连对自己的妻子、儿女也是一毛不拔。邱小芬恨自己太老实，也恨自己的自卑和贫穷。

婚后生活有太多的屈辱，邱小芬到今天都清晰记得下面这一幕。一天，怀着身孕的她在院子里洗完衣服，正要将水拧干，突然发现没有力气了。

"帮我拧一下水。"她把鲜红的衣料递到丈夫手里。

丈夫愣了愣，接过衣服就要开始拧。

角落里婆婆的声音突然响起："你一个男的干这种事，丢不丢人？你看谁家男人干这活？"说着就要夺儿子手里湿漉漉的红衣服。

邱小芬眼看着丈夫把脸转向自己，眼里的懦弱在盯着自己时变成了冷漠，然后把半干的衣服往水盆里用力一掷。

那一掷的动作仿佛被无限放慢了，大红的布料像鲜艳的花朵，重新在水里缓缓绽放。邱小芬咬着下嘴唇，低头盯着渐渐吸水、变深、沉重地没入水中的布团，仿佛呆然地凝视着自己日后毫无希望的人生。

结婚后的几年，邱小芬给丈夫生下了一儿一女。在那段任人欺侮的时光中，并没有人怜悯她。她把打碎的牙咽进肚里，自己的苦楚自己忍着。

20世纪90年代，邱小芬终于找到离开家庭的机会，跟着丈夫的姐姐一路北上，来天津做了清洁工。

时间步入盛夏，午后的闷热笼罩了天津卫的大街小巷，空气里的浮尘细细密密地把一切笼得又灰又黄，让人透不过气。铁制的窗框被阳光燎得烫手，二十来岁的邱小芬一只手扶着窗台，一只手拿了抹布用力抹拭着。汗水像撒豆一样摔碎在窗台上，有人笑她太老实，干得太卖力，她抿着嘴，也不多说什么。

还有什么办法呢？家里已经穷得揭不开锅了，来这天津虽然人生地不熟，但好歹老板给口饭吃。

这是她第一次离家打工，懵懵懂懂的，干了一年多就回家了，甚至不知道要向老板索要工钱。

回家没有多久，邱小芬又跟着丈夫的姐姐南下去了广东东莞的餐厅当服务员。

在东莞，伶俐漂亮、踏实肯干的邱小芬受到了周围人的一致喜爱。她感到快活与甜蜜。在家里受到的那些欺负被抛到了身后。

只有一个声音在敲打着她：挣钱！挣钱！

在外的几年里，邱小芬和儿子始终是聚少离多，儿子的成长被交到了婆婆的手里，这使邱小芬始终觉得亏欠儿子的。好在儿子老实听话，在学校只顾兢兢业业地埋头学习，竟然连同班女生递来的纸条都不入眼。邱小芬寻思着，要给儿子娶个好媳妇，而想挑选一个母子二人都满意的好女孩，自然不能没有钱。每每想到这点，年轻的母亲就周身充满干劲，就连吆喝的声音都更加清亮。

不久，邱小芬俨然已是家里的经济支柱，说话也自然而然地有了底气。城市的丰富生活让她领略了世界的广阔。她骨子里一直有一股子果敢和要强，那是急了眼可以天不怕地不怕的能量，只不过前几十年一直被贫穷与自卑深深掩埋着，现在随着时间的流逝，也渐渐地重新浮上了水面。

从东莞回到村里之后，邱小芬好似换了一个人一般，雷厉风行地安排丈夫做家务。丈夫起初还张口结舌地没反应过来，被等急了的邱小芬一通怒斥，竟然也唯唯诺诺地听从指挥了！

翻了身的邱小芬好像不知疲倦，继续为儿子不舍昼夜地积累财富。她和丈夫贩过化肥，贩过粮食，赶上什么季节就做什么季节的生意。一袋化肥有100斤，她可以一下子就扛上肩膀，撂到车上，看起来毫不费力。就这样，夫妻两人很快就攒下了一笔颇为可观的积蓄。

邱小芬不知不觉间成了富户。她脑筋一转，琢磨起了新的生财之道。

当时，邱小芬和书记的表弟两家都贩卖粮食。店集一带盛产稻子，两家人一合计，就一起搞个米厂。平地起高楼绝非易事，当时邱小芬的丈夫在外打工，邱小芬和书记的表弟一车一车地卸沙土、一块一块地砌砖瓦，盖起了厂房。

米厂很争气，第一年就赚了十几万元。

祸兮福所倚，福兮祸所伏。米厂在吸引八方来客的同时，也招来了嫉妒和觊觎。一些人为了独占米厂，想方设法、明里暗里排挤她。建厂之初，邱小芬从银行贷了40万元作为本金，是米厂最大的股东。都是一村人，低头不见抬头见，邱小芬受不了这种折腾，便带着40万元本金"净身出户"了——但还有那几万元应该付给银行的贷款利息无处索要，打了水漂。邱小芬刚刚起步的事业竹篮打水一场空。

二、到上海从零开始

一切努力几乎归零的邱小芬抵达了上海。

上海是很多淮南人打工的目的地。这座繁华而凌厉的国际化大都市里四处流淌着金银，它们闪耀在外滩和陆家嘴的光芒里，也埋藏在阴暗破旧的厂房中。最脏的活儿最能挣钱，干别人最不愿意干的、最难干的技术活儿，最不容易被淘汰。另外，还有一条并非所有人都会走的生财之路——带人打零工。

"我带你去干活儿，亏待不了你。"邱小芬的声音干脆得像水萝卜，眼睛看着对面的老乡，"一天给你一百六，加班再给你二十，你干不干？"

坐在邱小芬对面的是个朴实男人，跟着他现在的老板，每天的工钱只有100块，面对这样的好事无论如何都没有拒绝的可能。他没有迟疑便点头答应，眼神里透着难以言表的喜悦。

"都像你这么痛快就好了！"邱小芬也笑了，显露出一些疲倦来。

厂里面经常有急着要人的情况，这时候，老板们就会惦记起邱小芬的利落性子和好人脉。邱小芬不怕吃苦，又聪明能干，没多久就成了老板们眼中的能人。对于找来的人，厂里给的工资跟邱小芬本人是一个标准，白天180—200元，加班再补贴30元；而临时找来的人从邱小芬手里拿钱，中间的几十元差价就归了邱小芬自己。这样，一行人像打游击似的，哪里需要人就往哪里去，少则十来天，多则几个月，虽然辛苦，但因为有较为肥厚的油水也算值得。然而计划终究赶不上变化，上海随即在全城掀起了环保运动，大批工厂被关停，通过带人打工的方式获利的机会也越来越少。大势所迫下，邱小芬也只能回到最初的起点，在起初工作的家具厂做为原件补色的工作。

这本来是一项相对自由的活计，想干几天干几天，加班的机会自然很多，若要请假也无人阻拦，但邱小芬硬是把这份差事做成了几乎全年无休的连轴转。在上海将近10年时间里，邱小芬几乎没有请过假：

"舍不得请假，有一次儿子到上海，请一天假带他去市区转转，心疼得狠，那不是一天假，是少挣了两百块钱啊！"

三、可怜天下父母心

时间过得很快，乌飞兔走之间，散碎的财富又重新慢慢积累起来。转眼又到了年底，儿子没几个月就要高考了，邱小芬回到了老家。

快过年的时候，邱小芬才从儿子的同学那里听说，儿子在学校被人堵在厕所抢劫了！

　　这个消息让邱小芬的内心受到了极大的震动。她没有过多迟疑，直接搬到儿子在县城里的出租屋，陪他备考。

　　看着儿子身上长时间没空换洗的衣服，邱小芬的心震了一下；她颤抖着伸出手去，摸了摸儿子冰凉的小腿，鼻尖随即被酸意盈满。短暂的陪读生活让她前所未有地接近了自己这个珍贵但一直遥远的儿子，知道他每天面对的饭菜是多么地难以下咽，也看到他所面对的同学又是多么地凶顽草莽。自己在上海没日没夜地赚钱，儿子却只能在这里咀嚼生涩的菜叶、烧煳的土豆丝，甚至没有一样像样的取暖设备——那自己这些年的努力到底又是为了什么呢？她不由得落下泪来。

　　"你别上了，考得上考不上无所谓……"她哽咽地对孩子说。

　　好在儿子争气。田野上飘起稻香时，邱小芬的儿子考上了大学。而邱小芬也带着丈夫回到上海，继续卖力地为儿子积累着未来的财富。

　　转眼又是几年过去，儿子本科毕了业，摇身成了江苏洋河酒厂的职员。邱小芬意识到，儿子眼看就要谈婚论嫁了，要用钱了。邱小芬越来越沉不住气，开足马力打工，简直要变成一架生产财富的机器。

四、儿子的婚事

　　赚到钱的邱小芬回到家里，想起儿子的婚事，就觉得头疼得不行。

　　在上海，所有事情都是按照规矩、按照法律程序一步步来，一切放在明面上；而到了家，人情、关系又重新成了一切的主导。

　　在店集一带的农村，订婚是结婚之前一项必要的步骤。每次订婚，按照农村的规矩，要花一万多元买衣服，再用两三万元定亲——但每到即将步入婚姻殿堂的关键时刻，邱小芬的儿子都退缩了。悔婚是可以悔的，但先前花出去的钞票可就回不来了。更让邱小芬着急上火的是，她的儿子前前后后悔了三次！眼看着自己的血汗钱就这样一把把打了水漂，邱小芬不舍得怨儿子，便把一腔无处发泄的怒火投在了风俗上。

　　结婚这件"劳民伤财"的大事中，最花钱的其实在后面，即住房和轿车。在县城里买房，没有六七十万元买不到像样的房子；加上车子和彩礼，加起来就接近 100 万元。不过，邱小芬积攒了十余年的财产，在这件事上不会落后于人的！

腊月十六，28 岁的儿子终于要结婚了。邱小芬无比忐忑，她也不知道未来的儿媳一家到底要向自己索要多少钱的彩礼。

邱小芬心里清楚，人生的新阶段马上就要开始了。再过个十来天，这处不大的院落就要热热闹闹地办上几十桌的酒席。而伴随着一对新人的结合，作为老人的自己也就要退到幕后去了。对于前半生拼命积累财富的时光，她并没有太多后悔或怨言，反而是平静到了一个无我的境地：这就是她的命。

未来的儿媳妇会是什么样的？对此，邱小芬有过各种各样的想象，但无论如何，她都做好了把一切都让渡给儿子的心理准备。父母一生的操劳都是为了儿子，和儿媳妇未来如果相处融洽，当然一切都好；如果不融洽，那就自己远走他乡，找口饭吃。反正自己这一生劳碌惯了。

门外零星地有穿着绒衣、脸颊通红的年轻人匆匆地踩过老村积雪的主路，过年的气氛渐渐浓起来了。

村里的新年热闹、浓烈，比上海、广东的新年麻烦许多，但也让人没脾气地觉得亲切。正像过年，也像怜子——种种沉重的风俗免不了要给人带来许多劳累、让人在闲暇时忍不住地诉苦；但一旦重新忙碌起来，便仍旧下意识地向着风俗本身而去。最知风俗之沉重的人，往往正是最对传统身体力行、把自己的一切奉献给它的人。他们一边抱怨，一边用自己的生命，为这条路踩出延续来。

撰稿人：张雪洽（北京大学社会学系本科生）
指导老师：黄志辉

7 打工一家人

访谈时间：2018 年 1 月 27 日下午
访谈地点：安徽店集村，苏德厚家中
访谈对象：苏德厚，60 岁

> 大儿子说不上学了，要去打工。正在读小学四年级的
> 二儿子说："我哥不上学那我也不上了，我也要出去打工。"
> 两个孩子都想去打工，那时候老大 16 岁，老二 14 岁。苏
> 妻不放心孩子自己外出，就说："出去打工，那就都出去
> 打工吧。"

一、分家

在三十多年前，20 岁出头的苏德厚与附近村庄的一个年轻姑娘结了婚。虽然已成家，但他和妻子还是和父母住在一起，两代人一起耕种土地，收获粮食，维持生计。这样的日子不算富足，但足够填饱肚子，不愁吃穿。年轻的家庭孕育了新的生命，迎来了第三代：1984 年第一个男孩出生；1986 年，第二个男孩出生；1987 年，最小的女儿出生。三个孩子的相继出生虽然给这个家庭增添了不少的生机和活力，但随之而来的是沉重的生活负担。

苏德厚和妻子虽然年轻，但也意识到光靠种地是养不活这一大家人的，于是小两口儿开始合计怎么多挣一点钱。苏德厚开始去镇上的厂里上班。工作了一段时间之后，两人发现挣到的工资依然不够几个孩子买奶粉的钱。他们二人又不得不继续寻找新的出路。这时候妻子灵机一动，说："你跟

你舅去买车，学开车吧。"于是，苏德厚就去学开货车。那时候学车也很便宜，拿上三四百块钱就能学会。学成之后，苏德厚就干起了开车运货的活计。而妻子在家里照看三个孩子。

本来妻子在家有父母可以帮着种地或看孩子，减轻一点负担，但屋漏偏逢连夜雨，苏德厚的父母并不愿意帮着这个小家庭度过这段艰难的时期。在苏德厚一次跑车回来，他父亲把他和妻子叫到身边，跟他们提了分家的事情："你们小孩多，下地也没有那么多时间，就少种一点吧，够你们自己吃的就算了。他在外面跑车，挣的钱够小孩吃奶粉的，收的粮食够你们几个吃的就可以了。"苏德厚和妻子听了之后虽然很无奈，但也无可奈何，只能接受这样的安排。就这样，他们分到了三间草房和五亩地，开始了孤立无援的生活。

二、艰难的生计

对于在外奔波运输货物的苏德厚来说，每次的路程都心惊胆战。他从1987年开始运货，其间碰到的危险无数。这些危险，天灾可能有一部分，但占更大比例的是人祸。那时候社会治安很差，在外地开车风险很大，很可能被人拦车截货。有一次，苏德厚开货车载着大米从南方运到天津，一路上他都非常小心和提防，但怎么也没想到晚上还是出了事。

那天晚上，两辆客车超过苏德厚的车，不紧不慢地行驶，苏德厚几次想要反超都不成功。苏德厚意识到事情不对劲，但还没想好对策，就被那两辆客车逼停。客车上下来一群大汉，不由分说就去搬货车上的大米。苏德厚无力阻拦，眼睁睁地看着他们抢走了七大袋大米。辛辛苦苦跑这一趟，运费挣不了多少，还损失了货物，要给货主赔多少钱还不知道，想到这些，苏德厚心里很不是滋味。

苏德厚在外面临着各种各样的危险，而在家里边种地边照顾三个孩子的妻子也十分艰辛。公公婆婆不愿帮忙带孩子，她只能靠自己撑起这个家。一个人种五亩地，她时常忙不过来。每当要种地下田的时候，她就把三个孩子放在屋里，关上门，防止孩子外出走丢。那时候农业技术也很匮乏，在播种的时候，没有用化肥，收获的粮食也不多，一亩地水稻只能收三四百斤，小麦三百多斤。在孩子还小的时候，吃奶粉，吃不了多少粮食，交完公粮还能卖一点。但随着孩子们渐渐长大，越来越能吃，自己种的粮食就只够交公粮和自家吃饭了。三个孩子上学的学费又是一笔很大的花销。丈夫开车挣的钱之前用来买奶粉，之后就用来交学费，再加上一家五口的其他开销，每年都存不下多少钱。

在"吃"这一方面，苏德厚夫妇的勤劳能让全家人填饱肚子；但在"住"这一方面，小两口儿就无能为力了。分家时，他们一家分到的三间破旧不堪的草房子，一直无力翻建。有一年下大雪，苏德厚还在外面运货，妻子在家带着三个孩子担惊受怕。三间屋子门窗关不严实，鹅毛大雪从门窗缝隙呼呼地窜进来，屋顶也不断地积雪。妻子害怕房屋倒塌，只好找来几根木棍，屋里屋外撑住。在之后的几年中，每到冬天，她都害怕下雪，担心失去栖身之地。

三、两个孩子一起辍学

夫妻俩艰苦地抚养三个儿女长大，三个孩子也很早就替父母分担艰苦。在母亲下地的时候，几个孩子都跟着一起，一大三小在地里一干就是一整天。中午的时候，派一个孩子回家烧饭，煮些米饭，炒点土豆丝，买一块豆腐或者一块钱的豆芽，回家烧着吃。另外三个人继续在地里干活儿。等到饭菜煮好了，三个人就回家吃饭，吃完饭后就立马又去地里干活儿。虽然孩子还小，帮不了太多忙，但对于独自耕作了七八年的母亲来说，已经是莫大的帮助了。

对这三个孩子，苏德厚夫妇心里还是有些愧疚的。三个孩子年龄相差不大，上学的时间基本重合，孩子们的学费对于这个家庭而言是一个极大的负担。苏德厚在外面跑车运货挣的钱，基本上只够日常开销，没有多余的钱。孩子慢慢长大，也渐渐在意自己的穿着，都想穿新衣服，想吃好吃的。但苏妻只能拿出黄豆芽、豆饼子、水豆腐一类的便宜菜。甚至有时候连填饱肚子都相当困难。有一年粮食收成不好，实在不够吃的，就找别人家借了三袋麦子。没办法，成绩优秀的大儿子初中的时候就辍学了。这件事一直悬在苏妻的心里，难以释怀。

那时候大儿子去杨村镇上初中，条件很苦。初中在镇上，离着自己家有好几里地，每天早上都要早起早走，后来买了辆自行车让他骑着上学。有时候苏妻起得早会给他烧饭，炒个土豆丝，熬点稀饭，热个馍馍，但更多的时候他来不及吃饭就得往学校赶。在初二的冬天放寒假之前，学校让交30块钱的学杂费，当时家里没有钱。不过，因为接着就过寒假，这件事就这么过去了。但开学之后，老师让交130块钱，因为没有钱交，大儿子一去学校就被老师骂，他只能回家哭。苏妻于心不忍，告诉儿子不是家里不想交，是实在没钱，要是有钱早就给交上了。大儿子也懂事，之后也不问家里要钱了，接着天天去上学。但交不上钱，天天上学天天挨骂，大儿子每天都闷闷不乐，最后就不想继续念了，下定决心要去打工。但大儿子学习成绩很好，不上学很可惜。任课老师每次见到苏妻，都说："你让这孩子上学，我保准他能考上大学。"苏妻也很无奈，只能回答："家里穷没有钱，吃不饱拿啥供呢？"当时苏妻也想过去娘家借钱，但当时刚过年，自己的哥嫂都在家，这时候去借钱很难为情，开不了口。于是，就因为这130块钱，老大就没有继续读书了。

大儿子说不上学了，要去打工。正在读小学四年级的二儿子说："我哥不上学那我也不上了，我也要出去打工。"两个孩子都想去打工，那时候老大16岁，老二14岁。苏妻不放心孩子自己外出，就说："出去打工，那就都出去打工吧。"于是苏德厚夫妇就带着老大和老二到外面打工，留下小女儿继续上学。但女儿也才上四年级，他们不放心她自己一个人生活，就把她送到了她姥姥家，给姥姥家两袋稻子、两袋小麦，让姥姥照顾她。

四、举家外出打工

2000年左右，苏德厚夫妇把土地交给别人种，带着两个儿子到了江苏南通。在一家四口落脚之地的附近，有一家砖窑厂。老大进到厂里打砖、洗砖，老二干往拖拉机里扔砖头的体力活儿，摆满一车15块钱。夫妻俩则在当地的农贸市场里摆摊卖牛肉汤。他们四个人辛辛苦苦干了一年，到年底回家的时候，带回来三四千块钱。过完年，他们的小女儿也说不想念书了，想跟着父母和哥哥去打工，苏妻觉得她成绩不好，不想上就不上了吧，在再次外出的时候，把小女儿也带上了，一家五口都外出谋生。

第二年苏德厚一家到扬州打工。夫妻俩在农贸市场里面租了一个摊位做小吃。在扬州的生意比较红火，夫妻俩中午做盒饭，三菜一汤，晚上做牛肉汤，炒酸菜鱼，一年下来能挣两三万块钱。但五口人的家庭开支比较大，攒下来的钱也不多。在那里做小吃，苏德厚夫妇得到过不少帮助。他们在扬州邗江县某工商所管辖的一个农贸市场里做生意，本来租一个摊位一月要收八九十块钱，但工商事务所的人说："你们一大家子，带着三个小孩，负担太重了，我们不收你的钱。"有时候，工商所的人来检查管理，苏德厚夫妇给他们煮了几碗牛肉汤，想表达感谢之情。但他们还是说："你们负担太重了，我们不能吃。"苏妻讲："负担再重吃一碗汤有什么关系？"除了免除摊位租费和水电费之外，工商所的一些措施也间接帮到了这一家人。当时，农贸市场刚刚建立起来，目的是规范商贩们的售卖行为，把街道腾出来。但刚开始的时候没人愿意进来，大家还是在街上随意摆摊做买卖。苏德厚夫妇做小吃生意，厨具食材，各种东西很多，需要一个固定的摊位，所以就成了第一家进入市场的商贩。但是大多数人还在外面，很少有客人会专门进到农贸市场里面吃饭，所以他们的生意一开始也不太好做，第一天只卖了20多块钱，都不够一家人吃饭的。不过，随着城管管理力度的加大，很多商贩都觉得在街上摆摊老要躲避城管，很麻烦而且容易出事，所以大家就慢慢进到农贸市场里面来。在市场里做生意的人慢慢增加，光顾小吃店的人也随之增多，生意一直都很好。

五、儿子成家

在扬州的时候，大儿子搞装潢，二儿子在厂里上班，小女儿在一家玩具厂做制造工。2001年，苏德厚和妻子刚开始在农贸市场摆摊，有个同乡的年轻姑娘也在这边打工，经常到他们家的小摊位上吃饭。她天天来吃饭，慢慢就跟苏德厚一家熟络起来，经常会在忙的时候帮忙，帮着老两口儿收拾盘子、洗碗筷。苏妻觉得这姑娘心地挺好，很勤快也很懂事，就跟老大说跟这个姑娘处对象。大儿子那时候也才18岁，就先按照苏妻的意思跟那姑娘相处，两个人谈了很久的恋爱，过了七八年才结婚。结婚后生了两个女孩。一个七岁，一个六岁。在扬州上班的时候，老二也谈了恋爱，跟自己厂里的一个江苏本地女孩结了婚，2013年生了一个男孩。

在扬州摆摊卖小吃虽然收益不错，但好景不长，这个农贸市场三年后就被拆了。苏德厚夫妻依然想继续找个地方做小吃生意，于是就搬到了上海。到了上海，结了婚的老大老二依然和苏德厚夫妇住在一个楼，一大家人没有分家。他们在上海租了几间房子，老大住在楼上三层，老二住在二层，苏德厚夫妇住在地下。刚到上海的时候，苏德厚和妻子想租个摊位或店面继续做牛肉汤生意，但上海的店面租金很贵，开始就要投入几万块钱，夫妻俩觉得风险太高而且自己手里也没有这么多钱，在上海等了几年都没敢投资，怕做亏了没法供三个孩子吃饭。好在孩子们也慢慢长大成人，打工的工资也能撑起这个家庭，苏妻就一直在家，给孩子做饭洗衣，干家务活儿，苏德厚也偶尔会到建筑工地上做些零活儿，或者去给别人烧电焊，慢慢攒钱。

三个孩子和两个儿媳辗转在好几个工厂里工作，哪个厂待遇好、哪个厂工资高就往哪边跳槽。大儿子现在在上海的一个厂里上班，大儿媳原来是服装厂的检验员，在去年7月份辞去工作，带着两个闺女回到了店集村。二儿子现在在上海做城管，二儿媳在棉花厂上班。他俩的儿子由苏德厚和妻子一起抚养照顾。

在这个三代同堂的大家庭中，几个人之间的关系很好。苏妻和两个儿媳不像婆媳三个人，像一家三口一样，每到换季的时候，两个儿媳都会给苏妻买新衣服。她们两人的关系也很亲密，经常互相给彼此的孩子买新衣服、买好吃的。但前几年发生的一件小事让二儿子和儿媳离了婚。二儿媳喜欢打牌，不过，当时小孩很小，需要有人时刻照顾。而不巧的是，苏妻这一年查出了高血压，没办法一个人照顾小孩。于是，二儿子就叫媳妇不要再打牌了，回家看小孩，说："妈晚上起来冲牛奶的时候，要是栽倒了怎么办？"儿媳听了很不高兴，以为他想控制自己，两个人就离了婚。最近，二儿媳回心转意，托人带信说想回来，苏妻觉得这是好事，孩子能有自己的亲妈照顾，比后妈强。苏德厚夫妇打算，如果儿媳回来不想让他们继续在新房子住下去的话，他们就搬到老屋住，不干扰小两口儿的生活。

六、病老返乡

说到房子，苏德厚的两个儿子在店集老家的新村各有一套房。在 2005 年、2006 年新村刚建设的时候，苏德厚一家人还在上海过日子，村里的书记告诉了他们买新房的事情。苏德厚拜托书记留一套房子，过年回家的时候带 4 万块钱回来买下。过了几年，夫妻俩又出钱买下了另一套房子，给大儿子家，原先买的那个房子就留给小儿子。因为一家人不在这里住，所以两套房子买了之后一直都没有装修。去年，大儿媳带着俩闺女回家，装修这件事被提上日程。因为大儿子是搞装潢的，所以大儿子家自己搞了装修。2017 年 9 月，苏德厚夫妇带着孙子也回到店集村，老两口儿现在住在给小儿子买的房子里，并找了一些电工、木工、瓦工来装修，还没有装修完。

2017 年，苏德厚和妻子的身体都出了大大小小的问题。之前就查出高血压的苏妻病情更加严重了，这种全身性的疾病让她的心脏和肺部都出了问题，住了几天院。三个孩子都很孝顺，在住院的时候都去看望她，每人给了 2000 块钱。大儿子和小女儿每天都打两个电话。大儿子想回家照顾苏妻，让苏德厚能回家歇息照看孩子。但苏妻拒绝了，说："你不要陪我，你去多挣两个钱吧。我自己可以照顾好自己。"出院了之后，儿子女儿都跟苏妻讲，让她啥都别弄，只注意搞好身体，没事的时候和别人一样去参加聚会，去做礼拜，晚上去跳广场舞。三个孩子让老两口儿什么都不用愁，什么都不用问，挣钱的事就交给他们兄妹几个，老人家就不要再操心了。

苏妻住院花了不少钱，苏德厚腰疼腿疼治病也花了些钱，再加上小孙子也生病，这一年老两口儿的开支很大，用掉了很多积蓄。苏德厚和妻子合计今年在店集村的农贸市场里卖牛肉汤。因为现在住的房子正好后面就是市场，所以可以直接在家里弄，省去来回搬煮锅和桌凳的麻烦。如果这个生意不行，老两口儿还想着再出去看看，在身体情况比较好的时候找点零活儿干干，能挣一点是一点。

除了挣钱攒钱，女儿的婚事也让老两口儿有些担心。小女儿今年31岁，但还没有结婚。老两口儿之前也问过女儿的意向，女儿觉得结婚早负担重，有了小孩就更累了。如果婆婆能帮忙带小孩，情况还好一些，婆婆不带的话就只能自己带。她想手头宽裕一点再结婚。而且小女儿长得也好看，在挑女婿方面也有点挑剔，想找长得好看的，个子矮胖、长得丑的都看不中。苏德厚夫妻俩觉得找对象长得好看没有用，要找能吃上饭的，两代人的想法不一样。老两口儿想让女儿今年回家找个婆家，但也尊重女儿的想法，不强迫她赶紧结婚。

从20多岁到60岁，苏德厚和妻子一起经历了风风雨雨，也度过了各种困难时期，将三个孩子抚养成人，并给两个儿子在新村买了房子。老两口儿现在身体状况堪忧，也没有多少积蓄，但好在三个孩子懂事孝顺，孙女孙子也活泼可爱。展望新的一年，挣钱和攒钱、女儿满意地结婚、装修好小儿子的房子是老两口儿最迫切的希望。

撰稿人：徐春蕾（北京大学社会学系本科生）
指导老师：温莹莹

8 出人头地

访谈时间：2018 年 7 月 7 日下午
访谈地点：安徽店集村，陈修文家中
访谈对象：陈修文，56 岁

> 从那天起，陈修文就在心里暗暗发誓，一定要拼命赚钱，出人头地；一定要多生孩子，让陈家人丁兴旺，再也不能让陈家子孙受这样的屈辱！

一、无钱葬母

好多年没有下过这样大的雪了。

北风呼啸着卷起飞舞的雪花，一层又一层地覆盖在大地之上，也一点又一点地冻住陈修文的心。

"儿啊，娘对不起你！"这是陈修文母亲生前留给他的最后一句话。

1985 年的冬天，天气奇冷，滴水成冰。年关将至，刺骨的寒风却抵挡不住人们热烈的期盼，马上就要到小年了，家家户户张灯结彩，充满了喜庆。

可陈修文却看不到一丝希望。破旧的老屋里，停放着冰冷的母亲。她已经被病痛和贫穷折磨了太久太久，这样睡去未尝不是一种解脱。父亲早逝，母亲独自靠着几分薄田将他拉扯大。如今，他连为母亲买一口棺材的钱都没有。与此同时，妻子刚生完儿子还没出月子。不知是太冷还是饥饿，儿子啼哭不止，怎么哄也不行。陈修文拿着家里仅有的 60 元钱和存粮，苦苦哀求村里的木匠为母亲打一口棺材。木匠看他实在可怜，马上又要过年，虽然不太情愿，还是给他拼凑了一口棺材。村里人都知道，陈家穷得叮当响，两代单传，连个帮衬的亲戚都没有，家里还有病人，平时上门除了借钱准没好事儿，没人愿意搭理他们。

雪似乎下得更大了。葬礼已经被简化到极致，没有吹吹打打的响器，几乎没有人前来吊唁，甚至连抬棺材的人都凑不齐。时间慢慢地过去，陈修文静静地跪在院子里，浑身上下被雪覆盖着，远远看去如同一座雕像。膝盖早已麻木了，心中由于填满了屈辱和自责，风夹杂着雪如同刀子般划在他的脸上，感觉不到疼痛，反而有种说不出的快意。天渐渐暗下来了，跪在身边不足四岁的女儿不知何时睡着了，冷风早已吹干了她脸上的泪痕。大地陷入一片死寂。

突然，陈修文站起来，冲进漫天的风雪里。他要去求那些整日冷眼相待他的乡邻，去乞求他们的怜悯。

远处灯火通明，不时传来欢笑声。几经犹豫，陈修文终于敲开了一户人家的大门。可是他怎么也开不了口，羞愧和愤怒相互交织。他深深地埋下了头，紧紧地攥着拳头。

"我求求您了！"陈修文扑通一声跪在一个乡亲面前。他不知道该如何表达，只能用这样一种屈辱的方式向人哀求。女儿不知道什么时候跟了进来，也随着父亲一起跪下。室内被火烤得暖洋洋的，陈修文只觉得自己的脸滚烫滚烫。

最终，在乡亲的帮助下，陈修文终于安葬了母亲。由于实在拿不出钱招待出资出力者，陈修文只好又一次下跪道谢。从那天起，陈修文就在心里暗暗发誓，一定要拼命赚钱，出人头地；一定要多生孩子，让陈家人丁兴旺，再也不能让陈家子孙受这样的屈辱！

然而，随着老三的出生，日子却越来越艰难了。村里的计生干部看他家生得多，天天上门讨要罚款。拿不出钱，就用东西抵，牛被牵走了，家里稍微像点样的东西都被没收了，只留下空荡荡的一所破房子。可是他也不敢去闹，有什么底气闹呢？家里的存粮一天比一天少，眼看新学期快开学了，孩子们的学费还没有着落。牛没了，肥料需要买，衣服要换新的，老房子也该翻修了。辗转反侧了几个夜晚，陈修文最终决定外出打工。

二、外面的世界很无奈

1987年农历正月十五刚过，25岁的陈修文就踏上了他的第一次外出打工之路。

陈修文是一个老实得不能再老实的庄稼人。小时候由于家里穷，他没上过几天学，除了自己的名字几乎不识字。除了结婚那年去过一趟凤台县城以外他从没离开过店集。妻子很担心，他自己心里也慌得很，思来想去，只好拉下脸到邻居家求他们出去打工时带上自己，帮忙介绍个活儿。临行前，妻子领着两个大的、怀里抱着小的把他送出了很远。看着妻子憔悴的面容，听着孩子们撕心裂肺的哭声，陈修文心里五味杂陈，其间还夹杂着一份儿终于逃离这片给他带来屈辱的土地的快慰。

陈修文早就听说打工很辛苦，却怎么也没想到会遭这么大的罪。这次外出打工他们一行五人奔着淮南孔集煤矿而去，那里已经有同村人打工，介绍工作应当相对容易。一路上反复转车换车，五个人到达煤矿时天已经快黑了，为了赶路，也为了省钱，陈修文已经整整一天没吃东西了。不过严峻的现实仍旧给了他当头一棒——

"这儿只要三个人！"

由于没有打工经历，又不识字，人又老实木讷，他自然成为两个被淘汰的对象之一。万幸的是好心的同乡勉强答应收留他过夜，才没有露宿荒郊野外。那一夜他彻夜未眠。出门时家里只有不到20块钱，妻子非要让他全部带上，他却坚持只拿了10块，家里有四张嘴需要吃饭呀！现在兜里只剩下不到6块钱了。当初的誓言显得那样苍白，不让家人再受欺侮，可出路在哪里？怎么才能撑起这个家？想到乡邻们的冷嘲热讽，妻子愁苦哀怨的眼神，陈修文顿时浑身燥热。不！坚决不能回家！一定要混出个模样！

第二天天还没亮，陈修文就起床了。他一路摸索一路打探，步行二十余里，终于在谷岗村附近的一家砖厂找到了活儿。虽然这份工又脏又累，工钱又少得可怜，可是他干得却特别卖力，仿佛浑身上下总有使不完的力气，毕竟这是他人生中除了种地以外靠自己寻到的第一份工作。可是好景不长，不到三个月砖厂就倒闭了。怀里揣着挣来的 50 元工钱，他再次出发，踏上了漫漫打工路。由于没文化，没技术，没经验，更没有关系，他只能打零工、短工。他在建筑工地搬砖，扛水泥，在码头当搬运工，在小区当保安，实在找不到活儿就在大街上拾废品捡破烂。为了省钱，他睡过澡堂、公园、车站、桥洞，甚至露宿街头。每当夜幕降临，他拖着一身的疲惫走在路上，万家灯火却没有一盏灯是属于他的，那时候他就特别想家，特别特别想！想到禁不住泪流满面。后来，夜晚他总是失眠，听工友说酒能解乡愁，他就试着喝上几口，渐渐地竟养成了习惯，仿佛只有这辛辣的酒才能让他暂时忘记身上和心中的痛。打工中他也结识了一些老乡、工友，性格开朗了许多，有时还能和大家一起抽支烟喝几杯酒甚至聊上两句。只要听说哪里赚钱多他就去哪里，上海、南京、广州、天津都跑遍了。每次拿到工钱，他总是迫不及待地跑到邮局把大部分钱寄回家。离开家的时候听妻子说她怀孕了，他希望这次能生个男孩。男孩子多了好呀！以后再也不受人欺负了！他得努力赚钱，最好再多生几个！

1987 年 11 月，经工友介绍，陈修文到了温州的一家建筑工地打零工。由于只是临时打杂，工头并没有给他发安全帽。可事故偏偏就发生在陈修文的身上，一块砖头从天而降重重地砸在他的头上，陈修文晕了过去。等他醒来，发现自己躺在医院，万幸的是只是皮外伤没伤到大脑，可也缝了十多针，在床上足足躺了一个月。老板还算有良心，支付了全部的医疗费，还额外地发给他 300 元工伤补贴。妻子马上就要生产了，害怕她担心，陈修文不敢回家，更不敢提受伤这件事。他把 300 元工伤补贴全部寄回家，并托回乡的工友捎话说："活儿太紧，不能回家过年了。"

1988 年的除夕夜，又是一场大雪。陈修文独自一人待在建筑工地上（好心的刘老板同意让他留在工地上看管材料），没有亲人的陪伴，没有热气腾腾的年夜饭，甚至没有一丝声响，时间仿佛又回到了三年前母亲去世的那个风雪夜，陈修文忍不住抱头痛哭。

三、十年辛苦不寻常

那年春节过后，陈修文终于迎来了他的人生转机。刘老板见他忠厚老实，人又特别勤快，过年期间把工地规整得有条不紊，东西也没有丢失，大加赞赏，决定长期留用。先是让他在工地上看管物资，后又让他跟着有经验的师傅学习批墙、铺地板、安装水电。陈修文特别珍惜这来之不易的机会，下苦功夫学习，很快就掌握了这门技术。有了一技之长，又赶上温州大搞建设，陈修文活儿干得漂亮，加上人又实诚，要价不高，总有接不完的活儿，两年下来手里积攒了不少钱。然而，挣再多的钱也冲淡不了他对家人的思念。快三年没回家了！妻子独一一人在家操劳，既要种地，又要照管四个孩子，还会时不时地遭受乡邻的白眼和非议，一定特别辛苦。她腿疼的老毛病又犯了吗？那个匆匆只见过一面的小儿子会认出自己吗？家里的老宅越发破败了吧！是时候该回家了！为了扬眉吐气，陈修文特意买了好烟好酒，还有一大堆衣服糕点糖果，他要让乡邻们看看他陈修文也有今天的风光。

从1991年到1998年，陈修文基本上没有出过远门，农忙时在家种地，农闲时在周边打打零工。家里买了新房，为方便出行还买了一辆小四轮。两儿两女，生活虽不算富裕却也很踏实。

1996年，老五出生。以前打工挣来的钱基本上花光了，陈修文明显感觉到了压力。有段时间他经常做梦，梦中他看见母亲冰冷地躺在床上，看见妻子举着粗糙冻裂的双手，看见孩子们穿着破烂不堪的衣服，看见邻居们鄙夷不屑的眼神……

"爸，我不想读书了。"一天，读到初三的大儿子突然告诉他。"我读不下去了，没意思，还不如出去打工呢。"

陈修文一下子就火了，"你说什么？你再说一遍！我累死累活赚钱养活你，就是让你去打工的？你知道打工有多苦吗？看我不打你！"顺手拿起一旁的扫帚。

"你打我我也不读了，同学们老是嘲笑我脑子笨什么都学不会，高中肯定考不上。我不怕苦，我想出去赚钱！"儿子边躲边大声说。

听到这些，陈修文一下子愣住了。这些年奔波在外，他从没有过问孩子们的学习情况，他想得很简单，赚钱供他们读书就行。他不知道贫困早已根深蒂固地扎进了孩子们的心里，上学，对于这样一个家庭来说简直就是奢望。

正月十五刚过，大儿子就和几个同学一起离开了家，去温州的厂里打工。因为是童工，老板给钱特别少，扣除房租水电费，连饭都吃不饱。儿子在电话里说一连两天没怎么吃东西，看见垃圾桶里别人扔的食物扒出来吃了才没饿死，妻子心疼地掉了好几次眼泪。陈修文知道，虽然妻子嘴上不说，心里还是怨他的，怨他没本事才让儿子受这么大的罪。

陈家的新年就在压抑的氛围下过完了。陈修文决定去温州打工，至少能和儿子有个照应。可实际上即使在同一座城市，父子俩见面的机会也很少，更多的时间是在忙碌中度过的。就这样过了两三年，二儿子初中毕业，也和哥哥一样辍学外出打工了。妻子不想让儿子离家那么远，非要他留在省内，二儿子就到了合肥。可谁知道合肥还不如温州。工地上的工头看他年龄小好欺负，什么脏活儿累活儿都交给他。他力气小，干不动体力活儿，手磨得鲜血直流，浑身上下没一处不疼。可是二儿子并没有告诉父母自己的情况，只是说自己想和大哥待在一起。当妈的拗不过他，于是他也去了温州。

转眼间，十年过去了。就和无数农民工一样，陈修文和两个儿子在城市和乡村之间漂泊着、挣扎着。不同的是，陈修文面对的是日渐衰弱的身体，儿子们依靠努力成家立业，开启了新的生活。

一开始大儿子告诉陈修文想当城管的时候他还觉得有些不可能，毕竟城管局也算是国家单位，不是什么人都能进的。儿子初中都没毕业，又没有温州户口，怎么考得上呢？可大儿子明显是上了心，不仅拾起了荒废多年的书本，还四处托人打听疏通关系。功夫不负有心人，大儿子最终顺利地通过了考试。一家人都高兴坏了，他们说不上来城管到底是干啥的，只知道儿子终于不是农民工了，终于可以拿政府发的工资了。陈修文打心底里高兴，乡邻们也纷纷前来祝贺，陈家终于扬眉吐气了一回！

在哥哥的激励和帮助下，二儿子也考上了城管。城管的工资不算高，工作也挺辛苦。大儿子每天干三班，一天干 18 个小时，每月有 5000 块，有时候甚至不如打工赚得多。可喜的是 2012 年出台了新政策，只要干够 15 年或者到 60 岁就能退休，每月发 3000 块退休金，至少养老钱是不用愁了。总体上看，除了辛苦点，陈修文对于儿子们的工作还是很满意的。

四、再到温州

2012 年，二儿子的第二个孩子出生。这时陈修文的三个女儿都已经出嫁，儿子觉得母亲在家种地也赚不了多少钱，还不如到温州帮着看孩子。这正合了陈修文的心意，一家人终于可以在一起了。这些年来，妻子含辛茹苦拉扯大了五个孩子，到了该享福的时候了！周围邻居都觉得妻子一边种地一边照顾孩子很不容易，对他们家的态度好了很多，时常来串门聊天，有需要帮忙的事情也尽力帮。夫妻俩临走前把家里的地借给了邻居耕种。

怀揣着希望，陈修文和妻子一起来到了温州。现实却是残酷的：二儿子一家四口挤在狭小的出租屋里，儿媳妇对于夫妻俩的到来很是不满，她原本没有工作专门负责带孩子，根本没有必要让老人来。自然，二儿子家是住不得了。大儿子为老人在同一个小区里找了一间出租屋，让他们先安顿下来。夫妻俩住了几天就待不住了，每个月 900 元的房租和水电费钱，又要让儿子多花钱。他们都是闲不住的人，虽然身体不太好却还能干活儿，决不愿意花儿子的钱。

儿子并不同意他们出去工作，但是陈修文瞒着儿子很快找到了活儿，在地下车库当保安，不仅夫妻俩可以一起干，还有地方住，免去了租房子的费用。儿子知道后也无可奈何，只能让夫妻俩去了。每月 800 元工资，一辆自行车收五毛钱，电动车一块钱，虽然钱不多，但是足够夫妻俩生活了。他们就住在地下车库里，附近有一家 KTV，凌晨 2 点半下班，会有人来取车子，而早上不到 6 点就有人要骑车上班，他们晚上根本睡不好觉。除此之外，他们还总担心弄丢车子，附近车库都有偷车贼，弄丢了要赔人家好几百块。不过幸好几年下来这里从来没有丢过车子。陈修文觉得自己还能扛得住，就是有点儿担心妻子的身体。1972 年闹饥荒，饿死好多人，那时妻子只有六七岁，正是长身体的时候，每天只能喝稀米汤。可饿着肚子也得干活儿，妻子拉不动板车，车子倒了砸在腿上，一寸多长的口子，都看见骨头了，从此落下毛病，只要遇到阴雨天腿就隐隐作痛。温州本就多雨，地下室更是潮湿阴冷，妻子的腿脚愈发不好了。唉，生活不易！他们这些常年干体力活儿的人谁能没落点儿毛病呢！

在地下车库一干就是四年。2016 年，陈修文听朋友说清洁工赚钱更多，夫妻俩商量了一下，觉得至少不用天天待在阴冷的地下室，于是辞了车库保安的工作。清洁工的工资确实是高了一些，一个人每月 1800 元，他们两个人干三个人的活儿，每月可以拿到 5000 多元。不过，在陈修文看来，扫大街真不是人干的活儿，比他年轻时在建筑工地上干活儿还要累。每天从早上 3 点开始一直干到晚上 9 点才能下班，一周干 7 天，一年 365 天，没有节假日，请假一天就扣一天的工资。夏天温州天气炎热多雨，陈修文和妻子一直待在外面，常常是晴天一身汗，雨天一身泥，到了 10 月份身上还满是痱子。有一年，温州要创全国卫生城市，各种检查组来了一拨又一拨，可就苦了他们这些扫大街的。上面要求路上不能看到果皮纸屑，也不能有树叶。可是树一年只有 3 个月不落叶，陈修文和妻子没有闲的时候。最可恨的是一些人素质极低，住在临街房子里，直接把家里的垃圾从楼上扔到马路上。这些陈修文都忍了，最让夫妻俩气得牙痒痒的还是那黑心的黄河公司，工资给的少不说，不管吃不管住，连垃圾车的修理费也要自己出，每个月都要差不多两三百。公司领导还经常到各处检查巡视，只要发现没扫干净，立马扣 500，为此工友们都战战兢兢。有一次，陈修文因发烧迟到被罚钱了，他的组长觉得他生病还出来打工挺不容易的，不忍心罚他的钱，结果被上面的领导发现了，不问青红皂白，直接罚了组长 1000 块，没多久组长就辞职了。陈修文一向是个知恩图报的人，这次因为自己而害了人家，心里难受了好久。

这些年来，陈修文遇到了形形色色的人，有好人也有坏人。说起坏人，除了公司里的黑心领导，还有他们出租屋旁边住的一个温州大妈。这个大妈看不起外地人，又因为她家房子小没有办法出租，而其他温州人通过租房子赚钱，她心里气不过，就经常骂附近的外地租户，希望把人骂走，让其他人也赚不到钱。陈修文记得有一次，一个外地姑娘在自己家里炒辣椒，味道有些呛，这个大妈就站在门口骂这个姑娘，后来干脆把姑娘炒的辣椒掀翻在地，姑娘委屈地哭了很久。大妈还经常把垃圾直接倒在陈修文家门口，夫妻俩和她吵过几次，后来也懒得和她计较了。还有一年过年回家，妻子粗心把 1000 块钱落在了温州的出租屋里，等发现再回去找时，就那么小的屋子，却怎么也找不到，全家人连年都没过好。当然，他们也遇到过一些好人。陈修文永远都不会忘记当年无私帮助他的建筑公司的刘老板。还有一个人是收废玻璃的李大哥，为了补贴家用，陈修文在扫大街的时候常常顺便把废纸、瓶子收集起来卖钱。李大哥总是帮他，只要遇到有大量废纸，他就会和陈修文联系，有时能挣不少钱呢。陈修文打心眼里感激这些曾经给过自己帮助的人，可自己除了说声感谢也没什么可回报人家的。

五、期待后代扎根在大城市

转眼到了 2018 年。妻子的老毛病越来越严重了，遇到雨雪天腿疼得甚至不能下地，而他自己也饱受胃病的折磨，身体大不如从前了。这几年陈修文时常想家，那个曾经给自己带来耻辱，自己无数次诅咒的故乡如今却成了他心中的牵挂。漂泊半生，最后他还是渴望在故乡安家。但最令他放心不下的，还是三个孙子孙女。大孙子家明今年 17 岁，由于之前在老家读书耽误了几年现在还在读初三，学习成绩很不错，在温州的重点中学，每次考试都能排班级前 15 名。但是陈修文还是不满意，他觉得至少要到班级前 10 名才行。可能是太严厉了，孙子总是不愿意来看他。陈修文心里急啊，不知道家明今年能不能考上重点高中。孙女大宝 10 岁了，从两年前开始学钢琴，现在已经能上台演出了。这对于整个家庭来说都是一笔不小的开支，不说学费，光是租钢琴练习每年都要 3000 元。可是为了孙女的将来，陈修文觉得这笔钱花得值。还有二孙子小宝，也马上要进小学了。当年两个儿子过早地放弃学业成为陈修文心中永远的遗憾，所以他希望陈家的第三代能够考上大学，找到满意的工作。

终于，陈修文和妻子回到了店集，回到了阔别已久的老宅。乡邻们知道老两口儿回家，纷纷上门探望，还送来不少瓜果蔬菜，够吃上一阵子了。当年安葬母亲时所受的耻辱切实而缥缈地留存在年轻的生命回忆中，但终究是过去了，太久远了，如今回想起来就像做梦一般。他们花了不少时间整理布满灰尘的老宅，还买了一台新电视机。夫妻俩想继续种地，但是今年的庄稼已经种上了，要等明年收获后才能把地收回来。如今陈修文的日子悠闲多了，白天到邻居家串门，一起抽烟聊天，或者在自家院子里种点菜；晚上在家陪妻子看看电视，有时也帮妻子干点家务。这些年他们聚少离多，始终觉得自己亏欠妻子太多。天气好的时候他总喜欢到地里转转，好像只有看到这一望无际的田野才能让他心安似的。

尽管生活依然简单朴素，但是陈修文心中却满怀期待。他的第二代、第三代将永远留在大都市，在那里扎根发芽。他们会过上美满的生活，会见识更广阔的天地。最重要的是，他们再也不会被人看不起，他们可以有尊严地活着。风雪或许会再次到来，但是有了家的庇护，就没有什么值得害怕的了！

正是："回首向来萧瑟处，归去，也无风雨也无晴。"

撰写人：刘雪婷（北京大学社会学系本科生）

指导老师：黄志辉

9 漂在城市

访谈时间：2018 年 1 月 26 日
访谈地点：安徽店集村村部
访谈对象：陈吉海，52 岁

> 陈吉海20岁开始外出打工，后来到上海做小吃生意，随着城市的变迁而四处漂泊。但随着各种生活成本的增加以及城市的变迁，他们不得不从城市的一个角落搬到另一个角落，从一座城市迁移到另一座城市。他们也试图再回到农村寻找机会，但前途如何还是一个未知数，城市、农村，哪里是他们的归宿？

一、出走城市

陈吉海 1966 年出生，在 20 岁左右时曾到工地打过杂工，因为自己没有技术和手艺，只能做力气活儿。干了一两年之后，陈吉海就一直在家待着，种庄稼，做瓦工，给别人盖房子。经人介绍，陈吉海和一个本村姑娘结了婚，两年间，女儿和儿子相继出生。照料两个孩子的负担很重，他没有再出去打工，一直待在家里。

随着两个孩子慢慢长大，教育问题也逐渐凸显。陈吉海和妻子商议，咱们这一代没文化也就算了，不能苦了孩子，应该让孩子多读点书，接受好的教育，县城的教育总归是比村里好，虽然花钱多，但做父母的辛苦一点，多挣点钱，家里省着点花也能凑合。夫妻俩商量之后，就把姐弟俩送到县城读书。县城的学校离家很远，夫妻俩就让两个孩子住在学校里。

孩子在县城读书的开销很大，继续留在村里种庄稼和做瓦工是不现实的，陈吉海和妻子决定到外面谋求生计。到外面能做什么活儿呢？什么活儿能支撑这个家庭呢？陈吉海和妻子不得不好好打算。

要说打工，夫妻俩年龄也都不小了，40 岁到工厂去，哪个工厂愿意要呢？而且工厂的上班时间固定，有事请假的话要扣掉不少工资，考虑到自己家里可能会有大大小小的各种事情，夫妻俩还是想找个时间自由一点的活儿。去工地吧，自己也不是没干过，知道卖力气的辛苦和难受，也不愿再去做那力气活儿。夫妻俩思前想后，最后决定做个小生意。正巧隔壁村有个在上海开小吃店的熟人，他们就把地交给哥哥种，去上海找那人学手艺。因为是老乡，又是熟人，大家出来混口饭吃都不容易，那人也愿意把自己的厨艺教给陈吉海夫妇。夫妻俩轮流到那人的店里学习，学了一段时间之后他们打算自己开一家店。

二、角落里的小吃生意

于是，夫妻俩就在上海闵行区物色店面。一开始找到一个靠近工厂的店面，面积不大，租金也不贵，一个月 1000 多块钱，他们就在这个地方开始做小吃生意。之前去找他学过手艺的师傅来店里照看了几天，告诉他们一些要注意的事情。后来，夫妻俩的小吃生意慢慢步入正轨。

陈吉海夫妻的小吃生意包括早餐和晚餐。为了准备一天的食材，夫妻俩夜里 2 点多就要起床。早餐做到 10 点半，结束之后夫妻俩又忙着收拾餐具，打扫卫生，收拾到 12 点多才能吃饭。吃过饭在店里睡两个小时，补补觉，3 点多起来准备晚餐，一直做到 11 点。夫妻俩在 4 点多工人还没下班的时候吃一次饭，到 8 点人不多的时候再吃晚饭。夫妻俩起早贪黑，辛辛苦苦一天结束，不刨掉房租和成本能赚两三百块钱，但去掉成本和生活费之后，利润就比较小了。

陈吉海和妻子租店面做生意，所以很少和城管打交道，但有时会有卫生部门的人来检查，看肉是不是合格的，菜是不是新鲜的。小吃店没有办理营业执照。在上海营业执照很难办，外来人口拿着房东的房产证不给办，需要上海本地人亲自去办，而老家在安徽的陈吉海在上海没有熟人，也没有上海本地人帮忙，所以营业执照一直都没办。为了应对检查，附近的做生意的人会互相通知，大家提前关门。有时候检查时间太长，他们就在晚上开门，挣个房租钱。

陈吉海的店开在工厂附近，来吃饭的大多是工人，有时候会遇到一些刁钻的客人。有些人会嫌弃饭菜味道不好，陈吉海就耐心地跟他们解释："个人有个人的口味，你感觉我这里的不好吃，你下次别来我这儿了，你到别人那儿去吃。不对你的口味你就少来两次，等你吃别人的吃腻了，再来我这里。"陈吉海认为口味这个东西，人人都不同，只能尽力跟那些客人解释，不能跟人家吵架，而且做生意要仁义，要有肚量。另外有些人会赖账，到店里先点菜，吃饱喝足之后再跟陈吉海说没钱，以"到月底开工资再还"为借口，一直欠着不还，不知道什么时候开始就再也不来店里了。这些人天天来吃，陈吉海虽然认得脸，但不知道他们的名字，也不知道是哪个工厂的，所以欠的账基本上都要不回来。他们欠的钱也不多，几十块钱到一百多，不值当深究，因此陈吉海也只好作罢。店开久了也有一些回头客，会说"我感觉别人的没你家的好吃"，天天来吃。后来因为搬迁，陈吉海和妻子只能另找店面，搬走后有些熟客还会偶尔打电话过来问候，问他们现在在哪里做生意，说自己还想吃他们家的饭菜。

陈吉海夫妇开小吃店也会和周围的店铺打招呼，"出门多个朋友多条路"，会跟周边的人，不管是开小吃店的还是别的店的，说说话，聊聊天，处好关系。拆迁搬走的时候他们会互相留电话号码，离开的头一两个月经常互相打电话，但时间一久，各自到新的地方又要联系别人，大家就不再继续联系了。

三、与子女天各一方

陈吉海夫妻俩把两个孩子交给了父母，让父母帮忙照看。两个孩子在县城读寄宿制学校，周末回家。学校不让学生带手机，于是，陈吉海夫妇在周末孩子回爷爷奶奶家的时候给家里打个电话，问他们需不需要钱。陈吉海说："需要钱的时候，你都不在家，父母都不在家，小孩在外面靠谁？你必须给他钱，大人不在家，钱也没有，不变乞丐了吗？"夫妻俩会经常给孩子打钱，怕孩子既没有人陪，也没有钱花。除了平常的电话联系，陈吉海夫妇一年基本上只在过年的时候回一次家。

陈吉海夫妻俩也会让两个孩子在暑假来上海和他们待上个把月。然后再陈吉海会提前告诉孩子坐什么车，在哪个站下车，在哪里等父母，他一般都会去车站接他们。每当孩子们过来，夫妻俩就特别高兴，会给孩子买吃的穿的，给他们一些钱。如果生意不忙，陈吉海和妻子会带两个孩子到处转转；忙的话，就让两个孩子自个儿逛。实际上，陈吉海夫妇很少有空和他们一起。

陈吉海夫妇虽然在上海待了将近十年，但很少游玩。陈吉海说："这个负担、这个压力在这里，没有闲心去玩。"挣钱的压力非常大，"这个事不干就要考虑下一个事情"，夫妻俩永远都在想着明天，考虑明天要怎么赚钱，总是处于一种危机感和紧迫感之中。

好在孩子在慢慢长大，女儿已经工作，只有儿子还在读书，家庭的负担一下减少了很多。说起女儿的教育，陈吉海觉得有点亏欠了她。女儿考虑到家庭经济条件负担不起两个大学生，为了弟弟能够继续上学，读完高中之后就跟着父母来上海打工了，放弃了读大学的机会。女儿其实很想上学，现在也在后悔。后来，女儿在一家电子厂找到了工作，这家工厂跟陈吉海夫妇的小吃店距离不远，所以她经常会到店里帮忙，帮着父母做下单上菜一类的活儿。她也经常给正在上大学的弟弟打电话，督促他好好学习。

因为搬迁，2018年陈吉海夫妇只做了几个月的生意，一直没找到合适的店面，也没挣到钱，所以儿子打电话要生活费的时候，陈吉海会让他跟姐姐要，连儿子今年的学费都是到处找人东拼西凑凑起来的。

四、漂泊在高楼大厦之间

上海的拆迁比较多，陈吉海的店铺换了好几个地方。几年前闵行区的店被拆，他们一时半会儿找不到新的店面，就做了一个月的流动生意。陈吉海夫妇买了一辆三轮车，放上锅碗瓢盆和米面肉菜，就到街上卖小吃。当时城管管得很严，他们没做几天生意三轮车就被收走，车上的东西也都被处理了。陈吉海夫妇不甘心，就去找城管，城管回复说过几个月再处理。陈吉海心想，过几个月处理，车里面的东西都被别人搬走了，我这几个月的生意怎么办？干等着又没法挣钱，实在耽误不起这几个月的时间。夫妻二人思前想后，最后还是重新买了一辆三轮车。不久，嘉定那边刚好有个店要转让，陈吉海夫妇就立即租了，在那里做了四五年生意。

在频繁地更换店面期间，陈吉海夫妇接触到形形色色的房东。大多数房东都还不错，"凭良心"，陈吉海就遇到过一个。房东的儿子结婚，请他们参加婚礼，陈吉海就带了一些礼品过去，表示祝贺，结果吃完饭，房东把他的礼退回来了。这虽然让陈吉海十分尴尬，但明摆着房东心里是体谅他们的。他们也遇到过极个别不讲理的人。例如他曾经租了一个店面，交了一年的房租，然而，半年之后店铺就要拆迁，想把剩下的半年房租要回来，结果房东百般拒绝，费很大的劲儿才要回来。陈吉海觉得，五个手指都不一样长，这种人不管什么地方都有，所以也没有特别在意。

陈吉海感觉现在上海的日子不太好过了。隔壁村很多到上海做小吃生意的人，因为这两年拆迁，找不到合适的地方，大部分都回家种地了，只有少数人还坚持留在上海。陈吉海属于这一群少数人——寻找合适的地方继续做生意。2017 年，陈吉海和妻子前前后后跑了不少地方，不只是上海，他们还去了宁波、嘉兴、绍兴、合肥、南通等好几个城市，但到年底都没找到合适的。他们在宁波待的时间比较长，干了半年，因房租太贵，要一万多，挣的钱只够交房租的，连家庭开销都维持不了，最后还是选择了离开。

寻找开店的地点也是有讲究的。首先要选在工厂附近，最好是路口，而且房租不能太贵。初步确定了地点之后陈吉海和妻子就会在那里观察几天，看工厂里的人多不多，人流量大不大。考虑到有些工厂中午管饭，所以主要看早上上班和晚上下班的人流量。如果那个地方有卖早餐的摊位和店铺，就要看一下人家的生意怎么样，看消费人群的数量。他们也会在工厂附近找人问厂里的人数、一般哪里人多一点等问题。如果在上海找地方，还要考虑拆迁的问题。

由于种种因素的限制，陈吉海夫妇迄今没有找到合适的店面。在过年的时候，他们把东西从宁波搬到上海，如果过完春节还是找不到房子，就把东西变卖给收废品的，以后不再做小吃生意了。其实，夫妻俩还是想在上海找店面。但问题是很难找到，现在的租金很贵，而且基本上都是一年一交，有的要十几万，有的要二十几万。一方面，他们一时半会儿拿不出这么多钱；另一方面，一下子投入这么多钱风险很大，如果生意不好，房东一般也不会退房租，即便关系很到位，最多也不过退一两个月的房租。所以，为了保险起见，陈吉海在租房的时候会事先跟房东沟通，说自己是做生意的，不知道这边的生意怎么样，先交半年的房租，要是生意好就续签一年的合同。不过虽然商量好租半年，但押金不会因此减半，还是需要额外交一个月的房租作为押金。为了尽早找到合适的店面，陈吉海也会和本村和邻村的同行联系，打打电话喝喝酒，互相问一下生意的情况，告诉他们自己生意不太好，老交情的朋友也会帮自己打听要出租的店面，多多少少帮一点忙。

五、寻找新的出路

陈吉海觉得，虽然找店面很困难，而且也花了不少钱，但在外面干总比在家里干强。要是回家的话，就只能种地。如果村里有厂矿还好一点，随便也能挣个一千多，能照顾家庭，而且家里花销少，也能节省不少钱。但村子里没有这样的工作机会，种地几乎是唯一的选择，而种地收入太少，并不足以支撑这个家庭。陈吉海夫妇最近也在考虑放弃在外面做生意，回家看能不能找到别的出路。陈吉海的妻子提议尝试一下在村里做米酒，在赶集的时候卖出去，平时也可以在家里做点小吃什么的。陈吉海觉得这样也挺好，就打算 2018 年先让妻子在家里做米酒试试看，自己再去找店面。

如果妻子做米酒挣不到钱，自己也没找到店面，就再做流动生意，城管抓得严也要做。

陈吉海夫妇只能这样打算，毕竟儿子还在读大学，学费和生活费的开支很大，夫妻俩回家种地供不起。虽然女儿工作了，但她也是辛辛苦苦挣钱，做父母的不能不顾女儿的意愿问女儿要钱。而且两个孩子都没成家，女儿的嫁妆和儿子的彩礼都是很大的开支，做父母的就算再辛苦也要挣出这些钱。如果儿子成家之后，工资不多，而且又要养小孩的话，陈吉海夫妇还是要继续挣钱，替儿子挣钱，"不能叫他饿死在这个家里"。陈吉海觉得，人就是这样，一代传一代，有养活下一代的义务，做父母的都是尽量给孩子提供更好的生活。如果两个孩子都成了家，工作、收入都不错的话，陈吉海夫妇才会待在家里种地，做点事情，挣点钱够自己花的，尽量不向孩子要钱，给他们添负担。

撰稿人：徐春蕾（北京大学社会学系本科生）

指导老师：蒙晓平

10 永远在路上

访谈时间：2018 年 1 月 24 日下午
访谈地点：安徽店集村，陈利伍家中
访谈对象：陈利伍，53 岁

> 人世间的路似乎总是没有尽头。自 18 岁初次"外流"开始，陈利伍似乎永远在路上。回首路途上的脚印，陈利伍笑称自己"这一生就是在'外流'，就那么点事，也没有什么能耐"。

一、"这儿没有活儿干"

1983 年，18 岁才初三毕业的陈利伍迎来了他的第一次"外流"。

陈利伍在家里排行老五，上面有四个哥哥姐姐。到了四姐和他这里，父母干脆就用"肆"和"伍"做了名字。这次外出打工，陈利伍和六个同乡人同行。父亲给他备上 40 块钱，母亲又给他塞了 10 块钱，万般叮嘱他路上小心，送他踏上了"外流"之路。

一行人奔着江西景德镇去。陈利伍和同伴们清晨 4 点多出发，赶了一个多小时的路才到了 15 里地以外的顾桥，在那里搭上了去往凤台的早班车，下了客车马上换乘"蹦蹦车"，一路听着车子"嗵嗵嗵"的压路声颠簸到张楼火车站。在张楼站，一行人买了去往芜湖的火车票，挤上了通往城市的列车。在土路、公路和铁路上辗转许久，抵达芜湖时已经是凌晨 2 点钟。

然而，一行人并没有什么耗在这里欣赏江水的时间或者念头。他们需要的是跨过这片水域，到达对岸的南火车站去搭乘下一班列车。城市内的路费水涨船高，这里同样的蹦蹦车，同样的"嗵嗵嗵"声，收费比凤台到张楼的价钱高了3倍多，载着他们从长江北侧颠到长江南侧。到了南火车站，又耗了七八个小时等待才登上去往屯溪市的列车——到了屯溪就有直达景德镇的火车了！在屯溪转车时，陈利伍在城市中转了转，第一次见到所谓"摩天大楼"——一座12层的大楼，当地人告诉他，市长、市委书记都在里面办公。仰头看向高耸的建筑，年轻打工者的内心五味杂陈。

这段旅程的终点锁定在老乡曾经工作过的文具厂。七个人到达文具厂时已经是下午3点多钟，路途虽不艰险，但反反复复的转乘换乘着实让所有人都累得够呛。不过严峻的现实仍旧给了他们当头一棒——

"这儿没有活儿干。"

文具厂老板的态度很是坚决。但考虑到几个人经历长途跋涉展露的疲态，老板答应让他们在厂里等上几天，看看有没有别的活计可以给他们做。六七天之内，陈利伍等人一边四处打听着工作，一边看着家里给带的路费一天天在吃穿用度上渐渐缩减——一天一块钱的伙食费对于这些只有出项没有进项的年轻人，还是太过高昂。明明"外流"是来挣钱，好端端地怎么就变成了赔钱？陈利伍一边嚼着口中的食物，一边和同伴们互相望着发愁。一筹莫展之际，有人带来消息，告诉他们景德镇桃树镇那边有个煤矿可能需要工人。

欣喜若狂的七人立刻收拾好铺盖，背在身上就从黄泥头坐车到了桃树镇，直奔"据说需要工人"的煤矿。到了矿上一看，需要工人确实是需要工人，然而，陈利伍顺着介绍工作的人的手指看向矿井，眼前的场景令他心生退缩之意：矿井井口的空间只容一人小幅度移动；矿井两侧安装了简陋的爬梯，供矿工们上下运输；矿井到底大约几十米深，每隔十几米深就会有一个平台，工人们在矿井中的平台之间，将黑黢黢的煤块用扁担挑在肩上，左右手并用，爬上七八米高的梯子，把煤炭向上一个平台运送，交接给上一层的人，过后再回到下一个平台，挑下一筐，如此将煤炭一层层地向上运送，直到送到地面。矿工们的脸上被炭黑的煤灰所覆盖，唯有笑起来时，唇齿间才会露出一道与黑不同的色彩,然而一次肩上重达一两百斤的煤块,将他们挑煤时的笑容压在了紧抿的嘴唇之下。"妈呀,这个活儿不能干!"陈利伍内心呼喊着。七个人一商量,四个表示想要在这里挣一笔,陈利伍和另外两个与他有着同样想法的同伴则拒绝了这里的工作,考虑另寻出路。

陈利伍想到了在江西省宜黄县汽车修配厂干活儿的老家亲戚陈松明。

二、走投无路

宜黄县没有火车直达,只能坐火车到隔壁的崇仁县,再通过公路坐 60 多里的汽车才能抵达。本来算着路费差不多够,但中途转错了站,到达崇仁县火车站时,三个人身上只剩了两毛钱。到达火车站正值晚上 7 点多,三个人已是饥肠辘辘。陈利伍索性将钱全部买了晚餐给两个同伴。这样,三位年轻人确确实实地身无分文了。仲秋,身处江西群山包围之中,饿着肚子的陈利伍瑟瑟发抖,但也只能勉强裹起家中带来的被子,和同伴一起在房檐下熬过长夜。

次日太阳升起,温柔的金光映照在沥青公路之上。究竟应当如何到宜黄县呢? 三人爬上一辆货车,溜到了宜黄县城中心。

20 世纪 80 年代的宜黄县城并不很大,县城中心最高的建筑邮电局也只有三层。陈利伍很快找到了汽车修配厂,对方却告诉他根本没有陈松明这么个人。听到这个消息,陈利伍彻底傻了眼。

从修配厂出来正是中午时分,陈利伍和同伴们怅然若失地徘徊在陌生城市的街道上,耳边回荡着陌生的宜黄口音,第一次感受到了何为走投无路。从前一天晚上就未曾进食的他摸着自己空荡荡的肚子,兜兜转转又走回了县城中心的菜市场附近。菜市场中熙熙攘攘,人声嘈杂,却没有一个人走过来和几位静默地蹲在角落中的外乡人说上一句话。三个人只觉得已经走到绝望的边缘。

漫无目的地在菜市场等了许久,三位年轻人依旧一筹莫展。此时,耳尖的陈利伍忽然听到不远处传来一阵不甚熟练的宜黄口音,夹杂着不少安徽的味道。三人忙不迭地拉起身边的尼龙袋子，三步并作两步跑到那里，未等说话人反应过来，便操着沙哑的声音问道："哎呀老乡，您家哪儿的？"

买菜人听到安徽话，显然一惊，疑惑地打量着脏兮兮的三人："你几个是哪儿的？"然后安静地等着三人回话。

果真是安徽人！陈利伍心中暗喜，忙答道："俺几个是淮南的，你呢？"

买菜人点点头，脸上也渐渐流露出碰到老乡的惊喜之情："我颍上的，也是一个人过来打工的。"颍上县就在淮南隔壁，三人琢磨着可能是村里谁家的亲戚，便继续问下去："老乡你贵姓？"

"我姓黄。"对方答道，上下打量了一下这几个小老乡，继续问道："你几个是从哪过来的？来找谁的？"

"俺三个是来找陈松明的，在这儿的汽车修配厂，我们是奔着他来的。"陈利伍试探性地问道，他直觉能从这个老乡口中套出老家亲戚的信息。

果不其然，买菜人皱了眉头，语气却颇为犹豫："陈松明……我倒不知道。他们这里有个叫陈大喜的，我经常跟他见面，也熟。他原来在汽车修配厂上班，现在走了，开矿山去了。"正当陈利伍想要进一步追问时，却听买菜人继续道："我对你讲，你几个不要跑丢，他明天9点钟准时来这菜市场买菜，你就跟他在菜市场碰面。"说完便在三个人的千恩万谢中离开了。

老乡走开之后，强烈的孤立无助感又随着道路的渐渐冷清一点点吞噬着"外流"者的身心。这三人已经两天两夜没有进食，裹着被子，依偎在冷清的菜市场的角落，呆滞地望着眼前空无一人的街道。与此同时，两个同伴也哭了。

陈利伍心中很不忍，对两个伙伴放了狠话：你俩看着我的，明天等不到他咱们就抢，最起码得抢着东西吃，不能饿死。

陈利伍一宿没有睡着。身上冻得实在撑不住，就在路上来回地跑，跑个半个小时，休息半个小时，直到太阳重新照耀在县城之中。

早上8点多，三人站在菜市场门口眼巴巴地等着"陈大喜"。陈利伍一眼认出陈大喜就是陈松明，像是在渺茫的大海上突然抓住了浮木一般冲了上去。听到陈利伍等人的遭遇,陈松明二话不说就把三人带到了早点摊边。三人一阵狼吞虎咽,终于填饱了饿了两天两夜的肚子。

找到陈松明,工作就有了着落。陈松明在宜黄县开山已经有一段时间了,陈利伍等人就跟着他开山。开山需要工人们做的,就是将炸药埋在山中,跑出来引燃,炸毁石头。这份工作一天工资五块钱,在当时也算是不错的收入。

三、风雪归家路

因接近年末,陈利伍等人没干多久就回家了。

陈利伍归心似箭,其实还有另一个原因。初三毕业后的夏天,家里人给他谈好了一个对象。陈利伍"外流"之际,曾和女孩约定,自己最晚腊月二十八回来,接她回家过年。陈利伍算着,腊月二十六开始往回走,只需走上一天一夜就可以到家。谁知,腊月二十六早晨,灰暗的天空中开始飘起星星点点的小雪。他并没有在意太多,照常走了 40 分钟到宜黄县汽车站,花了六七毛钱坐车到了崇仁县火车站。到崇仁是中午 11 点多,雪非但没有停下的迹象,反而越下越大。陈利伍买了去南昌的火车票,却在火车站足足等了八个小时才等来火车。

此时,陈利伍才意识到问题的严重性——这场雪已经严重阻碍了本不发达的交通系统。他有一种隐约的感觉,像是外出时的路一样,自己归乡的路怕是也不好走。到了南昌,雪果然下得更大了。望着纷纷扬扬的大片雪花在灰色的天空中飘落而下,陈利伍只能认命地又等了八个小时去九江的火车。到了九江,雪依旧没有停,积雪也已经很厚了,小城银装素裹很是好看,但是等待开往芜湖的渡轮的人群并不那么美妙。等了十多个小时,陈利伍终于买到了东方红渡轮四等舱的船票,坐在硬梆梆的椅子上乘船到了芜湖。芜湖始发的列车没有等多久就挤了上去,但是谁料到在水家湖车站又等了十二小时。陈利伍又急又气,但更多的则是无奈。好不容易盼来了到张楼的火车,下车时已经将近晚上 6 点。此时,安徽的积雪也已经没过脚踝，蹦蹦车基本上已经无法开动。陈利伍好说歹说，终于搭上一辆蹦蹦车抵达了凤台县汽车站。此时已临近年关，路上人烟稀少，只剩茫茫大雪，从凤台开到顾桥的汽车车费也从五毛五涨到了一块，陈利伍也只得支付。这一路上等车不但耗费时间，而且耗费金钱。本该只耗费一天一夜的一千多里路竟走了四天四夜！陈利伍已不记得在等车期间吃了多少顿饭，花了多少钱，只记得到家时，第一次"外流"带回的 60 块钱仅剩了几块钱。

汽车到达顾桥，陈利伍迫不及待地跳下车子，踏着满路的积雪一路快步走回店集。田间小路的积雪上留下年轻人欢快而焦急的足迹，一路延伸到店集村口。腊月二十九，陈利伍终于回到了自己的家乡。在店集村口，风雪满身的陈利伍碰到的第一个人就是初中同学苏为昌。老同学相见，苏为昌先是被陈利伍这一身狼狈样子惊着了，不禁叹道："我的妈呀，你怎么这个点才到家！"

"别讲了！差点绊在路上去了。"陈利伍笑着扔下一句，不禁觉得鼻头有些酸酸的，泪水在眼眶中积蓄着，终于忍不住开始刷刷地往下掉。回家真好！见到小儿子的身影，陈利伍的母亲也不禁热泪盈眶，赶忙将儿子拉回家中，细细地问过这次"外流"的经历。陈利伍和盘托出，又引来了母亲不少眼泪。

次日，收拾好自己的陈利伍在母亲和大伯的建议下，赶去了对象家里。见陈利伍终于来接自己，女孩眼睛瞪得老大，将他拉进屋子责问："你不是讲二十八来接我的，怎么三十来的？"听着陈利伍讲述经过，女孩眼神中的不悦渐渐消弭，取而代之的是心疼的泪水。等到他讲完，女孩已经哭得稀里哗啦，一边抹着眼泪抱怨着："我的妈呀，那人家没的说，我以为你不愿意了，你心里没有我了呢，你到家都不来接我的，你过了年还外流吗？"一边让陈利伍"从此以后不要外流了"。看着眼前的泪人儿，陈利伍心一软，答应了女孩的请求。

四、第二次"外流"

两年之后，陈利伍和女孩结了婚。此后近 20 年，陈利伍再也没有"外流"过，专心在家种地。这期间，陈利伍和妻子生了一儿一女，小日子过得还算不错。

很快，陈利伍的儿子上了高中。儿子优异的学习成绩提醒陈利伍，是时候出去攒一笔钱供儿子上大学了。

2002 年左右，陈利伍踏上了他的第二次"外流"之路。这次的目的地是温州。陈利伍在温州时的工作是装卸水泥。每天晚上 9 点多，会有挂车开到老板家门口，装卸工们就会依排班的顺序，按照分好的小组分别上车。挂车运来水泥，将水泥送到工地上。一个小组大概三到四个人，一晚上大概能有七八趟车，平均下来两天干三次活儿，工作都在夜里，一般两三点钟能够结束。陈利伍觉得每天能挣 60 块钱，而在老家干活儿每天也就挣 20 块钱，这样算下来怎么都很值。

有一次，陈利伍的老板问他要不要接一个活儿：把水泥袋子扛到住宅楼十层，一袋一层一块钱。陈利伍觉得来钱挺快，便应了下来。几个人把沉重的袋子扛在肩头上扶着，微微佝偻着腰在楼梯上缓慢前行。那时候 30 多岁的陈利伍身体素质好，一次扛上两袋子向上走都不觉得累。这样，陈利伍两个小时挣了 60 块钱。但是，等回屋休息时，他就发现大事不妙：自己的两条小腿肿得厉害，也疼得厉害，走起路来更是钻心地疼。这样，后面两天陈利伍只能留在屋里歇着，一下子耽误了两天夜里装卸水泥的活计。

装卸工是苦工、小工，工作强度大，虽然累一些，挣的钱没有沿海那边多，但是能供儿子上大学就足够了，陈利伍很是满足。他在温州的生活也过得有声有色：借住在老板家的地下室，每天可以花上几块钱做些喜欢的吃食，华灯初上时还可以去五马街看看夜景。

不过，如何与当地人处好关系一直是陈利伍的难题。当时社会上有点乱，陈利伍身处人家屋檐下，处处谨慎小心，不招惹当地人，受了气也忍气吞声。但有一次，他发作了。

陈利伍老板家的房子在一个斜坡底下，老板住在楼上，工友们住在地下室。有天晚上，对面的酒店里有几个十七八岁的当地青年过生日，酒喝多了，晕晕乎乎地站在工人的屋子门口小便。正值夜里1点钟左右，刚刚装卸完工的陈利伍回来，和几个工友看到这种情况，当时就不干了。想到对方是温州本地人，又是孩子，他们先去和几个小孩儿讲道理："你们解手怎么会解到我们门口？你们不能到河边去吗？"

几个青年人抬眼看了一下满身是水泥灰的工人们，晕晕乎乎地骂了几句，突然开始打人。看对方动手，陈利伍和工友们也生气了，却不敢还手太重，怕惹上事儿要赔钱。这边一边打着，另一边几个年轻的装卸工赶紧和老板的两个儿子说了情况。很快，老板接到了电话，从楼上下来，拍着栏杆和装卸工们吼道："打！出了事儿我担着！"然后拎了铁棍也下来打。

见有人罩着，陈利伍和工友们陡然热血沸腾，纷纷抄起院子里和手腕差不多粗的黄竹，放开了胆子使劲儿对着几个撒酒疯的青年打去。打斗发出的巨大声响很快就引来了警察。公安局进行调解时，判定装卸工和老板们这边是正当防卫，他们没有受到任何惩罚。扔下手里的黄竹竿，满头是汗的陈利伍大口喘着粗气，只觉得身上和心里莫名爽快了许多，说不上是宿仇得报，还是把多年的积怨一打而空。

至今，陈利伍回味起那场打斗时，仍旧会不自觉地挂着自豪的笑容，最后以一句"打得真爽"作为结语。

在温州做了两年装卸工之后，陈利伍又和妻子去上海做了些零工。2006年，儿子考取了安徽省内的一所一本大学。2008年，陈利伍开始从事一些建筑业相关工种，先后做了泥瓦工和油漆工，年中回家种地。2013年，陈利伍在店集新村买了新房。

2010年，陈利伍的儿子大学毕业，在南京建筑设计院工作；四年后买了房子，正式扎根在南京；2016年，儿子结婚，一年后生了个女儿。儿子是陈利伍的骄傲。目前，他打算再多做几年油漆工，顺便打理家中的地，多赚些钱。等到自己什么都做不动了，就去南京和媳妇一起照顾儿子一家。

人世间的路似乎总是没有尽头。自 18 岁初次"外流"开始，陈利伍似乎永远在路上。回首路途上的脚印，陈利伍笑称自己"这一生就是在'外流'，就那么点事，也没有什么能耐"。

撰稿人：蒋雨楠（北京大学社会学系本科生）
指导老师：黄志辉

11 跟着时代向前奔

访谈时间：2018 年 2 月 8 日下午
访谈地点：安徽店集村，吴老大家中
访谈对象：吴老大，63 岁

> 他在阅尽世事后提出了自己的看法：打工是人人都能走的财路，打工的人都是在跟着时代向前奔。"谁说农民没有享受改革开放的红利？你不信，回家问问你父辈们过去吃的什么喝的什么，再看你吃喝的是什么？要我说，农民的生活真是发生了翻天覆地的变化，农村人享受了改革开放最大的红利！"

墙外是青青麦田，绕门有一条水泥道路，一座青砖水泥的农家屋院矗立在极为结实的石头基座上，高出旁屋半米以上，仿佛堡垒。堡垒立在老村的边沿，不远处是 2008 年统一规划的新村居民点，联排小楼沿着一条大道排列，直指这片松散而颓圮的旧屋。在寂静的晌午里，堡垒沉默着，檐角闹着燕子，石基边呆坐着个晒太阳的耄耋老人。

"当年我们这座房子，你穿过整个县西，就是他乡政府也没有这样好的！"吴老大说，他今年 63 岁了，他的青壮年时期就沐浴在这座堡垒的荣光中。

一、断了"从政"的念头

改革开放初期，吴老大正好步入青年期。1977 年，他赶上了"文革"后的首次高考。这是转折性的一年，有人敏锐地嗅出了机遇的气味，但吴老大还活在"上大学靠推荐"的念头里，彻底放弃了上大学的念头，混了个高中毕业证就完了。

当年，乡村高中生属于不折不扣的知识青年，一回来生产队就让他做会计。他唇上冒出青须，很有几分傲气，胸中怀着农村青年人常有的雄心，比如盖上带走廊的二层平顶新房，比如在娶媳妇时风风光光地大摆几桌。

在多数人心里，找个"铁饭碗"是关键，吴老大更愿意称之为"从政"。恰好，他碰着了难得的机遇——乡镇招考农技员。

当年农技员是个好差使，相当于副村长。吴老大很自信，因为几个竞争者中属他的文化程度最高。果不其然，他考了第一名。谁知分数第一没用！最终顶上农技员位置的是个根本没参加考试的家伙。旁人都自认吃了哑巴亏，没有声张，只有吴老大将愤怒转为行动。他怒气冲冲地去乡政府查考卷，乡里不理，把事情推给了村部。所谓县官不如现管，不论怒火有多旺，面对抬头不见低头见的村干部吴老大还是萎了气焰，只得将一腔怒火硬憋回肚里。"明明是我考中的呀！凭什么他当上了？"吴老大真是气啊，病倒在床上。

大病一场，吴老大总算看清："干部说他行他就行，你说他不行，没用！"自此即便再有招考的机会，他也摆摆手不掺和。

希望的落空让他颇消沉了一阵，也让他细细思量：在这人情密布的乡土中，一个毫无根基的年轻人该如何出头呢？

二、跑船赚了一栋房子

家庭联产承包不久就在吴老大的村庄顺利推开了，乡间处处显示出松绑的迹象。吴老大有个舅舅长年在西泗河跑船。这个行当历来比大集体种地要强，但过去从没被吴老大看作"前途"之一。自然，在他成长的年代搞私人经营是冒风险的，搞不好要被当作投机倒把挨批斗。如今风险解除了，那艘西泗河上的小货船指向一条挣钱的好路子。

吴老大先跟着舅舅学跑船。他们溯流而上抵达河南境内，装上河岸边的黄沙，再顺流而下回到安徽。在河南拉一船黄沙成本很低，除了 15 块装沙费就是来回的汽油钱。那时舅舅的船是 80 吨的，一船沙子可以卖到百元以上。那时的钱真是钱呐！教师是个铁饭碗，不才一个月十几块钱吗？多亏了这个舅，这条好路子就摆在吴家兄弟面前，旁人还沾不上边呢！

与身边老实巴交的庄稼汉相比，吴老大觉得自己的脑子进化了一些，他不仅想着温饱，还想着挣钱，想着发家致富！

吴家父子们咬咬牙买了一条 30 吨的小木船，自己干！吴老大带着一个弟弟，来往穿梭在西沮河上。恰逢乡村市场复苏，农家盖房用的水泥、黄沙、石材等材料都供不应求，形势一片大好。黄沙生意风生水起，吴家兄弟只要能拉来沙子，从来就不愁卖！没多久，他们就将 30 吨小破船换成了一艘 80 吨的大船，吴老大的父亲也买了一辆四轮车配合沙船跑运输。这样一来，拉一船沙子回来可以卖到两三百元。能挣这么多钱！从集体时代走出来的人们简直难以想象！

吴老大不禁念叨起邓小平的话："让一部分人先富起来。"他喃喃自语："对，我当年是比他们先富了一点。"

1987 年，也就是高中毕业的第 10 年，吴老大那缥缈的雄心终于落到了实处——父子齐心盖一座房子，一个让远近亲戚乡邻都交口称赞的房子！黄沙 200 吨，不用愁，自己跑船拉来；石头 200 吨，是在外县买的，用船分次拉回来；砖头自砖厂买来，一毛钱一块；就是水泥最不好搞，那时买东西虽然不必拿条子，但绝不是有钱就能买到的。幸好吴老爹有个干儿子在水泥厂工作，托了人情才搞到 30 吨水泥。这些材料都是吴家兄弟用自己的船和小车拖到家门前的。一家人和亲戚邻里忙了几十天，先打好一层结实的石底，上面以青砖砌起两层平顶小楼，配以当年时兴的贯通左右的走廊。

房子终于盖起来了！这是全村一幢绝无仅有的二层小楼，像是一座骄傲而强劲的堡垒，矗立在一片绿油油的田野间。它是吴家的骄傲，是吴老大青年时期勃勃雄心最坚实的见证！

三、带工：短暂的"从政"经历

屋子盖好，吴老大也顺利地娶妻生子，口袋里也有了些积蓄。市场越来越活，竞争越来越激烈，跑船利润开始大幅降低。考虑到弟弟还没娶亲，他便将跑船的稳活儿让给弟弟。作为家里的老大，他设法开拓新的路子。

20世纪90年代正是乡镇企业如火如荼的时代，吴老大是有能耐的，手头也有些钱，于是在村委的授意下，他和几个村民各出1000元股金，共同开办了一家面粉厂。

和跑船那种靠个人苦干的营生不同，面粉厂是一项集体的事业，不仅要考虑到材料、工艺和雇工，还涉及销售管理。吴老大从购置和摸索机器开始，颇费了一番心思。虽说不上经营有道，但恰好赶上小麦涨价，开厂第一年就靠收购小麦挣到了钱。

开门红面上是好事，实际上未必见得。面粉厂终归是村委授权开办的，谁来经营谁来负责是支书一人说了算。不挣钱还好，这等苦差事自然交给有能耐的人去做。可一旦挣了钱，吴老大等元老便渐渐"靠边站"了。"靠边站"的办法很巧妙，明里是选吴老大进入村委继续负责村办企业，但实际上却逼他将面粉厂的经营权拱手让人。这一套"明升暗降"的操作让吴老大哑巴吃黄连有苦说不出，只是这次他已看懂其中利害，于是就悉听尊便了。

命运真是奇妙。吴老大曾想"从政"但不得门路，现在却阴错阳差地被"招安"。就这样，在1989年，吴老大成为村委里超编的一员。

1991年令人难忘。不仅是吴老大，全村人都深深铭记着这一年。这一年家乡发了场大水，这一年村里的未婚姑娘头一回走出家门去外地打工。要是放在过去，未婚的姑娘们脱离家庭的管束跑到异乡真是想也不敢想的事。但就在1991年，这批由县乡组织的劳务输出让异想成为了现实。

据说有才能而无根基的人接到的往往是苦差事，吴老大很同意。他所在的村子是头一回搞女工输出，第一批就组织了50个女孩子，由政府对接统一介绍到江苏启东某乡镇企业做工。劳务输出？村里没人搞过。带着一帮年轻丫头到异乡待一年？这谁都得掂量掂量。年轻丫头不好带，出了问题责任重大。自然，这件差事落在了吴老大头上。

吴老大出过远门，但从没在工厂干过。如今他却要负责安排 50 个女孩子的衣食住行，还得与工厂打交道。回想起来，一个初来乍到的青年身后跟着 50 个叽叽喳喳初来乍到的年轻丫头，他觉得自己像是去打江山，只可惜率领的是支娘子军。

吃了不少亏，吴老大才琢磨出一点经验：女孩子不好带！小于 18 岁是没成人，不敢要。超过 20 岁的，就有自己的主意了，或者想玩或者想处朋友，心思不在挣钱上。只有那 18 岁到 20 岁之间的女孩最好带，她们心思单纯，只念着父母苦；她们想挣钱，哪怕只挣 10 块钱呢！反正在家里坐着是没有这 10 块钱挣的。

政府组织的劳务输出又和那私人带工不一样。跟着私人出去的年轻人无依无靠，自然服服帖帖，生不出这样那样的要求。而跟着政府出去的呢，她们始终觉得有政府组织作依靠，我跟着你来吃饭，吃不上饭你得负责任！

这群 20 多岁的女孩中很有几个厉害而蛮不讲理的丫头，她们能说能闹：你不给我弄好，我就跟你吵跟你磨，你是政府人员又不敢打我！这其中还有个别村乡干部的女儿，她们的父母将女儿嘱托给吴老大，希望女儿干得好又不受委屈。偏偏这些女孩根本不听吴老大这个小带工的安排，或是闹事或是受了委屈。吴老大处理不来又交代不了，夹在中间束手无策，像个憋屈的人质。他一腔委屈但只能闷在心里！吴老大常常拍着脑袋自问："我不如坐家里吃碗饭，何必要在这里受气！"

受气归受气，但在启东带工的确有难以推辞的好处——能挣钱呐！村委委员一年只拿 400 块工资，村支书一年也只领 1000 块。但在启东工厂带工，工厂开出了 1 个月 260 元的工资，这是一笔不小的收入。

工厂也不够公道。这批女孩都是学徒工，一月 30 块的工钱。可是工厂抠得很，常以产品不达标等原因克扣工钱。如此一来有的女孩辛苦半年连几十块钱都带不回家，逼急了，几个厉害点的女孩闹起了罢工。

　　出了这档子事，出面协商本是吴老大的职责。无奈他一个小小的带工连普通话尚说不顺溜，如何能与厂领导在谈判桌上平起平坐？厂领导的方言他听不大明白，轮到自己讲理时又多多少少词不达意。乡镇企业的领导至少是村党委书记的级别，更何况人家有钱腰杆也更硬，恐怕在启东那位厂长看来，吴老大只不过是个穷嗖嗖的小干部，一个操着别扭的北方方言的庄稼汉。能翻出什么浪花！

　　协商不欢而散，吴老大的脸火辣辣的，感觉受到了侮辱。回到住宿地，女孩子又呼啦一下围上来，言词激烈好比煽风点火。"跟着你来干了半年多了，别说工资了！就是上街买个小吃，就是买卫生巾的钱都得从家里要！这叫我们怎么干下去？怎么生存？你是我们的头儿，你得替我们说话呀！"

　　吴老大内外交困，涨红了脸："怎么办？能怎么办！我解决不了，只能依靠老家政府来人调解！"

　　老家政府来人了，工厂所在政府部门出面接待，两边人凑到一起协商。吴老大站在门外，协商的过程一点也不清楚。他只知道当人家协商完毕，一切的一切，所有的矛头都指向了自己！"怎么乡政府的人指责我，厂里的人也指责我，最后就是我这个带工的没干好！"

　　怎么都成了吴老大一个人的错？一年来离家的艰辛，连日来饱受的委屈一时间都涌入脑海。吴老大耐不住了，心里翻江倒海，讲出的话又硬又冷："我耽误你们几分钟可以吗？可以吗！等我讲完话，我把人数一一点给你，既然我不称职，那我讲完就卷铺盖走人！"协商双方都是一愣。

　　吴老大一字一句地宣告："各位领导，罢工的原因你们就不问问吗？我们花大钱搞劳务输出，是想着让这些女孩子挣上钱回家！我们来了半年多了，她们挣上钱了吗？我走可以。我走后，马上就带着这 50 个孩子到你镇政府门口静坐绝食！再不行我就找市里妇联，我看有人出来说话没有！"

　　两边政府和工厂的领导一时都被镇住，谁都没想到这小小的带工能兴风作浪。

　　事情最终算是解决了。年底回家时，女孩们的兜里终于揣了点钱，个个喜气洋洋。而吴老大呢，他的差事不好干了——厂里领导不待见他，政府人员也对他有看法。他倒是愿意挣这每月 260 块的带工费，但这钱挣得憋屈。春节过罢，吴老大硬着头皮又去了启东，但只忍了半年就卷铺盖不干了！"宁愿回家要饭也不能干了！"

不干带工的活儿，村委委员的名头自然保不住了。反正村委人员也超编，乡里一纸公文下来就把吴老大给免了。"免了就免了！"吴老大挥着大手，像要驱走一团扰人的苍蝇。

这就是吴老大短暂的"从政"经历。25 年前的事了，但淤塞在吴老大记忆中的愤懑情绪至今仍未排遣干净。

1992 年是吴老大生命中的低点，20 世纪 80 年代奋斗的光荣在此刻戛然而止。他自此灰了心，什么"事业"，什么"从政"，统统抛到脑后再不掺和了！干什么不能谋生呢！他退回堡垒般的宅子里，踏踏实实种地。为了拉扯两个女儿一个儿子，他又拾起了祖传的千张手艺（也就是做豆皮）。小村小户间卖千张是挣不了什么钱的，就是平凡的谋生吧。

四、"我就是个穷打工的"

田野青了又黄，黄了又青，一晃就是十年。十年间，走廊房已然退出潮流，吴家堡垒的石基缝里也长了草，可它依然是老村里最高的屋子，在几家新式起脊二层小楼间威严地矗立。

2002 年吴老大 47 岁，他的雄心淡了不少而慎思重了许多。这十年间吴老大没再出去过，但他常看报纸，隐约察觉到这世界的变化。当眼见同是在家卖千张的老郑出门闯荡，弄到钱回来了，他切身感到这世界变了。"'外流'鬼子"变成"打工的"，又成为村里"传奇人物"。连他的远嫁的妹子都在深圳工地上干活儿，劝他也出门挣点钱。

于是，经过审慎的权衡，吴老大又振作出当年白手盖房的雄心。他比女儿晚了半年，也背起行囊踏出了堡垒。

第一站他到了深圳。21 世纪之初，这座新城已拔地而起，崭露头角。工地处于城市的外围，工队正在日夜赶修滨海大道。吴老大处在这欣荣的更外围，作为一个初来乍到的中年人，他的第一份活计是在工地食堂替人烧饭。

饭烧了半年，出了件不大不小的事——大女儿讨不到工资，在跟厂里干仗。欠薪的是一家村办工厂，那时劳动法还不健全，讨薪是难事。但吴老大有办法。他径直去找大队书记，书记很强硬，不给，说这是规矩！吴老大不多费口舌，两三句话讲清条件，在那人面前跷腿一坐，只是坚决地沉默。僵持了十多分钟，就有人来倒水；依旧从容不退，便有人来讲好话；吴老大仍旧无言而坚决，终于撑到那大队书记让了步，那书记给了保证："你把人领回去，工资我暂时给你1000块，剩余的叫亲戚年底带去。"

大女儿虽然丢了活儿，但工钱没少，更何况吴江县各村镇里大大小小有不少厂子，机会多得是。吴老大很满意。过完了年，他帮女儿找新厂时顺带把自己也安置了。第二年，十几岁的小女儿也来做工。第三年，儿子初中刚毕业就来到吴江，下半年连吴老大的老婆也来了。

吴老大没想到，从2005年起，一家子竟在他乡过起了日子。

一家子都在绢纺厂干活，年轻人干的是排棉，挑拣半加工蚕丝中的草泥等杂质。那活儿细，需要眼明手快。中年人做的是杂工，吴老大专做些装卸搬运的活计。他眼见着那蚕丝经过机器和化工原料被加工成白细的成品，再卖给其他工厂去加工成丝绵丝绸。丝绸过去是皇帝穿的东西，贵得吓人，吴老大和他身边的人从没用过。

吴老大没有年轻人那般灵活敏捷，却多了些可贵的持重。老板很欣赏他，在给当地工人发过年红包时也暗暗塞给他一个。

老板待人再好，打工的也得时刻有个下家，万一和老板搞僵，有下家的人也能更有几分底气。这家厂子生意虽红火，但老板心思野，扩张太快。背了几百万元的贷款还敢投资开新厂，打工的谁能不多留个心眼儿呢？干到第五年的时候，吴老大暗中说好了一家新的绢纺厂，当即辞了工。不出所料，老厂子果真在五六年后倒了。吴老大对这次"跳槽"很满意。

新厂的老板是个精明强干的南方人，吴老大在他身边做事越久便越由衷地佩服。他这老板开着一辆普通小车，穿的也是平常衣服，但人家经营工厂可是从一度电一瓶水算起，摆得清清楚楚，不容半点沙子！吴老大在这里一干就是 12 年，成了厂里不折不扣的"老人"。除去每年春节回家的一个月，12 年间他与儿子几乎天天守在厂里，他妻子在厂里打扫卫生，儿媳妇在分娩前也在这家厂里排棉。

这 12 年间吴老大不是没有留心过别家，只是权衡之下还是老厂最合意。吴老大明白：我就是这个能力水平，我的身价只值这些，一月虽然只有 3300 多块，但是人熟悉，活儿轻松，干得久了自己也成了带几个工人的小组长。更何况这厂的住宿条件还不错，一个小套间，有卫生间和空调，一家人能住在一起，和在家里一样。老板是个精打细算的人，但对吴老大这样的老工人却很体谅和宽宏。普通打工的住在厂里单人宿舍一月要收 100 块，小套间却没收吴老大一分钱。

吴老大心中领情，觉得自己是个"老部下"了，毕竟和其他来来去去的打工仔有点分别。公司里三年没涨工资了，春节前赶工没有一点加班费，军心有点不稳，可还没人敢带头讲出来。回老家前，吴老大收到老板私下塞的春节红包以及"额外补助"的一万块钱。他明白，老板正在背后耍手段呢，企图既稳住用工又不涨工资。吴老大不动声色地做了些配合。"干活儿的工人那么多，个个藏着心思，人人都盯着利益，你要是没点手腕，婆婆妈妈，今天让他一步，明天他就得寸进尺，那还了得？干企业首先是要心毒！你不毒就治不了人！"吴老大觉得这是个不言自明的道理。

权衡利弊得失后，吴老大渐渐安下心来。"干了十几年了，不必也不能计较是否多挣几个，就这样诚心诚意给这个老板干下去吧。"

在吴江，吴老大生活了 17 年，异乡也混成了故土。17 年的劳作将吴老大熬成了半个老人。记得刚来的时候吴老大自觉是个外地人，走在路上常抬不起头，做什么事都透着股不好意思的别扭劲儿。现在舒坦了，这座南方小城和那吴侬软语他已看熟听惯了，甚至有点亲切自然的味道。再看那些自小就随父母出来的新一代，他们没有半点别扭，昂首阔步地走在街上，毫无羞赧地讲话说笑。一代人就该有一代人的样子！

宿舍住惯了，倒比老家宅院方便；工厂再辛苦，总比回家种地要强；

老板处得好，不时得到些便宜和照顾。吴老大开始喜欢上这个南方小城，眷恋这家工厂，也信任这个老板。

然而，吴老大渐渐安放的心在一场小事故中陡然收紧了——去年他受了工伤。

吴老大本是个稳重的人，但卸车时与工友配合不慎，让货箱撞着了他的膝盖。一开始痛感并不强，他也没大理会，便从下午2点一直挨到晚上9点。回宿舍后才发现膝盖肿了，夜里就发起了高烧，人烧得迷迷糊糊。老板却像审贼一般地盘问起来："这到底是不是干工时弄伤的？该不会是在外面碰的？"吴老大争辩道："有监控，不信你去查！"

老板没办法，便安排自己的侄子带吴老大看病。吴老大在当地有医疗保险，当初也是为了应对工伤事故而办的。他们去了镇医院，看病的大夫是老板的同村人，他大概是想为老板省钱，只开了几十块钱的消炎药就让吴老大回去冰敷。临走时，吴老大瞧见老板的侄子顺手拿了几盒治腰疼的药，都让他的老乡开在了吴老大的病历单上。吴老大看在眼里，也不作声。

本来以为没大事，谁知消炎药不起作用，膝盖的伤势似乎越来越严重。吴老大心里慌了，要求再去看病。老板这回将他带到了市区一家私人医院，看病的医生大概还是老板的熟人。吴老大躺在病床上挂起了吊水，据说炎症如果还消不下去就得上手术台。

见问题严重，老板开始想办法推卸责任，以证明这个伤不是干活儿时碰的。吴老大的心悬起来了，他躺在病床上，真怕那精明十足的老板暗地里将病历改了！

怎么办？吴老大向来不怕撕破脸，但他还是寒了心……

他跟这位自己曾经敬佩信任的老板说："我已经60多岁的人了，你要真跟我翻脸的话，大不了我不干这份工！"吴老大愿意保留些情面，但是威胁的话必须出口。他对老板说："你可得想好，我只有两条：第一条，你的侄子拿着我的病历卡在镇医院里开私药，这从法律上讲是不是违规？第二条，如果我这不是工伤事故，为什么你要带我来这家医院看病？我这腿到底是不是碰伤的，我可以换个医院换个医生来评理！我话放在这儿，如果撕破了脸，我就拿着这两条上卫生局，上劳动局！"

想是这几句话点中了死穴，老板话软了下来。吴老大也不愿意看到情谊伤透，说到底他还想跟着这老板干。最终吴老大挂水加吃药一共花了8000多块钱，这笔钱全部由老板支付。

事情就算过去，工作生活恢复如常，但吴老大的心再也没有安放下来。有时他能体谅老板，解释道："天下乌鸦一般黑，生意要想做大就得毒才行。老板他当我的面都说过，要创造产值他就得毒！"但有时吴老大也会懊悔，懊悔自己太相信这个老板："当初那么多电缆厂招人我都没走，谁能想到这些电缆厂纷纷上市，一个个都发展成正规企业。他们给工人上住房公积金、养老保险金，工人们和公家人一样，老来都有了保证。"

想来想去，事情很清楚：老板有好处也有错处，他开厂子得有魄力，得为企业着想，得把事业做强做大，但老板心里想的毕竟是钱，况且他挣的已经不少了……再看打工的呢，心里不也想着钱吗？他们可不管厂子如何企业怎样，他只想着自己的钱。

吴老大想明白了："我就是个穷打工的，我就是来挣钱的！"

五、谁说农民没有享受改革开放的红利？

人不能闲着，活一天就得挣一天的钱。吴老大说："我只要不得癌症就要挣钱。我要干到70岁，厂子不要我，我就回家种地。"

当下正是最好的时候，家里的成年人个个都能挣钱。父子两人是一年十个多月都埋头在工厂里干。吴老大的家属除了四个月时间回乡照顾公公外，便在吴江做饭带孩子，顺带打扫卫生挣点钱。等到小孙女断奶儿媳妇上工，一家四个人齐齐扎在厂子里干工，一年就能挣十多万。他们能挣钱，钱还能生钱，前几年吴家在老家县城里买的房子已经升值了。一家人都很勤劳简朴，女人会过日子，男人没有抽烟喝酒的恶习，钱挣了不花都攒下来，留给孙子！

孙子如今还小，将来上学有花钱的地方。过去吴老大听说外地孩子可以交几千元建校费入学读书，这不算什么。可如今入公立学校很不容易，许多打工子弟只能在私立学校读书，一个孩子一年光学费就得花五六千元。有的人家孩子多挣钱少，便把孩子转回老家，成了留守儿童。自己的孙子怎么能做留守儿童？那得挣钱！孙子长在城里，将来必定也是在城里买房生活，那还是得挣钱！

这股挣钱攒钱的冲动让吴老大的日子有了劲头。无论他身处何处，无论是在故土还是异乡，这股劲让他的心时刻都有了安放之地！他教训儿子说："不管做什么，只要口袋里有钱就有梦，没有钱你就寸步难行！你有权更好，可你有权吗？你没有这个能耐，你也没有这个文化。那么你就好好挣钱！"

吴老大最看不上村里那些"思想不进化"的家伙。打工族一家人再笨，只要在一起老老实实地干活儿，一年总有些结余，日子久了便有了些家底。可那些好吃懒做的呢？他们看着那几亩地不出门，天天在家玩倒是舒服，那他的家底从哪里来呢？政府扶持他盖房，过节一袋面一袋米慰问，但有用吗？他永远还是穷！

人不能总守在家里，外出打工的人家虽然辛苦，但都尝着了经济发展的实惠。只要有一点智商的，提个破胶袋上省城拾垃圾都能发财！

要让吴老大说，出来打工的人都是在跟着时代向前奔。过去人们都争抢铁饭碗，现在的铁饭碗还是抢手，但打工挣钱也不坏！他做了个有趣的比较："撇开有文化有权力的不说，咱们就在村里人中比一比。我看打工族是最聪明的，最笨的是那些小教员。为啥呢？你看这些打工族，过去叫'外流'鬼子，他们到处走到处看，接触了全国各地、社会上各色的人。他见了那么多人，哪怕只吸取百分之一，他能学到多少啊！再看村里的小教员，他们整天和孩子打交道，放学出了校门他还看不起混社会的打工族，他们认为有几千块的铁工资就了不起了。那你看我，我都60多岁的人了，一年不也能攒一万多块？谁也不比他差！"

打工是人人都能走的财路。吴老大觉得"打工"说的不光是自己这样干活儿的人，而已成为社会上很普遍的现象。他的侄子是上过大学的，现在在上海一家培训机构教英语，不也一样是租着房子给人打工吗？谁都想有个正经国家公务员来干，小孩念书时爹妈都盼望着这一天，但如果这孩子实现不了，难道就生存不了了？讲来讲去还不都是挣钱？既然出来打工，就干得像个样子！

他在阅尽世事后提出了自己的看法：

"谁说农民没有享受改革开放的红利？你不信，回家问问你父辈们过去吃的什么喝的什么，再看你吃喝的是什么？要我说，农民的生活真是发生了翻天覆地的变化，农村人享受了改革开放最大的红利！"

春节过罢吴老大就 64 岁了，他的青年期是与改革开放一同开启的，40 年来，从乡村到城市，从田地到工厂，他亲身经历了祖国与家庭的发展与变化。

如今吴老大已在老家县城买了小区楼房，新村街面上也建有一座二层小楼，但他春节回来仍然住在旧村那座石基的堡垒中。他说："我这个年龄的人已经很满足了。我不需要住新房子，也不需要钱。我现在拼命干不为了自己，为的是我孙子！"

想到吴家的未来，他脸上的表情有些复杂："我们这一代已经过去了，淘汰掉了，接下来就看孩子们了。"

撰稿人：陈莹骄（北京大学社会学系硕士生）
指导老师：温莹莹

12 顺着春风的方向

访谈时间：2018 年 1 月 23 日上午，1 月 27 日下午
访谈地点：安徽店集村，胡家锐家中
访谈对象：胡家锐，57 岁

> 40 年来，从初涉世事到功成身退，胡家锐如同一叶
> 扁舟，在现实的万顷风涛中，顺着春风吹拂的方向扬帆行
> 舟，运用自己的智慧与忍耐顺应社会需求，适应社会规则，
> 一生未经大风大浪，却也是有滋有味，自由自在。

一、改革开放之后的第一拨打工仔

1978 年，胡家锐刚读完初中。在校学习成绩差，加之自己不愿读书，他干脆辍学回家，在家里帮忙打理田地。在初春甘甜的空气中，他敏锐地捕捉到村中正悄然发生的变化——很多人抛下了耕种多年的土地，纷纷背井离乡，外出打工。年轻的胡家锐四处打听打工的消息，思来想去，也决定顺着这股"外流"的大潮出去多赚点钱。

出去当然是能出去的，不过活儿可不好找。几个村子中想出去打工的人太多，胡家锐辗转托了关系，才争取到去湖南衡阳一个建筑公司打工的机会。在隔壁村里人的介绍下，胡家锐和另几个人一起，从河南信阳坐火车一路到了湖南衡阳。建筑工的工资按天计算，出工一天能挣两块七；吃饭在工地食堂，一天花费三毛多。这样下来，胡家锐一天就能攒下两块多钱，一个月能挣几十块钱。打工时，胡家锐万分庆幸自己还是个"单身汉"，

要不然拖家带口还要再多一笔开销，怎么算都不值。

胡家锐可以算是改革开放后最早出去打工的一批人，不过，村子外面的世界并没有留住这个青年。一年之后，工地上的工程结束。建筑业的辛苦劳累让胡家锐心生疲倦：体力活儿干得多挣得少，不如做些其他来钱更快的工作。想到这里，工程一结束，胡家锐就回到了家乡，开始做些小生意赚钱。

二、小生意做到上海

从湖南衡阳回来，胡家锐开始在家乡附近的几个村子做些小生意维持生计。杂七杂八的生意他都做过。没有分田到户时，他会推着自行车去附近的厂子进些日常用品或者吃食，在几个村子之间叫卖。卖的东西则随着村民们的需求变化而不断调整：村民们缺什么，胡家锐就卖什么。

炎热的夏天，胡家锐会骑车到附近的冰棍厂里进货。再到人烟密集处，放大声音吆喝着"冰棍""冰棍"。车轮骨碌碌地在土路上轧过，车子的链条也吱吱呀呀地叫着，伴着胡家锐的叫卖声传遍整个乡里。孩子们往往是这香甜冰凉的吃食的俘虏。不多时，就有几个孩子循着叫卖声而出，挥舞着手里刚刚从父母那里讨来的零钱，满头大汗地跑到他的面前。此时，胡家锐便会笑吟吟地将自行车推到路边，右脚灵巧地勾下车支子停稳，然后掀开蒙在冰棍箱子上的白色棉被，打开装着清凉的箱子，一手把甜丝丝、凉飕飕的冰棍递给满怀期待的孩子们，一手接过几枚硬币或者几张破旧的纸币。胡家锐小心地将零钱放进随身的背包中，重新给箱子覆上白被子，踢开车支子，继续边吆喝边前行，直到箱子里的冰棍一根一根地被拿出，车子后座上的重量渐渐减轻。如此下来，一天差不多能卖三箱冰棍，一箱赚两块钱，每天能有五六块钱的收入。

1982 年，店集村分田到户，耕种自家承包土地的农户们一下子被激发了动力，原来填不饱肚子的状况被粮食和土产的盈余所取代。在成堆剩余的粮食和棉花中，胡家锐又看到了商机，便做起了收购土产再卖给省外贸公司的生意。做生意需要两三万的本钱，凭借着胡家锐之前走街串巷做小生意的良好信誉，很多农民都信任他，答应先把粮食给他，等他卖出去之后再把所挣的款子还回来。凭着多年做人积攒下的好名声，胡家锐仅用两三千块钱就开始了收粮卖粮的生意。他也很是感激这些对他信任有加的老乡。这样，前几年沿街叫卖的胡家锐还是在各个村子之间不断走动，只不过在土产成熟的季节，从单纯卖东西的变成了收东西的。当时收购的市场价大概在一斤六块钱上下浮动，如此在秋收季节跑了两三年，胡家锐攒下了一笔小钱。不过好景不长，省外贸公司经营不善，收了东西卖不出去，不久就关门了。外贸公司的倒闭让胡家锐没了下家，这笔生意也只得作罢。

收购粮食的生意停了几年，胡家锐决定再次外出。1992 年，胡家锐去上海做贩卖青菜的生意，这一卖就是八年。做小生意虽然没有建筑工那样的高强度，但也从来不是什么轻松活儿。每天早上四五点钟，胡家锐会准时从郊区简陋的屋子中爬起来，直奔市场批发几百斤蔬菜水果，再蹬着三轮车运到另一个地方贩卖。

虽然固定摊位外包每月要花一千多块钱，但谁又不想在城市里给自己的商品找到一席合法之地？胡家锐没抢到固定摊位，只好在露天做生意。他在上海普陀区有固定的卖菜地点，没有大棚遮挡，每天要交上 5 到 10 块钱不等的租金，更好的地段甚至会收 10 到 20 块钱。夏天烈日高照，冬日寒风刺骨，无遮无挡的恶劣环境再加上没有屋子证明自己蔬菜水果来源的合法性，使露天摆摊分外艰难。即使是在这样的要价和条件之下，胡家锐有时候还是要和别人抢流动摊位，不然拼命蹬三轮车运来的几百斤蔬菜水果就都打了水漂。

渐渐地，见多了同行的教训，胡家锐也摸清楚了摆摊卖菜的门道。他深知，这种露天摆摊做生意的方式极有可能会被取缔，因此在选择摊位时也分外小心。比如摆摊时绝对不能占主干道，那是肯定要被罚款的；至于一些次级道路上，城管可能也就睁一只眼闭一只眼，不多追究。小心处事为胡家锐赢得了一席之地——在上海市普陀区的一个小街道边，他找到了自己固定的摆摊地点。即使在大规模整治露天菜市场的政策下达后，他的生意也没有受到过多的影响。在起早贪黑的日常、同行之间的争夺以及与执法人员的互动中，胡家锐在上海这座大城市的街道中穿梭，一面赚着每天一百多元左右的收入，一面又不得不省吃俭用以应对上海的高昂物价——一个月一千多的花销着实让胡家锐很郁闷。不过，一个月下来能攒三五千元，足够孩子在老家使用。

从小商品到粮食土产，再到蔬菜水果，无论在家还是在外，"小生意"都是胡家锐首选的谋生方式。他的经商故事固然称不上传奇，却能脚踏实地地支撑起一家人的生活，而这对于胡家锐而言，已然足够。

三、身陷传销组织

一天，正在菜摊上忙活的胡家锐忽然接到了一个朋友的电话。听筒对面的语气颇为激动，说着要拉胡家锐一起到湖南怀化搞工地赚大钱。胡家锐听了朋友的话，收拾收拾东西赶到了怀化。

"工地"的班车将一行人从火车站直接拉到了山里。胡家锐四处打量了一下工作的环境，怎么看怎么觉得这和电视上报道的传销组织一模一样。再看看朋友的兴奋神情，更加坚定了自己的判断，下定决心一定不能上当受骗，且要安全离开。

胡家锐朝大门处看了看，几个身强力壮的人正在附近徘徊，意识到此时逃跑一定会被抓回来，便顺水推舟，上交了自己的身份证等物品，打算以后伺机而动。上交完物品，传销组织的老成员便开始给胡家锐等新成员上课。眼前的大学生衣着光鲜，在讲台上宣传着自己的"生意经"，诸如"如何只通过闲聊发财致富""如何只通过闲聊买了大房子和宝马车"，云云。不劳动就能挣钱，哪有天上掉馅饼的好事？胡家锐表面上佯装入迷地听着这些荒谬的言论，甚至在课程结束后还要求"再多听一听"，内心中则一边念叨着自己不要被洗脑，并在脑海中不断构想逃脱的方式。

这样的课程听了一周左右，食宿都是介绍胡家锐来的上线管的。传销组织的人很满意于胡家锐对组织"理念"的认同，很快就对他推出了一款按摩器，一台 3950 元。这在当时并不是什么小数目。

看到高昂的价格，胡家锐灵机一动，立刻摆出很为难的表情，说道："我得回家拿钱，钱都在家里。"

上线有些讶异，皱着眉头盯着眼前的年轻人，似乎在考虑这句话的真实性。

见上线有所动摇，胡家锐赶忙露出焦急的神色："我不回家不行啊，不回家搞不到钱怎么办？我必须得回家！"

"那你不回来怎么办？"上线沉吟着发问。

"回来，我肯定回来！"胡家锐想也不想地脱口而出，"这……这是好事情啊，又不上班，就是闲聊，钱马上就来了。"而后脑筋再一转，他继续道："这种好事，我不光得回家拿钱，还得带两个朋友过来……"

看着这个农村青年黑色的眼睛闪耀着淳朴的光芒，又想起他在课上俯首倾听的痴迷表现，上线终于放下戒心，展颜道："那你回去吧，取完钱赶快回来！"

在去火车站的路上，胡家锐还时不时地和上线叨叨几句"这个课太好了，我得多听一听"，"我要多买几台，过些日子就成了总裁"。上线见年轻人丝毫没有想逃的愿望，深信不疑，在火车站叮嘱了几句就把身份证还给了他，送他上了火车。

伴着鸣笛声，列车缓缓开动，踏上回乡旅途的胡家锐在火车上长出一口气，立刻收起了对上线胆怯的讨好嘴脸与被洗脑后的愚昧表情。不管怎样，逃离了地头蛇的势力范围，自己的安全总有了保证，这样也就可以彻底和他们拜拜了。

几天后，传销组织估摸着胡家锐已经到家，便追来了电话，问他什么时候回去。胡家锐便虚与委蛇，嘴上说着"等等来年再回去，今年没时间了"，"家里钱也不够，还得再凑凑"，"那个课不错"。这样又过了几个月，传销组织的电话突然断了。一打听，才知道是传销组织的窝点被端掉了。胡家锐收拾好行囊，又回到上海继续贩卖青菜。

四、不愉快的记忆

2000年左右，胡家锐曾经离开过上海一段时间，在京津一带辗转打工。

北方城市中，胡家锐没有什么老乡可以依靠，只得去劳务市场找工作。在北京，胡家锐打的第一份工是在丰台的一个村子打水泥管道用的模子，一天打上一百十几个，每天拿40块钱左右。工程结束，胡家锐又到天津做些杂工。农忙时节，他曾经去一个菜园子干过四五天，自以为做得没有什么问题，却被老板指责为"做得不好"，一分钱都没拿到。这是胡家锐遇到的第一个黑心老板。后来，在劳务市场找工作的过程中，胡家锐也碰到过几个这种"干活儿不给钱"的雇主，动辄破口大骂。尤其是天津的老板，骂人很凶很重，自己也不敢还嘴，生怕最后不给工钱。不过一味忍让并没有换来老板的同情，最终面临的结局仍旧是一分钱不给直接赶走。幸好胡家锐身上总算还能剩些钱，可以再找其他地方。如此反复几次，胡家锐终于碰上了好老板。不过，"凶""不讲理""不给工钱"就成了胡家锐对北方老板的刻板印象。被骂得难以忍受的时候，胡家锐不由得会思念起"文明一些"的南方老板，哪怕活计做得不好，也不会骂人，而且至少会给些钱。

在胡家锐的记忆中，"乱"是北方城市最重要的特征。闲暇之余，胡家锐会去城市的中心走一走，有时候买瓶水喝完之后，想找个合适的地方扔掉瓶子非常困难，往往要走上好几百米才能看到一个已经差不多被垃圾撑满的垃圾箱。一次，胡家锐实在懒得再费力去找垃圾桶了，就随手把瓶子扔在了地上。没想到这一扔就不得了了，一个环卫工人立刻没好气地追上来揪着他的衣服道："你乱扔垃圾，罚款五块。"惊讶之余，胡家锐想直接把袖子从对方的手里扯出来，奈何环卫工人不依不饶，拽着他就往办公室走。胡家锐拗不过对方，被连拖带拽地拉进了办公室。进了不大的屋子，胡家锐一眼就看见了里面身着制服的工作人员，紧张感油然而生。工作人员正坐在椅子上抽着烟，摆正了身体，露出一副了然的表情，掐灭了烟头："火车票给我看一下。"

环顾四周，除了自己、工作人员和满脸写着轻蔑的环卫工人，办公室里还有几个各自忙着事情的穿制服的男性，个个面色阴沉。胆怯之情油然而生，胡家锐老老实实地掏出了火车票递给工作人员。

对方单手接过车票，随意看了看："回安徽啊。"

"嗯。"

"随地扔垃圾破坏市容，是要罚款的。你拒交罚款，是妨碍公务。"

胡家锐一听就懵了：环卫工人还能罚款了？正欲辩解，却只见工作人员把他的火车票往窗台上一放，指尖轻轻地敲着票面，挑挑眉等自己的反应。此情此景，胡家锐只得把一口气生生咽下去，掏出钱包，抽出几张皱巴巴的纸币凑出五块钱递给了工作人员。

工作人员点过，将火车票夹在食指和中指指尖递回给胡家锐，另一只手随意挥了挥："走吧，下次别扔了。"

拿过火车票，胡家锐转身离开了办公室，却仍旧觉得身后有几双眼睛阴森森地盯着自己。

经历了这件事，胡家锐对城市的管理失望极了，心里直接给北方贴上了"不友好"的标签。

体尝了北方生活的辛酸，胡家锐也不想在北方多做逗留，索性回到了南方。2002 年到 2004 年，他在常州待了两年，去纺织厂做搬运工。工厂在 312 国道附近，每天能拿 50 块钱的工资。这时候已经有了八小时工作制，他的工作权益得到了一定的保障。

2004 年以后，胡家锐又返回了上海。一别四五年，上海早已不是那个来去自由的城市——暂住证成为了在城市安稳落脚的必需品。这个时候他听说了一些查暂住证、清理外地人口的手段。白天，一些警察会对流动摊贩进行清查，要求他们出示暂住证，晚上清查疑似外来人口聚居的居民点。有时村里的联防队也会加入清查的行列，村民警察一起上阵，也难怪当事人会觉得"是个人都能查暂住证"。入夜，警察敲门查证，如果发现手里没有暂住证，也就不给什么收拾的时间，催人拿了身份证就走。没有暂住证的人会被抓到派出所，和另外一群人关在一起。过了一段时间，差不多凑够数了，警察便挨个询问家乡所在。粗略统计后，公安局给他们免费提供车票，夜里把他们塞进火车随便送到一个地方，让他们自己回家。听了这些让人胆战心惊的故事，胡家锐便花了些心思办了暂住证，不过倒是从来没有被查到过。

23 岁时，胡家锐和村里介绍的对象结婚。结婚后不久，两个儿子相继出生。大儿子读到初中的时候和胡家锐到上海一起打工，后来渐渐转行到了物流业，之后带着弟弟在物流业工作。现在大儿子包了两个厂，成立了一个物流公司做大宗物流，在县城有一套房，生活算是富裕。两个儿子各有两女一儿，这样算来，年龄未及花甲的胡家锐已经是六个孙辈的爷爷了。

两个儿子都各自成家有了独立的生活，胡家锐也从"外流"队伍中功成身退。现在，胡家锐不出门打工已经三年多了，留在家里和媳妇一起带带孙子孙女。

40 年来，从初涉世事到功成身退，胡家锐如同一叶扁舟，在现实的万顷风涛中，顺着春风吹拂的方向扬帆行舟，运用自己的智慧与忍耐顺应社会需求，适应社会规则，一生未经大风大浪，却也是有滋有味、自由自在。

撰稿人：蒋雨楠（北京大学社会学系本科生）
指导老师：吕亮明

13 为了祖国的花朵

访谈时间：2018 年 7 月 7 日下午
访谈地点：安徽店集村，陈姐的幼儿园
访谈对象：陈姐，40 岁左右

> 与孩子们接触得越多，她越发发觉自己是多么热爱这份工作，是多么喜欢孩子。即使是现在，翻出六七年前在上海幼儿园当幼师时的照片，看见孩子们一张张可爱的脸庞时，她都深深地记得自己和每个孩子的故事，记得哪个孩子挑食、哪个孩子爱哭、哪个孩子总喜欢偷偷吃糖。

一、村庄里的幼儿园

那几天淮南一直淅淅沥沥地下着雨，好不容易下了几场雨解凉了，没有活儿干的农户就坐在自家门口，相互凑在一块儿，一起唠嗑聊天。而此时稻田里也少不了农户忙活的身影，大热天的禾苗都给晒蔫儿了，此时下点儿小雨，正是农户抓紧补秧插苗的好时机。

幼儿园里，陈姐正在给孩子们补课，"乘法的交换律是什么啊？""对，和加法的交换律类似对吧？"那时本来已经是孩子们的暑假时间，但是还是有不少家长把孩子送到陈姐的暑期班里补课。这是一间小小的教室，大概 15 平方米左右，大部分桌子椅子都在教室后面整整齐齐地码放着，教室后墙上装着舞蹈室专用的大镜子，使教室看起来敞亮了不少。四周墙壁上画着各种卡通人物、花花草草，五颜六色的，教室的天花板上也挂着各种精美的手工工艺品。教室前面一个小书架，一台电视，一块有些坑坑洼洼的旧黑板，旁边一个脸盆架，架子上方的墙上贴着写着"勤洗手"字样的纸条。

过了一会儿，陈姐一个个地送走了补课的学生，开始收拾起教室里剩下的桌椅，时不时腾出一只手赶走惹人厌的苍蝇。其实她并不想办暑期班，政府也不让办。但是漫长的暑假里，孩子们的去处让她感到担忧。孩子们要是不在学校上课，就在外面到处乱跑，毫无目的地去玩儿，况且农村有很多河沟，小孩子一个人出去玩儿实在是特别危险，倒不如继续待在学校里。没有平时上学时间那么长，任务那么多，孩子们可以玩一点，学一点，不是很好吗？更何况，国家禁止教师利用假期开办补习班是为了防止有些老师上课期间不认真授课，利用补习班赚钱，相比于这些，她更关心的是孩子们的安全问题，所以，尽管平时上班照顾那么多小孩子就已经让她精疲力竭了，她还是决定在暑假开办一个补习班，帮孩子们补补作业，学学新知识。她自己的小儿子也在补习的队伍里。她耐心地给孩子们讲解每一道题，给孩子们擦去嘴角的米粒，带着孩子们一起玩游戏。和孩子们在一起的时候，她的脸上总是挂满了笑容，她对孩子们的怜爱、对于自己工作的热爱总是溢于言表。这也使得她从事这份工作的经历更加有趣。

二、从小喜欢英语

陈姐出生于农民家庭，今年40岁左右。她们成长的那个年代，和周边的很多老乡一样，大概都是摆脱不了因家庭条件不允许，中途辍学，十几岁就跟随父辈外出打工挣钱、养家糊口的命运。陈姐十八九岁读完初中之后就去了郑州的小姨家，在郑州的一家化肥厂打工。陈姐虽然生于农民家庭，但是她的小姨一家和外公都是城里人。外公和外婆很早就离婚了，外婆一个人在农村把陈姐的母亲带大，陈姐也是从小在农村长大。但也是因为有城里的亲戚，陈姐得以借住在亲戚家，在打工的时候有一个相对较好的生活环境。在化肥厂工作不到三个月，这件事情就被陈姐的外公知道了。陈姐的外公以前是县长，后来被调到国营农场当场长，在当地也算是有头有脸的人物。他斥责陈姐和她的小姨说，一个小姑娘去什么化肥厂，那里味道刺鼻，而且还对身体有很大的伤害，小姑娘做久了脸上都是会长痘痘的。在外公的勒令下，她结束了在化肥厂的工作。而事实上，那会儿的陈姐身上有一股子拼劲儿和干劲儿，并不觉得在化肥厂的工作有多苦，朝九晚五的生活，反而每天都能挤出一点时间来干自己喜欢的事情。

陈姐的爱好是英语。虽然在学校里，陈姐的学习成绩并不突出，但是她的英语却是班里数一数二的。她很喜欢这门学科。走出学校，她也从来没有终止过英语学习。那段在化肥厂打工的日子里，陈姐每天5点多起床，赶在上班之前跑到附近的紫荆山公园读英语、记单词，那会儿她还有一个志同道合的小伙伴，她们住在一起，都十分喜爱英语。那个公园里甚至偶尔会有英语角活动，会有外国人过来和她们交流，她们也十分珍惜这种机会。也正是在那段时间里，陈姐顺利地考过了级，为以后教英语铺平了道路。

陈姐整个英语学习的过程都是偷偷进行的，她没敢让小姨知道；小姨一心想让她好好在外面打工，不愿意她做别的事儿分心。结束化肥厂的工作之后，小姨见服装行业很吃香，便让她去学习服装设计。陈姐学得很不错，她的优秀表现得到老师们的高度赞赏和认同，校长甚至提出公派她去日本留学交流。面对如此难得的机会，她感到前所未有的兴奋和紧张。她一直都觉得自己还年轻，应该多出去闯荡一下，多去看看外面的世界。她按捺不住激动的情绪，把这个消息告诉了母亲。然而这事儿却被母亲一口否决。"农村人胆子小，总觉得外面都是骗子，不敢让我去。"直到现在，陈姐回想起这件事的时候还是有些遗憾。没了这个出国的机会，陈姐毕业后回老家安安分分地开了一家服装店。服装店开得风生水起，毕竟经过几年的专业学习，她的技术比当地的裁缝新潮得多。这种日子过得也还算是舒心。更重要的是，在开服装店的这一年多里，陈姐遇到了她的老公，并且很快成了家。成家后不久，第一个孩子出生，为了照顾孩子，服装店的工作也就停了。

陈姐的老公原本是当地的民办初中老师，高中一毕业就被分配了教师的工作，之后全国教师"一刀切"，她的老公也就失去了那份工作。等到孩子稍微大一点，两口子为了生计便带着孩子一起去了温州的一个鞋厂。老公在鞋厂做管理工作，她主要负责设计方面的工作。那段日子过得异常艰苦，每天白天去鞋厂上班，还得一边照顾着孩子，陈姐深感力不从心。让孩子在这样闹哄哄的工厂里长大，陈姐也于心不忍："我们能不能找到一个既能照顾孩子又能挣钱的工作呢？"

之后，陈姐开始留心身边的工作机会。有一天，她在温州街上看到一张海报，一家幼儿园招聘英语老师。那一刻，她两眼放光，激动不已，觉得这简直是为自己量身定做的一份工作啊！于是她果断地辞掉了鞋厂的工作，瞄准了上海的一家私立幼儿园。

三、为了祖国的花朵

陈姐很顺利地得到了教师资格证，并通过了上海那家私立幼儿园的教师面试，不久就开始在上海上班。一开始是教小朋友英语。在这个过程中，她也不断地学习新知识，参加了外教英语课程和早教课程等各种培训。而与孩子们接触得越多，她越发发觉自己是多么热爱这份工作，是多么喜欢孩子。即使是现在，翻出六七年前在上海幼儿园当幼师时的照片，看见孩子们一张张可爱的脸庞时，她都深深地记得自己和每个孩子的故事，记得哪个孩子挑食，哪个孩子爱哭，哪个孩子总喜欢偷偷吃糖。能把自己的孩子留在身边，是她感觉到最满意的一点。

然后随着大女儿慢慢长大，户籍问题逐渐成了她在当地上学的一个障碍；而且在上海工作期间，小儿子也出生了，一家人在上海的开销也成为家庭的一个重要负担。陈姐索性辞掉了上海的工作，于 2015 年回到老家，开始琢磨自己开幼儿园的事儿。2016 年，一家全新的私立幼儿园就在村子里办起来了。幼儿园从一开始只有七八十人，到现在发展到将近 200 人，孩子越来越多，规模不断扩大。然而，学校硬件设施的改善始终是一个难以解决的问题。私立幼儿园与公立幼儿园不同，没有那么多的资金来源，在各方面都受到很多限制，都得自己掏钱，靠陈姐一点积蓄撑着。陈姐心里清楚城里和农村的差距,知道好的幼儿园应该具备哪些条件,是什么样子,所以她更加迫切地想要改善自家幼儿园的条件。硬件跟不上,她只好在软件方面付出更多心血,尽可能多地给孩子们带去更多有用的知识。除了自然科学知识,她着重培养孩子们的艺术鉴赏能力,比如绘画、舞蹈等等。

四、背后的支撑

陈姐虽然出生在农民家庭,但是从小就有城里的小姨和外公接济,所以生活过得也还算是体面。陈姐小时候特别爱看书。每隔一段时间,外公都会从城里寄一些书回来。各种各样的书都有,包括漫画、小说等,而在那个几乎家家都家徒四壁的年代,书在村子里还是个稀奇玩意儿,所以,家家户户的小朋友们都会跑到陈姐家里去借书,大部分也都是有借无还。书本给陈姐打开了眼界,她被书里五彩缤纷的世界深深吸引,良好阅读的习惯也就是在那时候慢慢养成了。

陈姐的小姨特别喜欢音乐,到现在,陈姐老家的床底下,还放着小姨送的风琴。只不过那会儿风琴在家里就是一个摆设,家里除了小姨没人会弹。不过陈姐偶尔还是会拿起风琴,轻轻敲打一下琴键,仿佛敲打内心艺术的大门。陈姐的小姨也擅长绘画,国画画得尤其不错,陈姐每次去小姨家,看到小姨家挂在墙上的画,就会心生羡慕,甚至觉得小姨的一颦一笑都是那么优雅动人。也就是在那会儿,小姨在陈姐心里种下了艺术的种子。

陈姐的父亲年轻的时候去嵩山少林寺学过武功,对武术的热爱一直没有褪去。在家里,父亲经常教他们一些武术的基本功,比如压腿、劈叉之类的。正是因为有这些底子,陈姐虽然没有正式学过舞蹈,但也能随着视频里的音乐翩翩起舞。孩子还不大的时候,每次把孩子哄睡着之后,陈姐都会在自家客厅跳一至两个小时的舞。现在,陈姐偶尔还是会在孩子们放学之后,在教室的大镜子面前跳一支舞,尽管孩子们会笑她太胖了,跳得不好看,她也只是笑着摸摸孩子的头,说句"那有什么关系呢,我喜欢就行了呀",然后继续对着镜子,享受她这难得的舞蹈时光。

　　陈姐的母亲是一个地地道道的农民，由外婆一个人辛苦抚养长大，虽然受教育的程度不高，但是在陈姐小时候对她一直言传身教，教导她要不怕吃苦，要敢于吃苦，还有必须要识字，不然做任何事都很难，这也使得陈姐从小就对学习很感兴趣。

　　现在，陈姐和丈夫一起经营着这个幼儿园。她负责教书，丈夫负责后勤保障。幼儿园的发展还面临着很多困难，比如招不到专业的舞蹈老师，幼儿园的空间也还很狭窄，但是面对这些可爱的孩子们，陈姐一直充满信心："总会一点一点解决，会越来越好的。"

撰稿人：赵晗（北京大学社会学系本科生）

指导老师：温莹莹

14 村子里也可以大有作为

访谈时间：2018年1月24日上午
访谈地点：安徽店集村，陈宏斌家中
访谈对象：陈宏斌，50岁

> 经验告诉他，人不能失去诚信，要不然就完了。牛角借的97万元到期了，我是他的担保人，他现在死了，这个钱就应该我来还。从2012年至今，陈宏斌所挣的钱大多用于替牛角还债。他说："你只有扛下这份事情，大家才信任你。"

在还没来店集之前，我就听老师和同学多次提起"陈书记"这个人。读书会上，大家讨论调研资料时，只要谈起店集村，一定会提起"陈书记"。

当时我对他的印象有两点：能人，忙人。

2018年1月24日上午9点，寒风很大。我跟随老师来到陈书记家门口，十天前下的雪还没化完，积留在门口的泥土上，上面还插着"科技示范户"的小牌子。敲了敲门，陈书记妻子给我们开门，招呼我们进屋子，叫我们坐下，喝茶。接下来的三个小时，听陈书记讲他的经历。

一、外面的世界很精彩

陈书记名叫陈宏斌。1975年夏，七岁的陈宏斌开始在村里上小学。教室是土坯茅草屋，教室里没有板凳，少数孩子从家里带来凳子可以坐着听讲，大多孩子只能跪在地上趴在土坯桌子上念书上课。

一次在学校附近的老街边上,陈宏斌偶然发现了一个小木头桩子,就喜滋滋地捡起来,抱进学校,把它当板凳坐。

第一个学期终于结束,孩子们等来了寒假。陈宏斌收拾好东西抱着木头桩子往家走。回家的路上,突然被路边卖烧饼的婆婆喝住:"你这孩子怎么把我的木头桩子拿走了!"坐了一个学期的木头桩子又回到了它原来的主人手里。

陈宏斌的童年记忆总是离不开饥饿。当时陈宏斌兄弟姐妹四人尚未成人,加上父母和爷爷奶奶,一家八口人,是村子里最穷苦的人家。每到春天,就碰到没米揭不开锅的情况。一家子只能把裤腰带勒紧,早饭烧一锅红薯,中午吃上点黄豆做的面条,晚上就歇火停灶,全家人饿着挨过漫漫长夜。陈宏斌总是叫唤着饿,心疼弟弟的姐姐经常在早饭时偷偷留一个红薯,埋在灶灰里,等陈宏斌放学回来后刨开灶灰,偷偷把红薯递给他吃。春天,村里的小孩会成群结队溜到田野里撅着屁股找吃野菜,把野葫芦苗摘回家,放在锅里拌,煮一锅稠绿的羹,就着极咸的腌菜吃——倒是能吃出一番穷苦中的鲜味来。

时光流逝,这段穷苦的日子总算撑过去了,外面世界的风也吹进了闭塞的村庄。学校里发生着诸多变化,学校里的几个初中生都陆续地从学校"消失",在寒假的某一天,他们又都冒了出来。他们乘着傍晚的大巴车走进村庄,穿着擦得发亮的皮鞋,戴着闪着银光的电子表,眼神中多了几许成熟。村中的少年跟着他们走走审审,张耳聆听外面世界的新鲜事儿。这时候,那些回乡的打工仔会抓住一切伸手的机会,把电子表故意露在长袖的外面。这块潮气的电子表拨动着少年的心弦。

陈宏斌又是好奇,又是羡慕,问道:"你们出去打工怎么样呀?"然后人家会转向他,咂咂嘴,眼神中露出一丝得意:"造啊,吃香的喝辣的,晚上没事的时候看录像!"

"录像!"陈宏斌激动不已。

"没事的时候看看录像,那在我看来就是春天,还能吃好,还有钱花。"

时隔三十年，陈宏斌仍能清晰回忆起当年对于外面世界的神往之情。

陈宏斌的心里就像钻进一只小虫子，痒痒的，而越痒就越想看看外面世界。要去湖北打工的叔叔走之前问他："宏斌，叔在城里，你需要带什么书回来吗？"陈宏斌眼珠一转，心中想的都是录像里"嘿哈"的武打场景，眼里忽闪着，激动地说："我要本《螳拳》！一定给我带本《螳拳》。"

外面的世界除了带来新鲜的玩乐，还有最重要的——能来钱。母亲的肺炎又严重了，家里挣的钱都不够母亲治病的，这个大家庭也快撑不住了；班上同村的几个同学家里面都建了新房子，而自己家还是矮小阴暗的土房子。他觉得自己得出去闯闯了。

1984年7月2号，在县里参加完高中入学考试后，陈宏斌回到家把书包一摞，就四处打听打工的事情。得知水泥厂和修路的地方招人，他跑回家笔直地站在母亲面前，流着汗，坚定地说：

"我要出去打工。"

"去上高中吧，读点书还是好的。"母亲望着眼前的少年劝说道。

"我不回去读了，"少年摇了摇头，"我必须出去。"

母亲沉默了一会儿，看着黝黑的少年。

就这样僵持了一会儿。

"好，过了年再出去吧，跟他们一起。"母亲说完起身，背过身去，微微叹气，步子缓慢消失在了门口。

于是，陈宏斌一面帮忙家中的杂事，一面数着日子到过年。

二、梦断江湖

1985年二月初十，母亲给他收拾了包裹，把30块钱放在内衬的口袋里。17岁的陈宏斌终于跨出了门。此时，天刚麻麻亮，村里的炊烟在冰冷的空气中慢慢升起。

陈宏斌一路转车，花了两天一夜才赶到湖北黄梅的修路工作站。工作站坐落在一座大山里。日子忽然一下子变得简单而忙碌，早上6点起床上班在山头上和大伙一起造路，下午4点半下班。住呢，就在当地的农民家中，地上铺着稻草；吃呢，没有食堂，十来个糙汉子们轮流做饭。陈宏斌仿佛有用不完的力气，心中颇为惬意。

四个月的工程结束，包工头又将陈宏斌等人带到下一个卖苦力的地点——江西725矿。挖矿推车比修路更艰苦，干活一天，累得精疲力竭。四五百个人住在当地村里的白墙青瓦的祠堂里，一楼二楼三楼都住满了人。吃饭的时候，人人拿个大瓷碗，米饭管饱，菜就一勺。晚上吃完饭就睡，感觉还没怎么睡够就又要起来干活。

好在陈宏斌身体强壮。在工地上，陈宏斌和一起来的几个同伴总是工地上效率最高的，别人三人10分钟一车料子，陈宏斌他们三个老乡只要8分钟就搞定了——就因为毫无保留地卖力干活，陈宏斌被头头挑中，去上了钢筋培训班。

工资是论日子结的，一天还要交八毛钱的生活费，工程做下来就没有留下来几块钱。陈宏斌发现奔波半年，自己还是一无所有。既然一无所有，还回家干什么？想到这里，又奔往下一个地点。在江西过完年，他又赶去了蚌埠。

那两年陈宏斌都是在工地上过年，也没怎么跟父母通信，像飘在远方的风蓬。

"谁不想家呢，但是你在外面尽是受苦，怎么能告诉父母，父母多担心啊。"

1988年的春节来临时，陈爸就来工地找到陈宏斌，硬是把两年不着家的他拉回了家。

家人苦口婆心地劝，"学门技术吧，回乡过安生日子，总是在外面不是个事，大家说得也不好听，叫'外流鬼子'。"

就这样，21岁的陈宏斌回到了店集，躁动的江湖梦最终在回乡的日常中渐渐远逝。在爸爸的安排下，他开始跟当地的兽医学习如何给家畜打针、给牲畜治病。拜师学艺不到两个月，陈宏斌就在心里放弃了这个行当：师傅 45 岁，要等到一二十年后才会退休，自己一两年认真学，固然可以学会手艺，但师傅不退休是不可能接班的。这样想着，就动了做生意的念头。不久，村子里有人开了个面粉厂，陈宏斌找到负责人，向家里借了 1000 块钱入股面粉厂，就在这个小小的面粉厂里开始了做生意的第一步。在皖中平原这个小村里追寻着自己的远大前程。

三、村子里也可以大有作为

谁说在村子里搞不出名堂呢？

没有机会就自己闯，在学兽医、经营面粉厂的同时，陈宏斌还试着养牲畜；牛、鸭、猪养了个遍，可是都没有太大的成果。20 世纪的店集时常涨大水，大水之后有大量的树被淹死，房屋也经常在水淹之后垮塌，一心捕捉商机的陈宏斌看到了机会。1991 年夏，一场大水之后，那些被淹死的树没人要也没人处理，陈宏斌就出工钱请人把它们拉到店集的仓库里，把它们分类：大的、粗的做木板，孬的做家具料子，细长的做藤椅料子。把这些木材晾上一个冬季，第二年开春的时候，不少村民需要修缮房子，这些木材便成了抢手货。陈宏斌凭借自己的眼光，在 1991 年那个人民币还很值钱的年代，靠着这一笔木材生意就挣了 4000 元。

1991 年上半年，面粉厂被收归集体，同年夏季皖中涨大水，接连不断的暴雨淹倒了各处的房屋、树木，包括陈宏斌一帮人辛苦经营的面粉厂。前村支书把他叫到办公室，说："上面需要用人，你的企业也淹着了水，反正你也没有事情，怎么弄呢？这样吧，你就到村里面来帮忙吧。"于是，陈宏斌被正式"收编"，担任民兵营长。这期间，陈宏斌开始在乡镇范围内承包房屋建造工程，赚钱贴补家用。

担任民兵营长后的第一件事就是抗洪，他在漫漫大水中开着船巡逻——保护人民财产。这个工作做完，又很快被引荐到镇上参与社教工作，与他共事的是一位抗美援朝的师长的秘书。此后，陈宏斌就一直在村委里做事。1996 年换届选举正式成为支部的委员，2002 年成为村支书。

2005 年，新农村建设开始在店集村推进。对于政策极其敏感的陈宏斌乘机而动，带领村里的老少爷们，拿下了建筑项目，成立了工程队，在坝子北边的土地上建成了一排排规整漂亮的小楼房，然后以稍高于成本的价格卖给村民。自 2006 年起，各家各户陆续搬进新家，解决了多年困扰的水患问题，新村有饭馆、超市、集市，村民的生活一下子也都方便了许多。

兴建新村这件事也是一波三折。2012 年 10 月，镇上发生一起斗殴事件。首要分子是一个叫"牛角"（化名）的人，他因为害怕就跑路了，可是月底的时候却突发脑血栓死亡。这对于陈宏斌来说简直是晴天霹雳，因为牛角不仅是公安局的通缉对象，还是村里西区工程的负责人。他为了建设西区的房屋，向信用社借了 97 万，而陈宏斌是担保人。牛角一死，工程事项以及债务一下子就落到了陈宏斌身上。更麻烦的是，西区的房子计划建设 60 户，但是牛角却多收了四户的款，成了 64 户，也就是说有四户交了钱却没有房子。那些交了钱的村民开始慌了。

那一年春节期间，有一次，陈宏斌从外面回到家里，一进门，就看见一位 65 岁的老人家在自己面前一跪。

陈宏斌吓了一跳。

"我的钱交给牛角了，牛角死了，我的房子也没有了。"老人家抹着眼泪，声音哽咽。

"春节期间，你到我家里面来不能哭啊。"陈书记安慰道，"我知道这些事情了，我来解决……"

这些年当支书的经验告诉他，人不能失去诚信，要不然就完了。之后，陈宏斌把西区的人召集起来，在北区给这四户人家盖上了房子。2012 年至今，陈宏斌所挣的钱大多用于替牛角还债。

经过这件事情，从上面政府到下面村中老百姓，对陈宏斌自是佩服。这个诚信算是立下来了，正如陈宏斌所说："你只有扛下这份事情，大家才信任你。"

都说时间可以改变一切，可即将退休的陈宏斌却说："我希望退休之后，我还是我。"他心里惦记着这片土地，想在退休以后把稻米合作社好好经营下去，让自己在这片土地上有所作为。

撰稿人：易莉萍（北京大学社会学系本科生）
指导老师：温莹莹

15 打工逸事

访谈时间：2018 年 1 月 22 日上午
访谈地点：安徽店集村，苏武家中
访谈对象：苏武，28 岁

> 往事如烟，苏武还是时不时地怀念外出打工时的单纯
> 与快乐。有时深夜，他一个人躺在床头，叼着一根烟，云
> 雾缭绕中，仿佛回到了过去。
> "那段日子，有意思，太有意思了。"

这天上午雪后放晴，正是在家睡懒觉的好时节，村干部带我们随机走进一户人家。一楼会客厅的位置，摆了三张自动麻将桌。户主叫苏武，不到 30 岁，已有了两个娃，但面容依旧显得年轻，还残留着几许放荡不羁。如此之年轻，又会有多少经历呢？我们心里叨咕着。

然而，大千世界的奇妙，在于种种意想不到。

"那时候单纯啊，真有意思。"苏武双指夹着一根香烟，顿在半空中，烟雾袅袅下，眼神渐渐深沉，似乎随着那烟气缓缓地延向那遥远的过去。

一、童工

和很多农村娃一样，苏武没念高中就直接打工去了。进入初中，苏武越来越觉得读书枯燥无味，经常是人在教室，心思已飘到外边的大千世界。当时，苏武的父母都在工地上干活儿，很少回家，苏武觉得日子无聊透顶。

2006 年，初二还没有读完，苏武就辍学回家。不久，在同村老乡的带领下，苏武来到宁波，进入一家电子厂，还不满 16 岁的苏武从一名中学生转变为一名童工。

第一次外出并未在苏武的记忆里留下深刻的印象，仿佛这段路程浓缩为一睁眼一闭眼的简单事情。但入厂审核却让他记忆犹新。

当时的苏武还没有多少城府，尽管老乡私底下面授过机宜，但在审核者面前却有些忐忑。来到一个柜台前，一位 30 多岁的工作人员百无聊赖地正翻着报纸。苏武从贴身口袋的最深处掏出一张身份证，那人拿过随意打量一眼，只见上面印着一张略苍老的脸，身份日期一推算，应该是 30 多岁的人。那人抬头瞥了一眼苏武，"这身份证不是你的吧。"苏武心里一沉，头上隐隐有些热汗，这身份证是他向同村人借的。回想起老乡的嘱托，他心里稍稍镇静几分，用小心翼翼的口气试探道："（这样干）有没有事？"大叔轻描淡写地表示："也没啥事，你可以去下一个窗口了。"苏武心里石头落地，悠然地拿着身份证在下一个窗口办了员工卡，成为一名正式员工。

这家工厂自然是不签合同的，也没有劳动法规定的加班费和"五险一金"。带苏武来的老乡倒不是存心要坑他，毕竟老乡自己的儿子也在这里，和苏武一个待遇。这个厂的工人中，有大量和苏武一样初中没有毕业就辍学的童工。那年头尽管有了劳动法，但有谁会告诉这些刚从农村走入城市的年轻人，他们应该享有这种权利呢？

苏武事后回忆，当时干得还算舒服。进厂不到一个月，他就凭着机灵劲儿，和车间主任混熟了。刚进厂需要培训，要学会辨认并电焊不同的电阻芯片。苏武对此颇有天分，这个电阻多少 k，那个电阻多少 k，那时候都倒背如流，从零开始可以背到 600。一块芯片有一块硬币那么大，上面一个电容一个电阻，他一个小时可以焊 100 个。如他所说："只要我看到颜色，我就知道电阻多大的。但是现在不行了，生疏了。"说到这里，苏武略微激动地抖了抖烟灰，眉宇微张，眼神闪亮，其中透着三分感慨和七分得意。或许对于他而言，尽管一天需要朝八晚九，但年轻人特有的活力却把辛劳过成了惬意。

二、第一次外出

三个月后，苏武被外派到了太仓。这对于他而言，是真正的第一次外出，有别于以往，这回是孤身一人。

通信在那个年代并不发达，诺基亚都是价值1700元的奢侈品。孤身出远门，没有手机是一件很普遍的事，但一旦出了事，远方的亲人或友人谁能知道你的下落呢？出门前，工厂里的老员工对他耳提面命，讲述各种人间险恶，比如那时最流行的迷魂烟。经理交给他一张纸，纸上写着行走路线。苏武把纸条和身份证以及500元装在一起，贴身放在内袋，就匆匆上路了。

一路辗转到太仓，人生地不熟，他打算乘摩的去目的地。

摩的小哥告诉他："大路20元。"

苏武就问："能便宜点吗？10元如何？"

摩的小哥一愣："10元？那只能走小路。"他打开油门，一阵轰轰声响起。"那你上来吧。"

苏武喜滋滋地坐上摩的，却见摩的一转弯走进了一条偏僻的小胡同，黑不拉几，一眼看不见尽头，苏武急了，脑海中浮现出种种社会险恶。他连忙喊道："停下，我不走了，不走了。咱走大路，走大路！"摩的小哥翘起了嘴角，最后以20元的价格走了大路。看到大路上人来人往的车辆，苏武心里安定了些，虽然都是人生地不熟的，但好歹周围都有人啊。若喊救命，也有人听得见。

下车后，苏武歇了歇脚，抽了根烟。抽完不久，两个青年迎面走了过来，递过来一根烟。

"哥们，借个火呗，给你根烟抽。"

苏武脑子里的那根弦顿时绷紧，联想起当时盛传的"迷魂烟"。"烟我就不抽了，火我帮你点。"苏武谨慎而客气地推辞了一番，对方借了火就走了。

三、"白帽子"和"上门女婿"

七弯八拐，苏武终于找到了目的地。这是一个制造音乐娃娃的加工厂，苏武所要做的只是把坏掉的电阻重新修正。这个活儿对于他而言简单轻松，修修补补的同时，和一群年轻人有说有笑，这为期一个月的工作让他很是惬意。

然而入厂第一天，苏武就和管理员大吵一架，惊动了厂主。

车间主任送来全套工作服，一件白大褂和一件白帽子，工厂产品对外出口，对工作流程有着较高要求。苏武对此也理解，从白大褂上一扫而过，眼神却停留在白帽子上，眉头一皱。

"白大褂我可以穿，白帽子我不戴。"苏武郑重地说道。

车间主任很不理解，并一再强调这是工厂纪律，关乎产品质量，必须戴。苏武还是固执地拒绝，但多少解释了一下：

"在我们那里，白帽子是办丧事用的，我不戴。"

车间主任依旧不认同这个道理。这是工作服，不是丧服。但对于苏武而言，白色的帽子太过晦气。他的家人身体都好好的，把他养育到大，戴白帽子这是要提前送终吗？在一位16岁农村少年的认知世界中，这成了他不可突破的底线。

"我不戴，我就不戴。"

"要不你找别人，我不做。"

少年言词简洁，翻来覆去就是那么几句。在车间主任看来，简直是茅坑里的石头，还是积年累月修成精的那种。眼见事情僵持不下且越闹越大，厂主闻讯而来。厂主是车间主任的姐姐，在这事上对苏武较为宽厚，不戴那就不戴吧。

这以后厂主阿姨对小苏武异常青睐。当时食堂分内外，内部专供高层职工和领导使用，而小苏武却成为这个食堂唯一的外人。这个厂，苏武之后也陆陆续续来过好几次，有一次厂主阿姨不在，就让苏武以后报她的名字，自己去内部食堂打菜。

看人看对眼，这也算正常的事，但厂主阿姨的打算却可不止于此。她有一个比苏武大两三岁的女儿，几次邀请苏武去她家坐坐，有一次和苏武开起了"玩笑"：

"你要愿意来的话，就来我们家做上门女婿吧。"

"我不干。"

耿直的小苏武似乎一点不懂攀上金大腿的好处，也似乎一点不懂什么叫作礼貌的圆滑。说到这里的苏武，眼神依旧透着光亮，带着点被相中的小小欣喜，但也瞧不见后悔与失落，似乎摸爬滚打多年后，少年依旧是少年。尽管这位厂主阿姨当时有厂有车，又有市区的几套房，但对于苏武来说，即使家里过得再"糙"，也不会去别人家当上门女婿。当时太仓普遍有招女婿的风俗，招一个女婿就意味着这个男子归属到自己家。如果追溯到古代，上门女婿的地位并不高，甚至属于"改换门庭"，背弃自家祖先的路数。小苏武那会儿的女婿地位也提高了，少了歧视。换成现在人看来，反正都是夫妻俩过小日子，又不是和亲生父母断绝关系，这又算得了什么呢？但对于苏武来说，他的家始终是那个生他养他的地方，不可改变。

听到小苏武的回答，厂主阿姨只是笑了笑。

"你以后来了就打我电话，没电话的话，反正你知道我住哪儿，你到我家去玩啊。"

苏武之后又去了好几次，但都没去过她家，但唯独有一次，因厂主阿姨生病了才专程去探望过。

对苏武来说，这些属于个人逸事，但对于听者如我，却意味着传统文化和都市文明的碰撞。这些文化依附在外出打工的农民子弟身上，日常交往中，我们可能视之为"傻""愚"的行为，却可能存有一套我们曾经遵循但已放弃的文化。

四、晋升

第一次出差回来后，苏武靠着一股机灵劲和踏实作风，不到一年就成了生产线的组长，当时厂里也就四条生产线。

做组长就要轻松一些了，只要安排好流水线的运营，再负责把不合格芯片挑出来让人回炉再造。即使如此，工作时间还是没有变化，早上8点上班，组长要稍微提早一些把机器开启，中午可以吃饭休息半小时，然后接着干活儿。每天的加班是免不了的，一般得到9点结束，加班前留有半小时用作吃饭。到宿舍后差不多9点半了，稍微洗洗弄弄，几个人就结伴在小镇上溜达几圈，吃点烧烤，碰几杯啤酒，买点零食。虽然每天近12点才睡觉，但那时候也不嫌累。

这个厂是没有周日假期的，因为总是有单子，所以一个月轻松的话可以放一天假；如果忙，那一天也不得放。不过，在有限的假期内，这些年轻人就如囚鸟出笼，在酒吧里放纵着青春。他们常去的酒吧是一家大型综合娱乐场，有溜冰场和娱乐室。但苏武不玩游戏，只是偶尔玩一玩溜冰。最常干的还是合点一份200元的红酒，在喧嚣的夜晚，听着舞台传来的沧桑男音，你一杯，我一杯，抒发些无端而来的青春伤感。这个时候，苏武可能也会点上一支烟，烟雾缭绕下，吞吐着平淡的人生。他们经常撞见各种"酒后疯"，比如两群人喝得有点多，稍微碰撞了一下，几句话不和就开打。但他们不会喝多，喝完就走了。

除了永无休止的工作，略微有点烦恼的还有低工资。没有晋升前，保底工资960元，晋升后，加上组长特有的带班费200元，加上八九毛一小时的加班费，一个月下来也就一千五六百。在该厂待了四年，工资基本没有变动。

不过苏武还是挺开朗的，对于他来说，虽然待遇低，但还算开心。作为组长，苏武在大家疲惫时会放慢一下流水线。只要一天不断线，把领的任务完成了，那就OK了。

"我把活儿干出来，我中途稍微给它调慢一点，我在那有说有笑的。

反正我就搬个板凳，在那边跟他们聊聊天。开慢一点，人也可以舒服一点。"

那聊些啥呢？最常聊的就是这周活儿不多，下班后可以去哪里玩。这些十六七岁的年轻人，刚脱离束缚人的课堂，就进入了绑住手脚的工厂，一如上课时盼望放假一样，上班时也盼望着下班。但是，大社会的工厂终究不如学校仁慈，哪有假期可言呢？

这样的日子持续着，一天天的，看不到尽头。似乎明天、后天、大后天，只是一个模板的重复罢了，仿佛上帝在安排命运的时候，偷了一个懒。他们的生活，就如流水线上的零件一样，千篇一律，不会停止。

五、罢工

入厂第四年，在某个平平如常的一天早上，苏武的精气神显得格外不同。他用力敲了一下红色的止停按钮，整个车间从轰鸣的机器声中安静下来。

工人们有些发愣，纷纷抬头望向苏武。苏武一脚踩在板凳上，双手叉腰：

"罢工吧，今天咱们不干了！"

"楼上四个车间也不干了，咱们先休息个几天！肯定对谁都有好处，大家都回宿舍睡觉吧。"

大家窃窃私语，相互张望了一两眼，一张张略显疲惫的脸上都藏着几分喜色。这大概是历届罢工最"粗糙"的动员了，却格外有效，大家就如鸟兽般哄的一声散掉了。

动员他们的不是显形的言语，而是日久积累的疲惫，一切不人性的待遇犹如坝前的洪水，终有一天会冲破堤坝。

这事要回溯到前一天晚上。

五个车间组长在一楼院子里聚头，一位组长带来了一位特殊的客人。这位客人是该组长的老乡，在隔壁玻璃厂干了三年多。先是询问了电子厂的待遇状况，然后告诉他们，国家保障"五险一金"，保障他们的正当工资和加班费，保障他们的休假权利。然后号召他们相约某天去游行。其实事情真的不复杂，这位说客也没花多大的口水，几个组长立马就同意了，随后三言两语定下了第二天的粗糙的计划：关了机器，吼几嗓子。似乎一点不担心失败的问题。于苏武而言，这的确是一个简单的选择，干得太累了。

"那时候脑袋也发热，说不干就不干了。感觉累，挺累的，反正一个月休息那么一两天也没意思是吧。唉，那时候心里想一想，不干活儿，罢一个工也能休息几天，就是这样想的。没有说要赔多少钱之类，那时候钱是没想的，就是看能不能趁机休息几天。"

苏武当时心里盘算着，休息个两三天算是保本，休息个七八天就是血赚了。

苏武回忆到这里便会心一笑，似乎也觉得这是一件很有意思的事：就为了休息几天，咱就罢个工试试吧。他是这么想的，也是这么和组员宣传的。于是一场改变了宁波雇佣格局的罢工潮，就在这么简单的理由下，顺利进行了。

罢工第一天，大家带着喜悦的心情睡了一个回笼觉。终于不用干活儿了，先休息个几天再说。

当天晚上，几位组长去饭店奢侈了一回，把平时没吃过的都尝了个鲜。花了100多块点了四五盘菜，尤其点了最贵的过桥排骨，一盘菜要价30多元。你一杯酒，我一杯酒，庆祝着难得的假期。而后又颇有兴致地去溜冰去蹦迪，点了200元的威士忌。然后一口气睡到第二天中午，起来草草吃了点。之后的日子里，饭店成了最经常的去处，日上三竿起，饿了就吃。有时候晚上就不吃了，买点零食就接着睡了。

这样的日子真好啊，能休息几天就休息几天吧！

第三天，组长们拉着工厂的工友，稀稀拉拉地站在厂门外，等着带头组长与工厂代表谈判。工厂经理还是不肯让步，只是承诺，可以把加工费补偿标准从一年1000元提升到一年1500元。但劳工代表坚持要求按照程序来，国家法律规定该补多少就补多少。

谈判破裂了，但工人们也没多大失望，排成长龙有说有笑朝着市政府进发。路上也会遇上其他工厂的队伍，如果有熟识的则打个招呼，前呼后应，仿佛是节日庆典。

但没走到半路，工厂代表就骑着车把队伍拦住，让步到该给多少给多少。经过一番呼吁，这支队伍终究撤回去了。但等来的只是内部分化，一些 30 多岁 40 多岁的老员工陆陆续续选择了拿钱，苏武等人歇业歇得差不多了，感觉再坚持下去也没多大意思。最后，苏武所在的电子厂按照一年 1500 元的加班费予以补偿，提供"五险一金"。而隔壁主要招收宁波本地人的工厂，其补偿标准则是 1.5 万元一年。

"歇"完七天，电子厂恢复了生产秩序。厂里的领导表示"既往不咎"，对这些组长"宠幸如旧"，待遇也相应提高了一些，但苏武感觉没多大意思，最终辞职回家休息了半个月。尽管有了这番波折，但苏武依旧和车间主任保持了良好关系，后几年还把自家的堂弟带进厂，主任二话不说也就收下，安排到了较好的岗位。

后来，苏武去了母亲打工所在的服装厂从事印染工作，也在宁波，又工作了三四年。厂里没有人知道他曾有那段"光辉"岁月。新厂在高温作业下比较辛苦，从生产线上走一趟就浑身湿透，管理人员责令不让离开岗位，但苏武觉得人不是牛羊，所以真累了也会偷偷休息一两分钟。其实就工作时长而言，一天也至少高温下 9 个小时，加班也是少不了的，好几次要干到凌晨一两点。但苏武还是觉得新厂更加自由，好歹周末可以正儿八经歇一天，可以喘会儿气。

2008 年，苏武结婚了，收了收玩闹的心，开始更加认真地赚钱存钱。

2011 年，苏武换了工作，跟随表舅家打工，专包各种电焊活儿，比自己做零工要多赚一点，也更舒心一点，一做就做到现在。

往事如烟，苏武还是时不时地怀念那时候的单纯与快乐。有些深夜，一个人躺在床头，叼着一根烟，云雾缭绕中，仿佛回到了过去。

"那段日子，有意思，太有意思了。"

撰稿人：邓高远（北京大学法学院硕士生）
指导老师：温莹莹

16 村口的烧饼摊

访谈时间：2018 年 7 月 8 日下午
访谈地点：安徽店集村，苏千山的烧饼摊
访谈对象：苏千山，50 岁

> 每天中午和下午收摊的时候，桌台上都会有许多做烤饼时散落的白芝麻。苏千山会把它们拢在一起，一把撮起来倒入嘴中。日子得算计着过，白芝麻现在不便宜，他心里想，得将生活的边边角角都撮起来维持生计。女儿快上小学了，要花费的地方不少呢。

一、村口的烧饼摊

店集村村口往西北的第一棵樟树下，有一个烧饼摊。烧饼摊所在地是人们到村诊所的必经之地。诊所非常有名，知道诊所的人都知道村口的这个烧饼摊。

每天，烧饼摊雷打不动地出现在村口，无论晴雨，无论是否有集市。摊主叫苏千山，三年前"外流"归乡，无事可做，因为吃穿用度依然紧张，便买了个烤饼炉，稍微钻研了一下就卖起了烧饼。当时他妻子在村里卖馄饨已经一年多，妻子的馄饨摊逢集就去集市上卖，平常就在村口。苏千山的摊子跟妻子的摊子就隔着一棵树。村人不时会绕道来买烧饼，那些去诊所看病的也经常捎带着买几个，似乎看病和买烧饼有了自然的联系，也许看完病后买几个烧饼回家病会好得快一些吧。

一个盛夏的中午，知了聒噪。苏千山在他那烧饼摊红色的大伞下工作着，汗水在他发红的脸上留下道道痕迹。早上和的面差不多用完了，剩下的不足做个烧饼。苏千山整理好调料，擦干净台面，正准备收摊，就看见一辆用蓝色铁皮盖做棚的三轮开来——邻村的杨大姐最近每天都来诊所给孩子吊水。她是老顾客了，苏千山冲她一笑。

"这次来四个烧饼，都不刷酱。"杨大姐也没停车，向苏千山点点头就往诊所去了。

苏千山也没多说，把刚刚整理好的物什重新摆出来，重新和面，重新起火。这样一折腾也不简单，面和好后要重新在桌面上铺粉揉面，装进罐子里的芝麻又得倒出来一些，更别提重新打开封存的肉馅了。

四个烧饼其实也没多少钱。他大可以回家的。

苏千山说，人家要烧饼了就不好不做。他与村民养成了一种特殊的关系。

烧饼很快做好了，热浪仍然袭人，他等待杨大姐从诊所返回来。

二、日子得算计着过

苏千山的烧饼一卖就是三年。他早上6点多出来摆摊，中午和晚上生意一淡下来就收摊回家。这么长时间下来，做烧饼的手法、炉子火候的把握都早已不在话下。苏千山还在长年的观察中积累了多卖烧饼的窍门。

当初把摊子支在村口诊所附近就是考虑村里和附近村镇来看病的人很多。诊所门前的场地上经常停满电动车、摩托车、三轮车。苏千山根据车的数量和路上人流量考虑预先烤多少饼。烤多了，一时卖不出去饼就凉了，没有人会买；烤少了，等的人多的时候会有人不愿意等就走了。凭着经年积累的经验，苏千山烤的饼不多不少，正好对应着买饼的人。一般他一天能卖100多个饼。

卖烧饼不是传统农业，但也要看天吃饭。苏千山凌晨起床会先看天气，下雨他就少准备些面团，秋天天凉了下午他会提前来卖，暑热消散后人们会提早出门。

他也留意到村里的超市开始用二维码收款，看收钱这么方便，自己也请人弄了一个。收款时，他可以听到手机响起的"已收款两元"的提示。他感到莫名的开心，生计的积累被这样一次次大声念出来，每一次都像一个褒奖。

苏千山时常感慨这一两年生意不好做了，各种原材料比如无烟煤和面粉的价格都在上涨，尤其是芝麻。苏千山卖的烧饼肉馅少，但是表面密密地撒满白色芝麻，芝麻价格的上涨明显拉高了成本。但是苏千山的烧饼始终只卖两块钱。别看大家都有了不少的收入来源和不错的生活水平，但日常饮食消费最微小的价格变动会牵动他们过日子绷紧的神经。两块钱的烧饼略一涨价，来买饼的人就会少许多。同样地，苏千山也少见人愿意多付一些钱以要求在饼里多加一些肉。两块钱似乎刚刚好，符合市场的隐秘逻辑，既顶着村民消费退缩的天花板，又维持了烧饼摊前的小热闹。所以苏千山不会把烧饼涨价，他心里也过不去。可日益上涨的原材料价格就在这样的逻辑里偷去了苏千山卖烧饼赚到的钱，蚕食着他的生计。生活还是那样过，却变得紧巴起来。

现在烧饼摊还能勉强赚到一些钱，妻子的馄饨摊也差不多。两口子在平常聊天的时候也在计算着未来的花销和积攒的钱。每次那杆天平的变动都让他们想，实在不行还是出去打工吧。

每天中午和下午收摊的时候，桌台上都会有许多做烤饼时散落的白芝麻。苏千山会把它们拢在一起，一把撮起来倒入嘴中。日子得算计着过，白芝麻现在不便宜，他心里想，得将生活的边边角角都撮起来维持生计。女儿快上小学了，要花费的地方不少呢。

三、身体是消耗品

苏千山的烧饼摊后面平常摆着一条长条凳，能坐三个人。要坐的人多了，还可以从后面超市再借几条凳子出来。经常有老人过来坐着，也不买饼，就看着苏千山做饼，等苏千山闲下来就跟他有一搭没一搭地闲聊。老人大多赋闲在家，农忙的时候照顾家里几亩田地。他们早年趁着"外流"潮出去打过工，聊天内容基本上是自己的所见所闻，往事汩汩而成当下生活的谈资。

苏千山话不多，但他的话题始终占着一席之地——与村里多数人外出打工的经历不同：自1988年始，苏千山在杨村一个大型煤矿上工作了15年。对这15年的生活，他现在往往是微微一笑，只是兴头来了才多说一些。

20世纪70年代末，国家开始允许集体开矿和个人承包煤矿。杨村附近的大煤矿和四周的黑煤矿吸引了很多村民进入煤矿，成为矿工。煤矿在穷山恶水里直接开出了生计来源。矿工收入可观，可以说是工人中收入最高的群体之一。

煤矿工作环境艰苦，工作分很多种，有掘进，有运输，总体上工作场景差不多。巷道低矮而逼仄，巷道的尽头是施工的场所，矿工要在上面打眼放炮，防护支架，把煤运出去。煤层的情况复杂多变，有好的，巷道高度有一人高，煤层厚，煤软；有糟糕的，煤层薄，巷道低矮，只能一个人爬进去操作。在岩层包围的空间里，苏千山使出浑身解数，用上肩膀、后背，不多时日身上就会看到淤青、肿胀、血痂。特别是往巷道深处运送器械和支架之后，苏千山往往全身虚脱。时间一长，煤矿工人都是一身病。苏千山现在颈椎不太好，就是当时在矿上干活儿的时候落下的病根子。

进入煤矿工作，就像被黑色吞没。这黑色不只是指黑漆漆背景中矿工们为了省钱而不开矿灯，更是休息间歇黑暗中老矿工点烟时一闪一闪微明的火光，更是从内心中漫出来的黑色。煤矿矿工是个大集体，但是又总觉得是孤单一个人。矿上各个村的人都有，可苏千山基本不认识，让人高度疲劳的轮班工作挤占了他们正常的社交生活。20岁出头的苏千山又是疲劳又是苦闷，经常有话都说不出来。

在煤矿的生活是苏千山从没有经历过的。苏千山上小学的时候家境不好，小学四年级没上完就辍学了。他记得小时候学费只要五毛，可家里总觉得钱应该花在更有用的地方，就没有再供他上学。不再上学的苏千山先是帮家里干农活儿，待到成年就独立地经营家里的田地。苏千山进的是大矿，成立了企业，虽然他识字不多，但也能明白墙上关于安全生产、集体责任的标语在说啥。矿工确实和农民不一样，要服从管理，要遵守劳动纪律，要有工作的精神面貌，要主动学习技术知识。这个厂矿规模很大，很多矿工的家属也生活在这里，矿区有自己的超市、学校、医院，矿区声明了对矿工的保障，这常常让疲劳不堪的苏千山感到安心。

在煤矿，身体是消耗品。十多年间，苏千山能明显感觉到自己身心的变化，经常腰背酸疼使不上劲，或许静默而不爱说话的习惯也是那时候留下的吧。三班倒的煤矿会战工作制、繁重的体力劳动、黑色沉默的氛围在整体改造着进入这里的年轻人。

煤矿吃人。矿上年纪大一点的师傅能历数煤矿发生的塌方次数，以及事故之后消失的工友。苏千山记得，工友们边抽烟边聊起这些故事时，一开始他感到脊背发凉，慢慢地他就麻木了。

矿工身体上的毛病大多不一样，但是基本都有肺病。粉尘如同隐藏的恶魔。矿井下是有通风设备的，但是在不同地形和不同巷道，通风情况往往不能及时调整，粉尘很快就会在空气中积聚。矿上作业的规范要求必须佩戴防尘口罩作业，实际情况是矿工经常把口罩扔在一边。有时候要赶产量，不等尘烟散去就得上去工作，极高的粉尘量很快就会进入防尘口罩的几层滤纸，把呼吸口塞得满满的。干活儿要大口吸气，带着大量粉尘的防尘口罩反倒让人呼吸不畅，为图方便，矿工都不戴口罩了。不知不觉，苏千山发现自己咳出来的痰都是黑色的。而时间长了，他也不会感到特别诧异。得肺病的老矿工着实不少。深夜宁静的宿舍里，裂肺的咳嗽声无比凄厉，不知道让多少年轻矿工辗转反侧。

三班倒的轮班工作制意味着一次下井就要连续工作 8 小时，工作中不能出矿井。矿井中没有水也没有吃的，多数矿工也不会带东西在那种环境中吃。颠倒的作息，加上不吃不喝，加上高强度作业，8 小时后出井的苏千山想的只是吃点东西后睡觉。

苏千山在黑暗的井下度过十几年青春光阴，衰弱的身体再难康健，人不再年轻。在日复一日重复的工作中，在黑漆漆的世界里，他想，这样的日子得有个头吧。有时，他也会恐惧，害怕走不出矿井，害怕年幼的儿子再也见不到父亲。

2003 年，苏千山在矿上每个月的工资也有近 6000 元，他选择了离退。这一年，他的儿子 8 岁，上小学了。

四、再次打工

朝而作，晚而息，有阴阳变化的天空，有田间的野风。苏千山的生活一下子进入了安逸的调子。从煤矿离退时苏千山快 40 岁了，正值青壮年，过去的 15 年让身体落下了许多隐隐的毛病，不过这 15 年已经在身后了，这 15 年里他结了婚，攒下了一笔钱，有了儿子。

虽然回到家中，生活与生计的那杆天平始终在心中，苏千山与妻子少不了盘算。在矿上卖苦力挣下的积蓄还可以支撑儿子的花销。一家三口，精打细算地生活，也足够井井有条。苏千山对生活的变化觉得无所谓习惯不习惯，也没有说期待或不期待。看着儿子日渐长大，他觉得如此生活大概就够了。

不过，2013 年的一声啼哭宣告他们又有了个女儿，彼时儿子刚刚考上大专，生活与生计的天平正在越来越多地往生计的那一端倾斜。苏千山生活的步伐需要加快了，妻子照顾女儿，生计如同一个嗷嗷待哺的婴儿，他要去打工了。

这次，苏千山选择去上海。

苏千山的性格有一点点"孤僻"，他到上海没有投靠亲友，自己找了一家燃料厂。

这家燃料厂进行燃料原料的再加工再分销到各地。苏千山需要去各地出差，三年里他去了山西、陕西、浙江等许多地方。年近 50，他才真正有机会见识这个国家丰富多样的山川风物。但他并没有想在这个燃料厂长远做下去，准确地说，他还是不想长久外出与家人分离。亲情压心头，三年里，这个念头始终没有断过。在上海干到第三个年头，也攒了一笔小钱，苏千山再次返乡了。

苏千山从上海回来，就在村口支起了烧饼摊。三年了，他一如从前，话不多，没有鲜明的性格。在他眼里，不再打工，回来卖烧饼是可以兼顾家庭生活和收入生计的选择，这是好的决定。

现在的生活又开始每天稳定地重复，足够让人安心。每天女儿会去上学，晚上笑哈哈地接回家；儿子隔几天会来个电话，工作单位听起来还行。夫妇俩也已到中年，对未来生活的憧憬与希望，心照不宣地填满两个人的心怀。

撰稿人：刘栩江（北京大学社会学系本科生）
指导老师：黄志辉

17 一个女孩的打工梦

访谈时间：2018 年 7 月 6 日下午
访谈地点：宁夏河东村，冀红梅家中
访谈对象：冀红梅，31 岁

> 如今，冀红梅回想起那个 20 岁出头的天真的自己，感觉好笑又心酸，就算没有这场病，就算父亲没有意外去世，她能在城市留得住吗？这么多人，浪花般地涌向城市，又有多少留下了痕迹？
>
> 或许从一开始这就是一个梦，一个遥不可及的梦。

在塞上江南的西南部，狭长的六盘山脉呈南北向匍匐绵延。山脉的北麓，一处高峰隆起，仿若弓起的脊梁，河东村就坐落于这脊梁的东侧，生息着两千多名村民。河东村地域宽广，但地不养人，村人只能向外寻找生路。20 世纪 90 年代初以来，外出务工成为村民的主要生计。

村中年轻人"外流"后，河东村显得更加清冷。房屋稀稀拉拉，大多是灰瓦土砖的矮屋，被掩映在两边的古树杂草间。一道道虚掩着的窄门霉痕斑驳，颜色陈旧。冀红梅家是这一片儿唯一的一处新房，六七米宽的大红铁门，小二层楼带有一个小院子，有点像城市里的小楼，与周遭有些格格不入。

冀红梅家里平时只有她和两个不满 10 岁的孩子居住。丈夫长年在外面工地上帮人砌砖盖楼，逢年过节才会回来一次；家里老人则住在老宅里，不与夫妻俩同住。按说三四口人住，不需要这么大的房子，可政府危房改造的时候，冀红梅坚持自己加钱盖了这栋房。为此，她还和丈夫闹了不小的分歧。村里人都说她傻，村中稍有条件的人为了孩子上学或别的缘故，大都会选择去镇上或市里买房。冀红梅想起这件事，有时也觉得自己太傻，也后悔自己一时冲动。但她知道，若要她回到那时那刻，她还会这么做，就算只是让自己好受点。

一、逃离乡土

2007 年，福建，福州火车站。

20 岁的冀红梅攥着车票，一双杏眼四处张望，激动又紧张地打量着周围新奇的一切。这是冀红梅第一次走出家门，更为准确地说，是"逃"出家门。

冀红梅出生在宁夏河东村，家中有四个孩子，冀红梅排行老大，同胞的还有两个弟弟。河东村是贫困村，冀红梅家庭条件更差。小学毕业，冀红梅考上了初中，但家里无力供养这么多孩子念书，父母更倾向于把机会留给弟弟。不到 15 岁的冀红梅便辍学回家。父母又不放心她到外面打工，辍学后的最初两年，她只在家里帮着父母干些家务，做些农活儿。两年后，她经同学介绍到了固原市，在饭店里做服务员，偶尔也帮人家带孩子。

在固原市做工的这几年，冀红梅大开眼界。汽车、高楼、宽敞平整的街道、衣着体面的人们、令人眼花缭乱的物什……冀红梅甚至觉得连空气都是干净而清新的，哪怕整日弥漫着泥土混合着垃圾的腐朽气味。城市的一切让她新奇而着迷，她知道了在偏僻的山村外面有一个截然不同的世界——而固原也不过是一个贫困的地级市，在它之外，是更宽广、更精彩的天地。这让冀红梅向往无比，一个想法在脑海中隐隐约约地闪动。

冀红梅想出去闯闯。村里有不少到外地打工的人，其中不乏年轻女子。冀红梅想起四舅，他和几个亲戚常年在福建的鞋厂做工。冀红梅觉得自己可以去投奔他，但她心里有些忐忑不安。父母不会允许她去那么远的地方。她委婉地提出过几次到福建打工的想法，都被父亲斥责了回去。去固原市已是父亲所能允许的最远距离了："一个女娃娃就老实待家里，年纪到了就赶紧嫁人，整天想着到外面野，像什么样子！当初就不该让你去固原，这可好，待了几年，翅膀要硬了是吧……"

难听的话像连珠炮似的一句接一句，打在冀红梅心口，疼得人眼泪止不住地流。

"……我看，干脆你这工也不要打了，我给你领班打电话，明天早上就给我坐车回来！"父亲独断地做出决定。

冀红梅握着被挂断的电话，好像看到了父亲瞪大眼睛、粗着脖子大骂的样子，而母亲在一旁，懦弱瑟缩，不敢插一句话。在长年繁重的家务和农活儿的消耗下，刚迈入中年的母亲看起来已经像一个干瘦、皱成一团的老太太——多像是她未来的模样，冀红梅想到这，心里害怕极了。

对于父母的安排，她愤懑又委屈。读书也好，打工也罢，这么多年来，一直是她在妥协牺牲，在委曲求全。她不甘心：凭什么要听他们的，凭什么要我一直退让，凭什么我不能给自己的人生做主？冀红梅越想越愤愤不平，一个想法在头脑中也愈发清晰与坚定：

"对，我要出去，我要出去！"

这天，冀红梅一夜未睡，匆匆收拾了行李。第二天天色未亮之时，便离开饭馆，跑到固原汽车站，搭上了最早一班开往银川火车站的客车。坐在车上，冀红梅盯着窗外雾蒙蒙的一片，脑子里一团乱麻，思考不了什么，就在客车的摇晃中昏昏沉沉地睡了过去，再清醒时已身在银川火车站。

冀红梅背着行李站在来来往往的人流之中，出走的热血逐渐冷却下来，她开始有点后悔自己一时冲动，心里面两种声音在打架——离开还是回去？难道回去那样软弱地过一辈子吗？但出去又能去哪儿呢？

冀红梅烦躁地抓了抓头发，她不甘心，她不甘心就这么被困在小山村！她才刚满20岁，自己的人生不应该是那个样子。冀红梅咬了咬牙，狠下心来：

"就去福建！"

二、最快活的日子

冀红梅刚到福州火车站的时候，人生地不熟，也不知道去哪儿。手机一直响个不停，显然是父亲的号码，但她不敢接，只简短地回了个信息，告诉他们自己去外面闯了。她想给四舅打电话，但又怕父亲联络四舅，让他把自己"抓"回去。在车上的时候，她计划着等下车了就先找个工作，做什么、待遇怎么样都不重要，能落脚就好。可等她走出车站，看见周遭的高楼、川流不息的车辆，就突然乱了阵脚。四周天宽地阔，她却感觉寸步难行。

冀红梅在车站附近转了几圈。车站周边店铺密集，但招工的却没几个。眼见天色越来越暗，冀红梅不敢赶夜路，只得先回车站，找了个角落窝着。住招待所肯定是要花钱的，她捏了捏背包里用衣服层层裹着的钱，这是她在固原打工时偷偷攒下的，一共不到3000块。还不知道什么时候能找到落脚的地方，不到紧急时刻是不能乱用的。候车厅里有不少人，提着大兜小兜，躺在椅子上或在角落里倚着行李，看模样都是外出打工的人。

冀红梅在角落里抱紧背包，思考着出路，低头挤出一丝苦笑。家是回不去了，她也不会甘心就这么轻易地回去。那她接下来该去哪呢？来之前她打听过这边的状况，村里边长期在外打工的人包括四舅在内多在泉州做工，近几年出去的则有不少在永春——她有几个同学就是这样。这两个地方有工业园区，也有比较熟悉的人，冀红梅觉得到这样的地方会比较容易落脚。但她不确定自己"逃"出来的事已经发展到什么程度。父亲好面子，自己忤逆他的意愿还跑了出去，这种"丢人"的事他肯定不会随便同人讲，所以村里人应该不知道她出来的实情，冀红梅可以放心地找他们。四舅是母亲最小的弟弟，冀红梅同他很是亲近。尽管辈分高，但他却比冀红梅大不了几岁，更像是冀红梅的哥哥，小的时候冀红梅就天天缠着他玩，后来他外出打工了，但两人也常常联系，每年回来的时候他都会偷偷地给冀红梅带礼物。冀红梅从心里面更想去找他，但她不确定父亲会不会联系四舅，也不确定四舅会不会同父亲一伙。冀红梅思前想后，最后决定还是先去永春。她联系了比较熟的同学，说她来福建转转，问有没有空出来聚一聚。得到肯定的回复后，冀红梅悬着的心稍稍落下。车站有发往永春附近的大巴，天一亮她就能动身。有了些许着落后，冀红梅有些疲倦地阖着眼，她听见自己心脏跳动的声音，一下，一下，坚定而自由。

凌晨3点，冀红梅被手机振动吵醒。她掏出手机，看见来电显示后，打了个激灵——是四舅。要不要接？冀红梅大脑乱成一团，还在犹豫的时候，电话已经挂断。不一会儿，一条信息发了过来：

"你现在在哪儿？来福建了吗？你妈和我说了，放心，没告诉姐夫，你怎么整天尽干些不着调的事儿，快回我电话，别让人担心！！！"

冀红梅看到他发来的短信，立刻回拨了电话。听到熟悉的声音，冀红梅鼻子一酸，差点落下泪来。

四舅告诉冀红梅，父亲知道她出走了之后，气得要和她断绝关系，让谁都不要管她死活。母亲担心冀红梅，但不敢忤逆父亲，她之前听冀红梅说过想去福建，就趁父亲睡着后偷偷联系了四舅，让他照顾着冀红梅，让她在外面待一阵子也好，等父亲气消了再回来。

两人在电话里聊了好久，四舅让冀红梅来泉州，他想办法在鞋厂里给冀红梅找个活儿干，平时也能照应一下她：

"明天早上有车了，我就去福州接你，你就待在车站，别跟人乱跑，一个人在外面一定要注意安全。"

冀红梅说好，挂了电话后就再也忍不住，埋头哭了起来。现在回想起那个时刻，冀红梅还会偷偷抹泪，只不过比当时多了些苦涩。

冀红梅经四舅介绍进了鞋厂，在生产线上给鞋子刷胶。鞋厂食宿条件都不错，但管理严格，每天每人有硬性指标，工作时间内完不成任务，不吃饭，加班加点也要在当天做完。鞋子刷坏了，不仅挨骂还要自己赔。鞋厂刷胶按技术分为一等二等，工资、待遇各不相同。

冀红梅进厂的时候，四舅和她们线上的领班打过招呼，他在厂里负责运输，不可能随时帮上忙，就希望他们能多照应帮衬一下冀红梅。尽管如此，冀红梅最初也没少挨骂、赔钱。她刚到福建，对饮食、天气都不太适应，有些水土不服，加上刚在鞋厂刷胶，胶水刺激得她身上起了大片红疹。白天她在鞋厂撑着做工，下班了就跑去医院，接连吊了几天针。第一个月下来，工资差不多都用来赔偿和就医，没落下几个钱。

冀红梅心里难受，但仍咬着牙撑着。好在她很快就适应了鞋厂的环境，技术也越来越娴熟。冀红梅性子淳朴，聪明伶俐，又手脚勤快，很快便得到了大家的认可和喜爱，进厂刚满一年，就获得了"明星员工"的荣誉。在这里，冀红梅感到前所未有的快乐，充满了希望。除此之外，还有一件事，让冀红梅感到更幸福——她恋爱了。

冀红梅生得漂亮。皮肤白皙，五官标致，虽然个子不算高，但身材比例恰到好处。在河东村时，她就是村里远近闻名的美人，若不是家里父亲刻板严厉，追求她的小伙子都要踏破门槛。冀红梅来到鞋厂后，同一生产线上的一个小伙子明里暗里一直在照顾着她。冀红梅生病的时候，他忙前跑后，帮着买药送医，平常没事了就溜到冀红梅周围，带些吃的喝的，聊上几句。男孩是江西人，比冀红梅小四岁，相貌在厂里也算得上帅气，迷了不少小姑娘。冀红梅嘴上说着没可能，心里也时刻有声音提醒着她两人之间的距离，可冀红梅就是止不住地期待与欢喜。没过多久，两人还是在一起了。平时工作忙，两人很少约会，只在过生日的时候和朋友聚一会儿，吃吃喝喝，打打牌。可就算是这样，冀红梅也好似整日泡在蜜里，从心尖儿甜到眉梢。

在福建打工的三年是冀红梅最快活、最幸福的一段日子。2008 年，金融危机来势汹汹，倒闭的厂子多如牛毛。冀红梅在的厂子虽然没有倒闭，经营却也十分困难。大批的工人包括冀红梅的男友被裁，余下的人工资也越来越少，最后厂子甚至快要到卖商标的地步。和男友分手，收入锐减，那算得上是冀红梅在福建这三年里最艰难的时光，可就算是这段日子，在冀红梅看来也算不得苦，至少这是她自己选的，她甘之如饴。

金融危机后，厂里经营大不如前，但好在厂子在逐渐走出危机的阴影。大批工人离开后，留下的冀红梅就算得上厂里资历较丰富的员工了。2009年春节放假前，厂里一直有风声，说领导有意过年后就把她提到管理层。除夕那天，留在厂里过年的工人自发组织了聚会。冀红梅吃饱喝足后，回到宿舍，烤着暖炉，被电视里的小品逗得哈哈大笑。这年过年冀红梅依旧没有回家，但她没有感到很伤感，或者说顾不得去伤感。冀红梅满心欢喜，她十分享受现在的生活，对未来更是充满希望。过年后自己就要被提拔为厂里经理，工资、职务只会越升越高。自己还很年轻，也能干，或许不久以后她就可以拥有属于自己的一间房子,住在高高的楼里,然后在这座城市扎根,成为一个真正的城里人,体面又光鲜。

这是她自从到固原就种下的梦。第一次,她觉得这个梦触手可及。但没想到,命运最大的爱好就是捉弄天真的人。

三、意外的病症

2010年夏,冀红梅被四舅"带"回了河东村。

关于这件事情,冀红梅其实没有多少印象,她只记得自己昏了过去,火光在眼前晃啊晃,自己在混沌中被灌进了什么东西,再醒来就已在河东村的家里。屋子里坐满了人,有亲戚、有村人,看见她醒来,都纷纷松了口气,"阿弥陀佛、阿弥陀佛"地念着。母亲颤抖着身子搂住她,父亲则只沉默地坐在阴影里,两人看起来都老了不少。

村里人告诉她,她在厂里发了疯。本来好好地在上班,不知怎么回事,就突然发疯一般地到处乱跑,看见什么砸什么,人要一靠近,她就拳打脚踢,抓伤了不少人。厂里几个年轻小伙子一起上前,才把她制止住。刚按住,只见她大叫一声便昏了过去,众人吓得不敢轻举妄动,只得赶快去找她四舅。送去医院后,人就这么一直昏睡着,待了几天,医生检查不出来什么毛病,也没什么办法。这么待下去也不是长久之计,四舅只好把她先送回来。

走时还是活蹦乱跳的人,回来的时候就变成了被人抬着的"植物人"。冀家大女儿昏迷不醒的消息在村里不胫而走。大城市的医生看了,都找不出什么毛病,这小村落里的郎中就更指望不上了,村里不少人都说这是中了邪。有人就给冀父出主意,让他请个神婆来看看。

神婆来了后,瞧了几眼,说是许愿未还,得罪了佛祖,需要施法。神婆在院子举着火把和符咒到处挥舞,然后烧了符咒,兑水给冀红梅灌了下去,"今晚醒了就渡过了此劫,醒不了就准备后事吧。"神婆说完,口中念念有词,佝偻着身子走了出去。说来也怪,冀红梅当晚就醒了。

冀红梅对"发疯"的事毫无印象,她打电话问四舅,电话里他只说自己也不清楚，他到时冀红梅已经昏了过去。她想往厂里同事打电话询问当时的情况，却没找到自己的手机，四舅说，手机在她发疯时被摔坏了，就没带回来。

家里人对她回来和能醒过来很是开心。冀红梅刚醒过来的几天，身子还不大好，多卧在床上。母亲便常常和她待在一块儿，有什么活儿也拿到她这屋里做，和她唠东唠西，说说这几年的变化，最后总会抹抹眼角的泪，笑着说"回来就好"之类的话。相比而言，父亲要沉默得多，也许是因为老了，也许是因为身体不行了，父亲没再追究她"逃"出去的事，也没再对她粗言恶语过，说得最多的反倒是"好好歇着"。

冀红梅其实还想再回去，她不舍得自己三年多来的打拼，但面对年迈多病的父母，她开不了口，更不可能再一声不吭就一走了之。冀红梅再次陷入两难境地，她没办法，要不就缓一缓吧，缓一缓再回去。

可冀红梅没想到，这一缓就再难看到尽头。村头架高压线，父亲被喊去帮忙，却发生了意外，父亲触电，当场身亡。管事的人推脱父亲自己操作不得当，没按标准来，象征性地给了些抚恤金就没了下文。母亲整日在家以泪洗面，身子骨越来越弱。两个弟弟还在上初中，年纪小，根本帮不上什么忙。现在家里根本离不开她。冀红梅觉得自己已经走到了绝路，不得不抛却幻想。她无力地叹了口气，这次她只痛恨自己，痛恨老天爷对自己的刻薄。

四、心里有道过不去的坎

福建是回不去了，现如今，她不能离家太远，只得在村镇附近打些零工，以便照顾家里。除此之外，还有一件令人心烦的事，冀红梅已经24岁。到这个年龄还没结婚的女人在村子里多半是要被人戳脊梁骨的。冀红梅长得好看，为人也勤奋能干，但她的怪病在村里人看来却是一个不小的忌讳，再加上如今她家的状况，没人踏进她家做媒。年龄也好，闲言碎语也罢，冀红梅觉得自己不应该在乎这些，可她从心里面还是希望能有个人依靠，帮她分担一下肩上的担子。所以，当郭跃家的媒人上门拉线，冀红梅了解对方是个端正的人之后，就嫁了过去。

郭跃比冀红梅大六七岁，也是河东村人，不过离冀红梅家不算近。郭跃家条件也一般，初中没毕业就出去打工，一直在工地上帮人家砌砖。他曾经结过一次婚，两个人一起在外地打工，但没几年，妻子就跟别人跑了。之后他就一直单身。

郭跃和冀红梅结婚后，两个人相互扶持，郭跃常年在外打工，冀红梅就留在家里照顾孩子，日子还算过得不错。可冀红梅心里始终有道过不去的坎，但她也十分清楚自己的境况，丈夫不愿意也不可能允许她出去——夫妻俩因为这件事已经吵了许多次；家里孩子年幼，老人年迈，她抛不下他们；而自己年纪越来越大，没有力气，没有文凭，没有技术，她拿什么和别人竞争？就算出去又能干些什么呢？出去又能怎样呢？冀红梅不甘心，但她无能为力。她想要的真的已经成了一个梦。

"我觉得我挺幸运的。"

"幸运"——冀红梅在和别人谈起自己经历的时候总会这么说，可连她自己也不知道这"幸运"背后究竟有几分是对现有日子的真诚感激，又有多少是压抑不甘和麻痹自己的安慰剂。

如今，冀红梅回想起那个 20 岁出头的天真的自己，感觉好笑又心酸，就算没有这场病，就算父亲没有意外去世，她在城市留得住吗？这么多人，浪花般地涌向城市，又有多少留下了痕迹？

或许从一开始这就是一个梦，一个遥不可及的梦。

撰稿人：杨乾宇（北京大学社会学系本科生）
指导老师：黄志辉

18 没什么能让他停下脚步

访谈时间：2018 年 7 月 9 日下午
访谈地点：宁夏彭堡镇 "黑妹美妆" 店
访谈对象：李强，36 岁

> 他不感谢过去的苦难，每每回想起来还会落泪；他也不怀念曾经的顺遂，那早已成为历史，过多回想只会徒增叹惋。他只是一直咬牙向前，无论如何，都坚韧地将生活继续下去。他没有对抗生活，与天宣战，而只是沿着偶然或必然的逻辑，推翻再重建，绕路再回程，没什么能让他彻底停下脚步。他不知道未来会再发生什么，但他也不害怕。

一、举债开店

2014 年，宁夏固原市彭堡镇。

深夜，李强从睡梦中惊醒，他又一次梦到别人向他要债。而清醒后的生活也犹如噩梦——半年前母亲的一场大病榨干了夫妻二人全部的积蓄，在新疆打工也再难坚持下去，妻子又在此时有了他们的第二个孩子。万般无奈之下，他们选择回到彭堡镇，开始经营这家 "黑妹美妆" 店。

全国各地的小规模美妆店经营逻辑都基本类似：上面有负责评估并授权的公司，下游的经营者如果想在店内卖哪个品牌，必须与公司签订合约，交付一定的款项，才能获得品牌的经营权和相应的货物。在镇上，拿下一个品牌大约需要 50000 元。那时李强手上只有 8000 块钱，向朋友借了 8500 元，岳父母又找了五分利的高利贷勉强付上 20000 元的房租，店内徒有四壁和稀稀拉拉的几个空柜子。李强找到上面公司的经理，希望公司能够在这种特殊情况下给他一些支持。经理下来看了一眼，也许是被李强眼里的坚定和勇气打动，也许是那一纸"逾期未付清全款则需赔偿"的合同让他心安，他同意先付给李强24000元的货，货款半年之内分期还清，美妆店就这样开起来了。

但从那天开始，李强无时无刻不觉得心里有事，总有块大石头压得他喘不过气来。负债折磨着他，他无数次从噩梦中惊醒又坠入更深的噩梦。他从未陷入绝望，生活惯性向前，生活本身就是信仰，没人想过除了把日子过下去以外的其他选择；他只是觉得苦，觉得太难了。妻子在身旁熟睡，他点上一根烟，深深吸了一口，过往的起伏曲折在黑夜的衬托下变得清晰起来，与香烟猩红的火光一同闪烁。那些日子也就像烟，他并不怀念，但不知不觉中它们早已成了他不可或缺的一部分，时而聚拢，不久又散了。

二、打架逃到库尔勒

1994年，甘肃老家。

12岁的李强正放暑假，他在为自己的学费发愁。父亲年轻时胆子大，跑出去做生意，积累了不少财富，后来倒腾古董，落入骗局中，一夜之间家财散尽。妈妈平时靠卖凉皮、锅盔辛苦维持一家生计。为了凑够学费，李强跟着一个亲戚去大山里采药。他在山里待了六天，采药赚了40多块钱。交完36块钱的学费，他又给自己买了一双凉拖鞋。不过他后来很后悔把钱都交给了学校。五年级的第一个礼拜，他和同学打了一架。第二天上学路上，被打的同学带了一群孩子在路边逡巡，想要报复。李强看到他们，把书包一扔，朝与学校相反的方向跑去。他搭车来到车站，随便跳上一列火车，一路上时醒时睡，到站后迷迷糊糊跟随人流出站，发现自己到了新疆的库尔勒！

这是李强第一次离家，后来每次在电视上看见逃难的场景，他都想起那时的自己，"就觉得特别真实"。在库尔勒，他无处可去，就坐在一家饭馆门口。里面有人出来和他说话，一听口音，哟嚯，是老家人，就留他在这里打工，干些洗菜、拖地的活儿，一个月60块钱。干了五六个月后，李强的大哥突然出现，要接他回家。他这才知道，老乡根据他说的地址给当地学校的老师写了信，父母一直很担心，甚至以为他死了。

回家之后他没再上学，种过两年地，用车运过木头，在亲戚的饭馆里打过工，不久之后一个人带着200块钱又跑到了新疆。当被问到那时想不想家，他说记不太清了，不过应该不太想。那时身边的每个人各有各的艰难，今天被视若最高价值的一些情感似乎都被不同程度地淡化。李强没想那么多，他一生注定不会安分，他想多赚点钱，想出去，到别的地方。

三、困难时连死的心都有

李强第二次到新疆选择了乌鲁木齐。晃了七八天，带来的钱花光了，他开始找工作，还是从餐饮业入手——做服务员，做学徒，做厨师。那时找工作也并不容易，有的还需要面试。李强没地方住，晚上就在公厕里找个干燥点的地方过一夜，第二天早上洗一把脸就去面试。被拒绝几次之后，他被一家餐馆接受，做拉面，一个月400块钱。此后的三年间他不时地换工作，也都是厨师之类，工资也在慢慢地涨。有时他还趸摸着搞点副业。"大西门那边买卖特别好，拿两百块钱就可以做生意"，李强进了一些男士皮带、梳子之类的小商品，放个小箱子铺块红布开始吆喝售卖，一天能挣20多块钱。勤劳和机灵，再加上经济高速发展的大环境，使李强"日子过得还蛮轻松的"。2002年一年，他就挣到30000块钱，还经常接济家里，毕竟他出去那年，父亲60岁了。

境况在一天天变好，直到2003年，"非典"给了全国餐饮业一次晴天霹雳般的打击。"非典"爆发之前，李强来到北京，因为听说北京工资更高。他在一家饭店里片羊肉，这么一个不需要烹炸煎炒的活计比他在新疆做厨师赚的还多。干了七八天，"非典"来了，饭店关了，老板走了，李强也只得离开。走之前，他跑到天安门广场，想和毛主席像合张影，但那里已经不开放给游客了。他还没来得及将满身气力的万分之一倾泻在繁华的梦想之城，更好的日子只隐约触到个轮廓，他就不得不在浪潮中离开了。

李强回到新疆，找了一家小饭店，干着干着也倒闭了。从 4 月份到 9 月份，他一直没有工作，积蓄也所剩无几。那是他最不愿回想的一段经历：从乌鲁木齐的这头走到那头是 43 公里，李强和朋友每天一直走，看到一家还开着门的饭馆就去问人家招不招工，不要工资，只要给饭吃就行。饿得实在受不了了，两个人就凑五毛钱买一个馕，吃好长时间；他们还偷过酸奶，五六罐酸奶下肚一点儿感觉都没有，饿麻木了。后来他们在一家清真饭馆找到个临时的工作，干四个小时给一顿饭吃。拌面出现在眼前的时候，李强用尽了全身的力气去吃，他不记得多久没体会过肚子填饱的感觉了。

在这样严酷的日子里，苦难成了常态，早已不分轻重缓急。但父亲的一个电话仿佛压倒骆驼的最后一根稻草，使几个月来的艰辛坍缩成一个密度极高的点，嵌进李强的神经。"我父亲在电话里骂我，说我出去这么久，也不给家里打钱，说了一大堆让我伤心的话。"挂电话后，他当时甚至连死的心都有，嘴里一直念叨着："没办法，没办法啊。"

四、第一个黄金时代

2003 年末，危机逐渐远离。11 月份，李强在一家饭店做了大师傅，主要做粤菜，工资一个月 1600 块钱，9 个月后，工资涨到 4000 多块钱。他在这里做到"三灶"的位置，一做就是 5 年。2009 年 2 月，李强结婚；5 月，夫妻俩回到妻子的老家宁夏固原开了一家饭馆。李强会做正宗新疆大盘鸡，这在当地是独一份儿，他们的生意格外地好，每天营业额能够达到 2000 块钱。但没到年底，饭馆就关张了——李强的岳父赌博，每天来饭馆要赌债的人使夫妻俩不胜其扰。一气之下，李强拿了 2000 块钱，拉上妻子："走，回我的老家！"

回到甘肃，李强先拉了 5 袋麦子去卖，得了 320 块钱。这钱被他用作路费，又到新疆的一个化工厂打工。他没有安逸在家的习惯，生计压力也把他往外推。媳妇这时怀孕了，就留在家里干点零活儿。在化工厂干了 6

个月，李强面临一次升迁的机会，不过那个职位要求很高，需要掌握大量的专业知识，要考试。李强又一次惯性地往上冲：小学四年级文化水平的他天天抱着书啃，学计算，学看图。乙炔在什么情况下会爆炸，机械需要多大的功率和转速，多宽的皮带带动多大的飞轮，破碎机咬合力有多大……他没日没夜地学习，梦里都塞满了化学知识。在最后的考试中，他与高中生、大学生们竞争，拿到第七名，顺利得到心仪的职位，每个月有七八千块钱的收入。这是他人生中的高光时刻，他为自己感到骄傲："有希望有可能的情况下，你逼一逼自己就一定能成功。面前有个一米高的台阶，有可能跳上去，那你就努力跳上去；但假如是个 20 米高的台阶，那你就别想着跳上去，你得换一条路。"也是在那时，他知道了什么叫"书中自有黄金屋"，拥有知识是多么的重要。"我一定供我孩子念书。"他说。

从 2009 年到 2013 年初，是李强的第一个黄金时代。而立之际，他和妻子每个月收入过万，三年就攒下了 10 万块钱；孩子健康活泼，家庭和睦美满。他知道自己是有本事的，未来的坦途在他面前徐徐铺展。

五、一夜回到解放前

2013 年 3 月 8 号，一个电话打破了深夜的宁静——李强的母亲突发急病，快不行了。李强即刻出发，买了人生中第一张飞机票回到老家，把母亲送进了当地的医院。住院 17 天后，医生表示无能为力，建议李强带母亲到西安去，那里的医院或许有办法；或者，如果家里不想再治，就拉回去准备后事。李强没犹豫："我直接把我妈拉到西安，好了，我拉个活人回来；不好，我拉个死人回来，我要尽孝心。"到了西安交大一附院，住院三天，没有一位医生过问李母的病情。第四天，一位姓杜的医生偶然发现他们，并安排做了检查。结果显示，李强母亲患了一种叫作巨型甲状腺的罕见病症，杜医生表示他们也并没有百分之百的把握，手术风险很高。李强在同意书上签了字，终于，绿灯亮起，李母平安地渡过了这场难关。在全家人都松了一口气的同时，李强马上意识到，他被抛入了下一个深渊——为母亲治病前前后后花了 14 万元，两个哥哥家里贫困无法出力，几乎全是由他一人承担，而这，是他到当时为止全部的积蓄。打点好家里后，他又回到新疆，但化工厂此时不再要人，媳妇又在这时怀孕。钱没了，工作没了，心里的底也没了，他觉得自己兜兜转转又回到了十年前的狼狈状态，真是一夜回到解放前。

人活着，意想不到的事情很多。对于这一点，李强现在怕是再明白不过了。一场急病可以吞噬几年来费尽心力的成果，可以强行拗转近在眼前的未来轨迹。他觉得自己的命运就像一棵苇草，脆弱不堪，风一吹就倒，雨一打就摇。但苇草不会折，它没法抵抗风雨，风雨也消灭不了它。2014 年，他和妻子来到固原，"黑妹美妆"开了起来。无论如何，下一阶段的生活要开始了。

六、在网上找到爱情

李强记得很清楚，他和妻子是在 2006 年 12 月 31 号相识的，但他们没见面——在网上认识的。当时李强还是个厨师，那天他下班早，就进了一家网吧。网吧在搞活动，包夜一次 10 块钱。那时 QQ 号尚未被那里的人们熟知，在西北，最为流行的社交工具叫做"UC 号"。大家共同进入一个网页，可以在上面连麦说话，为了讲一句话，要按好久的"F9"刷新，一次最长能说 30 秒。李强不太愿意说话，他上网就是为了"添加好友"。那天晚上，他加到的第一个好友，就是他未来的妻子。显示添加成功后，李强在网上发送："你好。"她也回："你好。"接下来就是："你在哪？""我在阿勒泰。""你是哪儿人？""我是宁夏的。"过了一会儿她又问："你电话号码多少？"三四分钟后，李强接到一个电话，来自刚认识的姑娘。他们用相似的家乡话聊了一会儿，李强就把电话挂了，那会儿电话费很贵，一分钟四毛钱。凌晨 4 点多，姑娘又给李强打了个电话，这回李强得知，她叫张月，在一个公司做化妆品的销售工作，但过段时间就要回宁夏去了。李强也没多想，只说等她要回去的时候来乌鲁木齐，他请她吃饭。过了几天，张月果然来了，他们一起吃了汤面片，之后自然而然地，他们恋爱了。不过那会儿他们完全没觉得自己是在谈恋爱，毕竟那是"有钱有时间的人才干的事"，他们只是打打电话，发发短信，有时短信能从半夜12点发到早上6点，平凡又稳定地推进着彼此之间的关系。有一次，李强的单位发给员工们一台洗衣机，他在洗衣服的时候忘了把手机拿出来，结果手机洗成了三瓣。李强和张月开玩笑："你送我一台新手机呗。"没想到，张月真的攒钱给他买了一台好手机。很久没有人对他这么好过了，从那时起，李强就下定决心，他要对这个女人好一辈子。

不久，张月到乌鲁木齐找到一份工作，两人开始同居。张月的妈妈听说女儿换了工作搬了家，就想来看看。"家里都比较封建嘛，我俩不敢让她妈知道我俩住在一起。"张月把李强的衣服、鞋子都收了起来，但床上的两个枕头，卫生间里的两副牙具还是露出了马脚。当天晚上，张母就离开了。第二天，张母在电话里告诉李强，他和张月必须马上结婚。李强很为难，他不是不想结婚，只是，他现在还拿不出足够的彩礼钱，不想委屈了张月。但在张母的坚持下，他还是把大哥从家里叫来主持定亲，带着7000块钱去了宁夏。张家布置好了新房，摆了四五十桌酒席，雇了车，把李强介绍给亲朋邻里，整场婚礼没有用李强操一点心。那时李强唯一为张月做的，就是送给她一套"金三件"——戒指、项链和耳环。为此，李强一直对妻子和她的家人心怀愧疚，婚后也愈加体贴。妻子的事无论大小他都放在心上。如今他们已经结婚9年，每个节日、生日、纪念日，他都会送给张月一些小礼物。其中让张月印象最深刻的，是刚结婚那年的情人节，那时候两人手头还很紧，平时舍不得吃舍不得穿，但当李强捧着值100块钱的24支玫瑰花站在单位楼下时，在同事们羡慕的眼神中，张月真实地感到幸福。"她真的跟着我吃了特别多的苦。"同甘共苦的妻子是李强的力量源泉，是他心中的柔软所在。属于自己的小家庭将永远为他提供无偿的支持，他总能在这里洗去一身疲惫，安稳入眠。

七、没什么能让他停下脚步

2018 年，宁夏固原市彭堡镇。

李强在"黑妹美妆"的店面门口和门前水果棚里的老板聊着天，看到我们，热情地拉我们进店和他聊聊。2014 年刚起步的艰辛已经过去，半年后，他顺利还上了向公司借的 24000 元。"干许多事得找好时间"，2014 年刚开业时对于美妆行业来说就是一个好时机。那时在镇上，网购、微商的渠道还远没有现在这样普及，只有在"黑妹美妆"，人们才能买到需要的新潮化妆品和洗护用品。"黑妹美妆"每天的营业额能达到 3000 多块，利润率将近 50%。店内的品牌越来越多，货架越来越满。慢慢地，李强还清了全部欠款，能够独立负担房租，积蓄也越来越多。他在乡下盖了个房子。

丰富的打工和创业经历使李强发展出自己的一套处世哲学。"你想别人对你好，首先你得先对别人好，而不是等着别人先对你好。""把钱看淡点，有时会有意想不到的惊喜；把钱不当回事不成，但把钱太当回事也不成。""我从 8000 块钱做到现在，靠的就是诚信，你的信誉如果破产了，那你就是真的破产了，伤了感情的话，人家一辈子都会记住的。"世路浮沉，扬尘漫天，经过这么些年，他感觉那些真心、善意和感情已附在他身上，他对此充满感激。

现在，李强一家的生活宽裕安稳。他计划先把这家店做好，过两年扩大店铺或者再开一家店。他不感谢过去的苦难，每每回想起来还会落泪，然后会自嘲："我是个特别容易哭的人，那时候真不知道是怎么过来的。"他也不怀念曾经的顺遂，那早已成为历史，过多回想只会徒增叹惋。他只是一直咬牙向前，无论如何，都坚韧地将生活继续下去。他没有对抗生活，与天宣战，而只是沿着偶然或必然的逻辑，推翻再重建，绕路再回程，没什么能让他彻底停下脚步。他不知道未来会再发生什么，但他也不害怕。他的老家有这样一种说法：人有三穷，一辈子都会受穷——父亲穷，舅舅穷，丈人穷；父亲富，你可以继承遗产；舅舅富，看在妈妈面子上会帮你；丈人富，看在丫头的面子上会帮你。"我这三样都占了，一样靠不着，我就是靠自己。"正如他在自己的微信简介中写的那样："时势为天子，未必贵也；穷为匹夫，未必贱也。"

他把自己的微信昵称取作"新的起航（帅哥）"，虽不知何时在他心中算作"新的起航"，但"帅哥"的真实性是可以目视的。他一米八的个子，五官端正，腰板挺直，眼角眉梢尚可见到当年的风华意气。在和我们交谈时，他周身传递出自信、向上的气息，踏实勤勉又跃跃欲试，眼神与我们在镇上见到的许多人一样，依旧折射光芒。

撰稿人：刘林青（北京大学社会学系本科生）
指导老师：吕亮明

19 用自己的苦成全家里的甜

访谈时间：2018 年 7 月 8 日上午
访谈地点：安徽店集村，苏忠厚家中
访谈对象：苏忠厚，52 岁

> 对于出来打工的人来说，清闲舒适绝对不是衡量工作
> 好坏的标准，如何让整个家庭受益才是他们所看重的。打
> 工不是个人的决策，而是全家的行为。没有一个农民工离
> 开家乡是为了自己的好日子，恰恰相反，他们离开家乡就
> 是去"自讨苦吃"，用自己的苦成全家里的甜。

一、14 岁，做洗衣粉惨败

和大部分同龄人一样，初中毕业后，14 岁的苏忠厚就离开了家；不同的是，他并没有和村里人结伴，而是独自一人背包上路，心里也揣着和别人不一样的想法：他不是去打工，而是去学当老板。他在报纸上看到一条学习洗衣粉制作的广告后，心想发财的机会来了：既然家家都要洗衣服，洗衣粉一定好卖。这个动手能力强，在学校对化学又颇有兴趣的少年就盘算着，等学艺归来自己就可以当老板做洗衣粉生意了。

他的目的地是河南省商丘市虞城县，距店集村大约 350 公里，今天坐高铁不过两个小时，而在 1982 年需要一天的时间：苏忠厚从淮南市坐火车到郑州，转客车到商丘，再转乘摇摇晃晃的三轮车到虞城。初来乍到，苏忠厚感觉有些新鲜，又有些陌生，甚至有些冰冷。学徒不同于学生，学艺更不同于打工：打工是大家各司其职，各领工资；而学艺是所有学徒都想早点学会

手艺自立门户。对师父来说，这些学徒就是廉价甚至免费的劳动力，当然不会轻易放他们离开。苏忠厚自认为脑子够用，在同去的人中很快熟悉了洗衣粉的制作工序。没过多久，他就收拾行囊踏上了返乡的行程。在火车上，苏忠厚看着窗外，想象自己将来好歹也是个小老板，不禁笑了起来。

回家后，他立刻制作了第一批洗衣粉。但成品一出来，他就傻了眼：洗衣粉结块严重，哪里像商店里卖的白、软、松、香的东西，与其说是洗衣粉，倒不如说是一块块的石头。他先是安慰自己：虽然卖相不好，但也算是洗衣粉，效果应该差不了太多。在集市上吆喝了几天后，他终于死了心。商店里膨胀的洗衣粉半斤装就是一大袋，而同样是半斤，他的洗衣粉又硬又小；同样的价钱，别人的洗衣粉足足有一袋，而他的却只有一点点，这怎么可能好卖呢？

苏忠厚至今也没搞清楚，究竟是师父教的制作工序有猫腻，还是自己学艺不精。他将卖不出去的洗衣粉全部扔到院子里，生自己的气，生师父的气，甚至生打广告报纸的气！又有些失望：第一次尝试就惨遭失败，种种当老板的计划和憧憬都破灭了！还感到有些无助：这件事情失败了，以后要怎么办呢？是留在家种地，还是和其他人一样出去打工？

几天后，那些被扔在院子里的洗衣粉又被捡了回来：既然别人不买，就自己凑合用吧。制作洗衣粉的失败，不值得颓废太久。他开始寻思起了别的谋生之路。

二、20 岁，远赴新疆当建筑工

一晃几年过去。1988 年的一天，苏忠厚在小包工头堂哥的邀请下去新疆做建筑工人，在库尔勒修游泳池。苏忠厚觉得，种地虽然能解决起码的温饱问题，但要过好日子还远远不够，出去打工也是早晚的事；与其再次一个人远走他乡独自闯荡，还不如先跟着堂哥干，更何况还有同村的人一起做伴，彼此也有照应。

新疆的气候地貌、风土人情对于苏忠厚来说是完全遥远和陌生的。从安徽到新疆有 3700 多公里的距离，几乎从东到西横跨整个中国。七天七夜，苏忠厚和同伴坐在狭窄的火车硬座上，困了，就轮流去座位下面躺下睡一会儿……他们从温润的长江中下游平原，穿过厚重的黄土高坡、萧瑟的河西走廊，经过天山脚下的吐鲁番，当鼻腔干燥到流血的时候，终于到达目的地——库尔勒，一个完全陌生的遥远世界。下火车的时候，苏忠厚感觉地面很软，还有点晃，腿几乎伸不直了。

堂哥承包的是当地修建游泳池的一部分工程。整个建筑是一个巨大的拱形结构，有一个网架，图纸上有复杂的编号，工人们按照编号用料，修筑，上螺丝。新疆和安徽差两个时区，天黑得晚，苏忠厚要一直工作到晚上 9 点，第二天早上 7 点多就又要工作，中午有午休时间，工作还是蛮辛苦的。他和工友们住在工地的板房里，用雪山上消融的、冰冷刺骨的水。尽管这里有戈壁、雪山和厚重土墙的异域老房子，还有浓眉大眼的维吾尔姑娘，但对于苏忠厚来说，这里却是荒渺的孤独之地，他们和当地人语言不通，很少有交流。这里生活的全部就是日复一日地工作。由于气候干燥，他的鼻子隔一段时间就要出血，这更让他想念家乡湿润的空气，还有碧绿的小山丘。

干活儿的时候，苏忠厚常常想起自己小时候读书时的情景。他记忆最深刻的是写作文，别人都要打草稿而自己不用，语文老师夸他"提笔成文"。有一次写春天，老师特别表扬他写得很生动。上初中的时候，同龄的几个孩子经常叫他去桥底下打牌，撺掇着大家一起逃学，家里人只知道他们去上学了，从来不知道其实是在桥底下淘气。苏忠厚不禁想到，那时候要是不受他们的影响，不贪玩，不淘气，真正好好上学，现在的自己可能是个老师了吧？那他就不用来到近万里之外的库尔勒，就可以在家乡继续写他的春天。后悔吗？他问自己，后悔有什么用呢？他摇摇头。这样的情绪其实贯穿了他的一生，直到年过半百，苏忠厚还时常想象自己认真读书去当一个教书先生的生活。

半年之后工程结束，苏忠厚和堂哥一起踏上了回乡之路。在新疆的半年，苏忠厚心中并没有留下太多神秘与情调，他已经受够了这个地方；回家种地虽然落不下几个钱，但人在家中，总会感到亲切踏实。再加上姐姐出嫁，家里缺劳力，留下来种地似乎是比较现实的选择。

1994年，种了几年地后，26岁的苏忠厚娶了媳妇。婚后很快有了儿子。苏忠厚立刻感到肩上的担子重了起来。

三、30岁，不堪回首的上海生活

儿子转眼三岁了，再也不用妻子每时每刻照料。父母、妻子和苏忠厚自己四个壮劳力守着家里的几亩地过日子，实在是有点窝囊。和家人商量之后，苏忠厚决定再次外出。他们夫妇将年幼的孩子和耕地留给父母，来到了上海。

虽然夫妇二人没有太多的知识和技术，但两口子头脑活泛，勤快肯干。很快，妻子在美容院找到了一份工作，而他也很快找到一份水电装修的活儿。建筑装修最需要流汗出力，却不被城里人看得起。妻子所从事的服务行业也往往要看人脸色，遭人白眼。夫妻俩日复一日地重复着同样的工作，也感受着上海这座城市对他们这些"乡下人"的轻蔑与不屑。

每年春节，他们会踏上返乡的归途，十几天后便又回到应该熟悉但实际却无比陌生的大城市中。虽然在上海生活了五年，但苏忠厚对这五年的生活已经没有太多清晰的记忆。所有痛苦、挣扎和困难都微不足道，憧憬、快乐和收获也都不值一提。尽管发生的时候一切都是那么真实，用他自己的话说，"像是长进了皮肤之中永远不可能散掉"，但当时间流逝，琐碎生活中的绝望和希望一样，都消失得无影无踪。

上海的生活更可能是他们夫妇的一段不愿意被记忆的生活。是麻木了吗？不，他们只是习惯了，或者说，那些在"城里人"看来重复循环甚至有些苟且的日子，在他们眼中是混杂的、真实的生活。"城里人"觉得他们永远也进入不了那个他们自认为有趣的世界，而那些城里人，又有几个能进入到他们的情绪中呢？世界不同罢了，苏忠厚想，谁也没必要看不起谁。

苏忠厚从来都不是一个安于现状的人，何况儿子已经上小学了，再过十一二年，买房、结婚、成家立业的事情就会铺天盖地地向他砸来，十年时间听起来漫长，实际上只是眨眼的工夫。这几年，物价涨得厉害，房价自然是不用说，彩礼的价格更是一路飙升。上海的物价贵，生活成本居高不下，老婆在美容店虽然收入不多，但至少不算太辛苦，像水电装修这种活儿实在是费力不讨好。苏忠厚又开始留心别的出路。

四、35 岁，在江西贩废品

这年春节回家，村子里的年轻人在一起喝酒打牌。一个小伙子说："去年在江西打工，那边在修铁路，山里面的人常捡工地上的废料，可惜山里交通不方便，他们也不愿意拿出来卖。山里的人钢材只卖六毛一斤，拿下山就是一块八，更别说黄铜和紫铜这样的金属，县城里废品站价格都到三四十块一斤了。要是我们能去把废品收出来再下山卖掉，能挣不小一笔钱呢。"另一个人应和道："是啊，这废品生意肯定好做，只可惜，咱们哥儿几个没有人会开车啊。"苏忠厚在心里一番盘算，觉得挣钱自不必说，自己又会开车，于是接话道："怎么，要不我来开车，咱们一起干几笔？"几个人说干就干，先是找了一个小面包车，准备春节一过，就去山里碰碰运气。

开车从店集经安庆到江西到了目的地，苏忠厚看到了正在修建的铁路和工地。铁轨是不能拆的，这明显是犯法，工地上倒是零散地堆放着不少钢筋线圈等杂物。带他们来的小伙子说，这里的铁路工人自己就会收集一些建筑材料卖给别人挣外快。于是他们在工人休息的时候，试探性地询问了几个人，果然，这已经是众所周知的"秘密"了。经过一番讨价还价，他们很快收到了足量的螺纹钢、紫铜和黄铜等建筑废料。第一次干这样的事，大家午饭也顾不上吃，就赶紧把东西装进车里下了山。一回生二回熟，跑了几趟后，这一天总共也挣了小一千块钱，大家分了钱，吃了晚饭就赶回家中。苏忠厚对这次收废品的生意非常满意。

然而好景不长，和他合伙收废品的几个人都是村里好惹事的主儿，苏忠厚只想挣点钱养家，而生意好的时候，同伴们往往卖了废品就吆喝大家一起去吃饭喝酒。去吧，刚挣的钱就这样浪费了，有点心疼；不去吧又会显得格格不入，甚至坏了大家的兴致。这个活儿是大家一起干，要是受了排挤就得不偿失了。"大家一起出来，挣了钱图个高兴也没什么。"苏忠厚这样想着，心里却还是隐隐不安。

这天，大家收了很多紫铜，卖了不少钱，分下来都有二三百。几个人吆喝着去喝酒，开始大家有说有笑，气氛欢乐，但喝到后面，几个人突然谈起了分钱的事情。一个在收材料时善于讨价还价的同伴说："照我看，挣来的钱咱们每次都平分这不合适。"他用手一指苏忠厚："孝勇开车最辛苦，没人开车咱也挣不了这个钱，要我说，孝勇应该多拿点。"苏忠厚连忙摇手："我多一点少一点都无所谓的，做生意嘛，咱们和气生财，何况我看现在这个势头很好，平分也挣得挺多是不是？"另一个人插嘴道："孝勇哥还没说呢，你急什么，怕不是自己想多拿一份？"气氛一下紧张起来，会砍价的同伴说："怎么？每次我辛苦费唾沫星跟人讨价还价，你们坐享其成难道就心安理得吗？"不知是不是酒精的缘故，大家火气很大。苏忠厚想，关于怎么分钱的不满应该是早已存在了，只不过酒后吐真言，大家都口无遮拦了起来。因为涉及到钱，大家都分外敏感，几个人拉拉扯扯的，不知是谁把酒杯一摔，喊了一声："有种出去打！"苏忠厚心里一惊，几个同伴已经嚷嚷着"打就打"往外涌去……

过了几天，大家又进了山，仿佛那天的争执没有发生过一样。其实，没有人因为喝了酒就忘记了争执，只是钱还得挣，废品生意做得正好，散伙了对谁也没有好处。但生性不爱惹事的苏忠厚总觉得心里存了个疙瘩。果然不出他所料，接下来的一段时间，挣钱少的时候大家反而都相安无事，要是哪天卖得不错，大家招呼喝了酒，就难免发生口角和争执。轻则阴阳怪气地嘲讽几句，重则出去斗架，没完没了。一年下来，钱虽然没少挣，可是架也没少打。苏忠厚想：干活儿卖力辛苦不怕，天天吵来吵去，财运都吵没了，没意思又闹心，都是同村的老乡，这样闹下去算是什么事呢！这样想着，他慢慢下定决心，不再做废品生意。

终于有一天，大家又挣得挺多。趁着大家高兴，苏忠厚在饭桌上说："我想再出去打打工，这个废品生意我不干了。这样，车子也留给你们，今天的钱我也不分了，你们再找人开车吧。"大家纷纷劝他："孝勇，咱这生意多好啊，你走了我们咋办，也干不成了啊，咱继续干吧，不行给你多分点利润？"苏忠厚说："真的不干了，苏州那边有亲戚叫我呢，我们一块儿过去，我还想再出去闯闯。"同伴们见他态度坚决，虽有不满但也无可奈何。苏忠厚走后，剩下的人既不会开车，又时常争执，废品生意自然也就不了了之了。

五、36 岁，惬意的 "地下工作者"生涯

既然推辞的理由是要再次出去，苏忠厚便收拾行囊准备去苏州看看，他的妹妹和老婆都在上海，实在不行，也可以去上海重操旧业。

同是江南，苏州比上海更安静些。苏忠厚下了火车，在苏州的街上闲逛，看到了一家劳务公司的广告，务工者去那里说明自己对工作的要求，劳务公司就可以将不同的人介绍到不同的岗位上去，成功录用后，务工者向劳务公司交一笔费用就行。这不就是劳务中介嘛？苏忠厚想，这种中介最容易让人上当受骗，不过这广告中写得清楚：先上岗、后交钱。在苏州人生地不熟，找一份合适的工作也并非易事，于是苏忠厚想去碰碰运气。由于他会开车，劳务公司很快给他找了一个污水处理厂的活儿。劳务公司的人说这是政府的正规单位，如果干到退休的年龄，退休后可以拿退休工资，"正规单位"确实让苏忠厚心动。

污水处理厂的工作听起来吓人，下水道很脏，污水里面什么都有，抢修队的所有人都是外来的，本地人根本不愿意干这种脏活儿。作为一名城市下水管道疏通抢修的工作者，苏忠厚的工作在他自己看来是很轻松的。朝九晚五，如果有市民打电话报修，他们就开着黄色的抢修车去修理下水管道。苏忠厚发现，活儿虽然又脏又累，但是清闲时间很多，没有管道要修的时候，大家就在休息室坐着喝茶聊天或者玩手机。公司的福利很好，夏天的时候还会给他们发成箱的西瓜、桃子来解暑，逢年过节更是有米、面、

油和生活用品的福利。公司不包食宿，苏忠厚就自己租了一套两室一厅的小房子，每天下班后自己买菜做饭，好不惬意。

在苏忠厚的打工生涯中，在苏州的时光最值得记忆：在政府部门上班，单位正规，虽然干的活儿是本地人不愿意干的苦活儿脏活儿，但上班时间短、待遇高、福利多。最重要的是，如果愿意干到退休，还能有退休工资拿。然而苏忠厚却越来越不想继续干这份工作。在污水处理厂工作虽然待遇高、生活好，但在苏州这样的大城市生活，每天的消费也同样高。由于公司不提供住宿，仅仅是房租的开销就要 1500 块钱，算上水电交通、买菜做饭和其他吃穿用度，苏忠厚的工资养活自己倒是没有问题，只是没有太多的剩余可以寄回家里，对儿子、妻子和家庭的责任让苏忠厚时常感到愧疚。

儿子长大了，过几年就要买房娶妻，成家立业。母亲去世后，父亲一个人在家也没有照应，老话说："父母在，不远游。"种种因素让苏忠厚觉得，继续留在苏州就是在"混日子"的自私表现。对于出来打工的人来说，清闲舒适绝对不是衡量工作好坏的标准，如何让整个家庭受益才是他们所看重的。打工不是个人的决策，而是全家的行为。没有一个农民工离开家乡是为了自己的好日子，恰恰相反，他们离开家乡就是去"自讨苦吃"，用自己的苦成全家里的甜。

六、42 岁，回乡酿出红红的高粱酒

2010 年，苏忠厚决定终止自己漂泊的务工生活，回到村子里创业。与 30 年前那个凭意气学做洗衣粉的少年不同，这一次的苏忠厚进行了理智的思考。

早些年间，苏忠厚和姐夫学过酿酒，用姐夫的方法酿出酒来没有问题，不过要是当成商品来出售，这种酿酒法成本太高——老式的方法出酒率太低、耗费粮食太多，自己的酒要想与工业化大生产时代下超市中售卖的酒竞争，就必须另谋他路。他详细地考虑原料、制作和销售的可行性。

说起来，苏忠厚从小就好酒，六岁的时候去姑姑家，他就大胆地将大

人桌上的整整一杯米酒灌进了喉咙，这种辣辣入喉、暖暖入胃的感觉，一直存在他的记忆中。苏忠厚突然想到：也许人们喜欢的是自家土法酿制的粮食酒，工业化生产虽然效率高，但市场上很多酒都是拿食用酒精勾兑的，口感很差。实际上自己也很多年没有喝过当年姑姑家那样醇香绵长的酒了。

有了想法，他便试探性地询问一些在苏州、上海打工时认识的朋友：如果有手工纯粮酿造的粮食酒，你们会买吗？不出所料，大家都觉得自己酿的酒喝起来更好，不但好喝而且放心——再也不用担心工业酒精滥用的问题。对于这些辛苦打拼的工人们来说，他们平时消费酒的价格区间往往只能是食用酒精勾兑的酒，如果花同样甚至更少的钱喝到纯粮食酒，正是他们求之不得的事情。除此之外，在这个时代，一切带有"纯手工""土法""纯天然"的东西，都格外受到欢迎。

考虑到原始的方法出酒率低，苏忠厚又自己上网查找了相关的资料，对姐夫的方法进行了改良，在多次试验后，终于获得了提高出酒率的方法。

技术和市场都有了一定准备后，经过对粮食价格、运输和出酒率的简单评估，苏忠厚最终决定生产红高粱酒。凤台县有一个红高粱的大仓库，原料都是从东北运来的，苏忠厚和凤台县的销售员谈好价钱，需要用料时便可以送货上门。他又购置了简单的酒缸、酒精度数测量仪器和过滤机器，并将自己家的几间房改成了厂房。很快，首批10吨红高粱从凤台县风风火火地拉到了苏忠厚的家，一车高粱火红一片。

工人们把货卸下来后，苏忠厚先架上大锅，把高粱分批放进去煮，水汽混着粮食厚重的味道蒸腾着，恍惚间他已经闻到了酒香。高粱在水里翻滚，从硬到软直煮到开花。之后，苏忠厚将粮食倒进另一个容器冷却，拌醅，然后入窖进行发酵。等待粮食发酵的过程必须小心控制好温度，姐夫说了，发酵时间必须在伏天之前的初夏，那个时候天气很热，但还不是最热的时候。酿酒的温度必须保持在37—41℃之间，要是超过41℃烧坏了酵母，这一批粮食和之前所有的辛苦都算白费了。在漫长的发酵过程中，苏忠厚每天都会去窖里检查酒精度数，直到窖中的温度、湿度和酒精的度数达到预期的标准，这些高粱酒就算是酿好了。

苏忠厚将刚出窖的酒称为原浆。原浆带有酒糟和渣子，看起来既不透明也不清澈。因此出窖之后，第一件事就是用机器过滤红高粱原浆，过滤后的酒清净澄澈。当然，对爱酒的苏忠厚来说，只经过过滤的酒还远远没有达到标准，他还要进一步调和酒的浓度和口感，调酒的工作是有技术的，但苏忠厚认为更多的是需要调酒人直观的感受，他觉得自己在这方面拥有敏锐的直觉，几乎每次都可以成功将酒调成他想要的样子。整个酿酒的工作过程是漫长、复杂又辛苦的，最忙的时候，苏忠厚还叫来村里其他的"酒友"来帮忙，事后分给他们一些酒作为报酬。

所有的工作结束以后，按照不同的品质，这些酒少则 10 块钱一斤，多则 30 块钱一斤。第一批酒很快被苏忠厚的朋友们抢购一空，一桶桶清澈醇香的液体从店集寄往上海、苏州、山东、内蒙古……打工时认识的工友们是苏忠厚酿酒事业的第一批支持者。苏忠厚对自己酿的酒很有信心，他对朋友们说："超市里的酒几百块钱一瓶，我的酒要是装到那样的瓶子里，也能卖那样的价钱，不过是不愿意麻烦去注册罢了！这是纯粮食的酒，不像外面那些酒精勾兑的东西，你们喝，这酒不但口感绵甜，喝完之后口还不干……"说起酒，苏忠厚便滔滔不绝了起来。做了几年的酿酒生意，苏忠厚对目前自己的工作非常满意，经历了三十多年漂泊辗转的外出生活之后，在不惑之年，苏忠厚终于开启了属于自己的事业。

从初出茅庐到年过半百，苏忠厚的一生没有经历过什么大风大浪，在外出务工的半生里，他没有遭遇过诈骗、盗窃，也不曾遇到昧掉工人血汗钱的老板。他和其他普通的人一样，工作，娶妻，生子，养老。半辈子走南闯北，从东到西横穿整个中国，苏忠厚还是觉得村里最好，自己的老房子最好。俗话说，"金窝银窝，都不如自己的草窝"。年过八旬的老父亲身体还很硬朗，精神也好，和自己住的地方也只有一街之隔。前几年儿子也结婚了，儿媳已经怀孕，年底就要生产。想到未曾谋面的小孙子，苏忠厚竟有些激动。等孙子出生后，苏忠厚想再尝试一种新的生意，他想再开一个袜厂，听朋友说过几种机器，在网上就能租到，村里闲着的人很多。他想如果开了袜厂，他可以雇村里的人来做工，计件发工资，这样，酿酒闲下来的时候自己也有事可做，再攒一点钱。等孙子大些，苏忠厚想带上孙子，如果父亲身体好，也带上他，一家人去一次北京。辛苦了半辈子，苏忠厚没有太多的愿望，只是自己外出务工这么多年，也算是走南闯北、见多识广了，但是唯独没有去过北京，这是最大的遗憾，也是未来最大的期待。

撰稿人：杨一宁（北京大学社会学系本科生）

指导老师：吕亮明

20 兄弟一家亲

访谈时间：2018 年 7 月 5 日下午
访谈地点：宁夏彭堡镇，张守业的"音乐烤吧"店
访谈对象：张守业，47 岁

> 俗话说：亲兄弟，明算账。可对于张家的四兄弟而言，这相互之间欠的账又怎么可能一笔笔地算清呢？张守业人生的前二三十年都在为这个大家庭、为三个弟弟而奔波奋斗，而弟弟们长大后也不忘回馈大哥的恩情。他们守着兄弟间的感情与义气，共同为整个家庭创造了全新的生活，更为后代开辟了未来。

一、土地能有多大创造力？

"守仁，躲着点，往你那边倒了啊。"

"哎，看着哩。"

一声闷响，10 米高的榆树轰然倒地。老二守仁随即麻利地拿起锯子，开始处理树干上的枝枝杈杈。虽然已入深秋，山里气温只有 10℃左右，可张守业身上的一件单衣却早已被汗水浸透。他的皮肤黑得发亮，这是西北男人的标志，也是常年在太阳下劳作留下的印记。从他的外貌和言行举止，你几乎很难看出他还只是一个 17 岁出头的愣头儿青。

守仁领着还只有 12 岁的老三将粗壮的榆木树干锯成了 2 米左右的小段，然后喊着"一、二、三"的口号将木材一根根地装上运货的手推车。木材装满车，兄弟俩就把它运到 4 里地外的木材加工厂卖掉。而老大守业则一直在林子里干着最辛苦的活计：砍树。西北的榆木质地坚硬，是做建

筑的好材料，要将它拦腰截断得费一番大力气。

每到秋冬，老大守业都要带着两个弟弟到山里伐木挣钱，老四守才则在家里准备好哥哥们的饭食，到饭点准时送进山里。

张守业 10 岁那年，父亲就因病过世了。母亲含辛茹苦把兄弟四个拉扯大。守业早早地辍了学，专心在家里帮着母亲种地。夏天他带着弟弟四处打野味，采野菜；秋冬则进山里伐木换钱，总之一年四季都没有休息。

可即便如此，张家还是村里最穷的。四十几平方米的老房子不是这里掉土就是那里漏雨；当村里大部分人家都安上电灯泡时，张家还点着煤油灯；家里只有一个大土炕，睡着一家五口人。

家里贫困至极，却好在兄弟几个感情亲密。张守业非常珍视自己这三个弟弟，有什么好东西都想着要留给他们。他总是希望弟弟们不要像自己一样早早地辍学，至少把初中读完，最好能再读个高中。可读书的钱又从哪里来呢？张守业已经把村里能挣钱的法子都尝试了个遍，可一年到头也没有多少盈余。农民的本业注定就是在地里镐刨，可这土地能有多大的创造力？能保你全家吃饱穿暖就谢天谢地了。留给守业的出路只有一条：离开村子，到更大的地方谋一条生路。

1989 年，张守业 18 岁，终于背上行囊走出家门。外面的世界如何，他一点概念也没有。

二、人要有门技术

张守业外出的第一个目的地是离家不远的三营镇。在短工市场，守业凭着健壮的身体，在第一天就找到了一份包吃包住、工时一个月的工作。镇上的一个有钱人要修建新式的砖砌房，他的活计是给砌墙的人运送水泥。

灰土红墙之间，张守业背着几十斤的水泥来回穿梭。上工 10 天，他每天干的都是没有任何变化的重体力活儿。"我总不可能一直这么做下去吧？迟早有一天会没力气的啊！"张守业始终有些焦虑。

就在这时，房子的主人突然难得地出现在施工现场，身后还跟着一个四五十岁的人，骨瘦如柴。张守业从工友们的闲聊中了解到，这个人姓王，是镇上少有的技术工。他铺砖有一绝，既能把每块瓷砖摆成笔直的一条线，瓷砖高度、边缝宽度都一模一样，还能保证速度，一天最快能铺四五十平方米的砖。果然，王技工得到了与其他工人截然不同的待遇。他到工地并没有一开始就干活儿，而是在窝棚里和房主喝了两个多小时的茶。"这技工谱还挺大！"旁边的工人不无酸意，张守业却早对王技工高看一眼："没想到有一门技术会让人变得这么不一样。"

后来大家才知道，王技工并不是白喝了两个小时的茶，他是在和屋主商量地砖的铺法。房主在大城市的酒店里见过五花八门的铺砖方式，也想在自家的地上搞出点新鲜花样。

整整一天，张守业在运水泥的间隙都会偷跑到屋里去看王技工铺砖的进度。令他纳闷的是，王技工整个下午没碰过瓷砖，而是拿着一把尺子和几根塑料线比来比去，还在本子上写写画画。第二天也如此。直到第三天，他才看到王技工开始上手干活儿。这王技工手上功夫了得，所有铺砖用的水泥都是他亲自调配和匀的，而且只几分钟的功夫，五六块瓷砖就铺好而且收了边缝。张守业佩服得五体投地。"这个技术我学定了！"他在心中喃喃自语。

当晚，张守业拿着自己两天赚的辛苦钱买了几斤上好的白酒，来到王技工住的单人窝棚。"王叔，想喝一杯不？"

"进来吧！"

两人一杯接一杯地喝着，但张守业却只是和王技工唠着家常，对于拜师学艺的事只字未提。在闲聊中张守业知道，王技工年轻时就到沿海城市混过，从那里学来了这铺砖的手艺。他快50了，体力活儿干不了，可这门手艺却硬是养活了他的一家五口人，还让日子过得红红火火。张守业满心羡慕。

张守业连着几天到王技工那儿喝酒，每次都聊到深更半夜。直到自己的工钱快买酒花光了，他还没有把话说出口。没想王技工却先提起了这一茬："小张啊，你是个老实人，我看得出来，不然你也不会天天让叔在这儿白喝酒。

我知道你想学我那手艺。说实话，我本来没打算把它传给外人。多一个人知道，就多一个人跟我抢活儿干。可叔今年也快50了，这铺砖也干不了几年了。你心细，又肯花功夫学东西。你跟那些只知道傻卖力气的人不一样。所以如果你肯学我这技术，那我也肯教。等你把这个活儿干完就到我家来找我吧。"说完这话的第二天，王技工完工后就离开了。

张守业有悟性，一两月便学会了，并开始自己找活儿干。他不仅铺地砖，还会给房子铺外墙砖，上瓦，刷漆，干第一单活儿就提前完工，名声一下子就在镇上打响了。自那时起，他便成了镇上少有的技术工。从此他再也不用去短工市场找工作，因为自然会有人上门请他。给家里带去的生活费一天天地增多，张守业的心也一点点地开始雀跃：自己的三个弟弟说不定可以一直把书读下去了！

三、被包工头坑了

离家三年，张守业便在三营镇立稳了脚跟。可他心里却越干越不踏实。三营镇就这么大点儿地，一年到头修房子的也没几户，自己的名声倒是打响了，活儿都往他这儿跑，可师傅王技工却没活儿干了。虽说王技工也该在家养老了，可张守业就是觉得心不安。该去新的地方开辟自己的一番天地了。

1993年，张守业来到离乡最近的大城市——固原。这时的固原正处于基础建设时期，需要大量的外来工人。张守业了解到，城里不能单干，得跟着包工头干，只有这些包工头和建筑商之间有着稳定的联系渠道。于是张守业托朋友帮自己联系到固原市的一个包工头，名叫冀财（化名）。这是个长期在各处闯荡的社会人，长得虎头虎脑，在社会上吃得开，什么事都敢做，什么险都敢冒。

张守业刚到冀财手下的时候，他们的队伍只有十几个人。不过水泥匠、砖瓦工、搬运工、电焊工……各个工种的人都有。冀财每次联系到工程就会带着他们去干活儿。工人们从来只知道老板要求这个活儿几天完工，自己最后能分到多少钱，除此之外的信息全都没有。包工头与他手底下的工人之间，往往是通过各种亲戚朋友而建立起的非正式关系。他们没有成文的劳动契约，也没有正式的雇佣关系。工人们肯跟着包工头干，全是凭着长期积累起来的默契与信任。

对于张守业来说，在城里干活儿的最大好处就是不用再操那么多的心。在这里，不仅吃住由施工方提供，就连工程也不用自己找，这都是包工头的事。而且城里的生活条件远好过小小的三营镇，工人们闲时可以一起打打牌，喝喝酒，三五成群地到市场闲逛。

不过城里的劳动强度却也比以前大多了。张守业还在镇上，寒冬腊月就不接活儿了，冬天的宁夏气温低，水泥不一会儿就会被冻住。可城里的大建筑商哪会管这些，而张守业又没办法自己做主，因此常常在零下十几摄氏度的气温下上工。而且城里的楼房越修越高，他时不时就得上架子给高楼的外墙砌砖。凛冽的西北风刮得脸生疼，而他的脚下却只有一两米宽的通道可供行动。工作一天下来，他经常连脸脚都不想洗就直接裹着大衣睡了。胡子几个月不刮，衣裤一两个星期不洗，那都是家常便饭，日子过得越来越糙。不过幸好，腰包也越来越鼓。

某个伏天，工程完工四个多月了，可这回工人们却没有按时领到自己应得的工资。这是项三个多月的大工程，工人们为一所大学修建了新的宿舍楼，工资再怎么着也有几百元。但冀财却销声匿迹，迟迟不来。张守业急了，家里的三弟考上了市里的高中，等学费呢。

工友们通过各种渠道终于打探到了冀财家的住址，于是一行人前去讨要薪资。还好，冀财在家。

"头儿，我们这回的工资怎么还不结呢？你说这都过去多久了！"

"你们别跟我急！我还想跟人急呢！狗日的，这王总到现在都还没把钱汇我账上，我咋跟你们结，啊，你说，我咋跟你们结！"

工人们大眼瞪小眼，愣住了。张守业吞吞吐吐地说："头儿……那你说这……这咋办吗？"

"咋办，找他们要去呗，你们就直接去学校，到我们修的宿舍楼门口躺着，逼他们的人过来把账结了！"

工人们回工棚又等了一天，冀财那边还是没消息。张守业彻底急了，和七八个工友作为代表一起去了大学，一群大男人躺在人家女生宿舍楼门口。

整栋宿舍楼都被惊动了。

半小时后，学校保卫部和基建工程部的人几乎同时到达现场。张守业被两个保安直接从地上提起来。基建工程部的人黑着脸告诉他们，一个月前就给每个包工头把钱结清了！

便回头找冀财。

冀财头天晚上拖着一箱行李跑了！

张守业腿一软，差点坐在地上。

"全完蛋了！"包工队完蛋了，工作完蛋了，弟弟的学业也完蛋了。22岁的张守业在夏日的烈阳下，流下了眼泪。

四、兄弟一家亲

2001年，30岁出头的张守业结束了在大城市打拼的生活，回到三营镇。漂泊12年，张守业无论是体力还是心气都已大不如前。他知道，自己的身体在大冬天已支撑不住上架子干活儿了。好在三个弟弟都已经有了自己的工作，可以养活自己了，他不必操心一大家子的生存问题。

这时，已经开了六年大货车的三弟给他提了一个建议："哥，你冬天跟着我去开货车吧！你帮着我上货卸货，我来开车，这不正好！"张守业对这个提议非常满意。于是每年入冬之时，张守业便会和三弟守义一起往各处拉货。他们一起到过新疆，见过银装素裹的天山；去过四川，感受过天府之国的悠闲；走过北京，体验过首都的繁华壮丽……这一趟趟的行程，更因为有了三弟的幽默而趣味横生，张守业体会到了人生中从未有过的快乐与无忧。一家人和和美美，自己竟然也有了游山玩水的时光，这对于他来说简直是再完满不过了。这种日子他一过就是13年。

2014年，张守业43岁，妥妥地成了一个中年男性。此时的他已不再需要靠着一身力气去打拼,因为儿子已经是一个可以担负责任的青年人了。儿子这一年从固原市归家,带回了做烧烤的本领。刚好这时,张守业的四弟守才想要租一间店面做生意。两兄弟一拍即合:合作经营,利用儿子的本领开一家烧烤店。

三人当即便将计划付诸实施。考虑到三营镇店面租金高,他们决定把店开在邻近的彭堡镇上,这样一年的租金只需一万元左右;为了增加店铺的独特性与吸引力,他们又把烧烤和主食以及 KTV 结合在一起,用 1+1+1 的模式招徕更多的顾客;分工也非常明晰,儿子烧烤,守业做主食,守才当服务员。这样,三个人便能完全支撑起店铺的日常经营,不再需要另外花钱雇人。

这间音乐烤吧最初投入 10 万元资金,由守业、守才两家平摊,而店铺则由儿子与守才共有。每年的 2、3 月是店铺的旺季,这时张家的老小一有空都会来帮忙,从下午四五点一直忙到凌晨两三点。平常店铺每天的毛利润大概五六百,而旺季则可能达到一千多。因此要不了几年,开店的成本便能轻松收回。

2017 年,张守才在市里找到一份收入非常理想的工作,于是退出音乐烤吧的经营。守业本想着保持四弟对店铺的所有权,以后赚钱了给他分红。可谁知守才直接对他说:"哥,这店就直接转到咱侄子名下吧,你们也别说把本金还我了。放心,我现在不差那几个钱,就当是我孝敬哥哥你这么多年的照顾了。"

俗话说:亲兄弟,明算账。可对于张家的四兄弟而言,这相互之间欠的账又怎么可能一笔笔地算清呢?张守业人生的前二三十年都在为这个大家庭、为三个弟弟而奔波奋斗,而弟弟们长大后也不忘回馈大哥的恩情。他们守着兄弟间的感情与义气,共同为整个家庭创造了全新的生活,更为后代开辟了未来。

五、张家命运的改写

2002 年 3 月 7 日，张家举家搬出那间生活了几十年的土房子，成了村里第一个在三营镇买地建房的家庭。此后，这一家子成了镇上人。而那个陪伴了他们无数个冬夏，见证了他们无数泪与欢笑的老房子，则变成昨日的记忆，变成难以回去的过去。

2012 年，为响应国家的退耕还林政策，张守业所在的村庄由政府出资集体搬迁至三营镇。政府按原有土地 8 年的收入给每家补贴，并给予所有搬迁的人每户一套镇上的房子。张家也分到一套房子。很快，张家的四个兄弟都拥有了一套属于自己的房子。张守业猛然间意识到，张家转眼从村里最穷的几户人家，变成了最富裕、最美满的家庭！当初被形势所逼，他无奈成为村里第一批外出打工的穷小子，可世事难料，这外出打工竟成为了张家改变命运的强力引擎，18 岁背着行囊离家，竟成了张守业人生向上的重要转折点。

今年，张守业已经 47 岁。他还是会每天早早地起床，哄哄孙子，再把他的早饭做好。然后，打车到彭堡镇，采办好食材，慢慢踱步到儿子的音乐烤吧，再在沙发上打打盹。待媳妇儿过来，他会帮着洗洗菜，淘淘米，接着就准备着迎接客人。有时店里生意少，他会坐着三弟的大货车，到各处走走看看。无论做什么事，张守业的脸上都挂着恬淡的笑容。从他身上散发出的那种踏实感和从容的气质，或许就是这几十年的奔波人生带给他的最宝贵的财富。

撰稿人：薛雯静（北京大学社会学系本科生）
指导老师：温莹莹

21 成长的代价

访谈时间：2018 年 7 月 1 日下午
访谈地点：宁夏蒋口村，王勇家中
访谈对象：王勇，35 岁

> 年少时没能转为士官的失意落寞，做生意被骗的愤怒痛苦，推辞村支书职务时的挣扎为难，经营受到冲击的辛苦过渡，这些坎坷的经历不可避免地在他身上留下了痕迹，也许是伤痕，也许是财富，使他在跌撞中成长，在沉默中进击。他的路还长，他要去更远的前方。

从彭堡镇往西走一二公里，就到了蒋口村。王勇家就在村口，紧挨着村部。在王家门前停住，首先看到的是一栋还在装修的二层小楼，里面叮叮哐哐的声响时大时小，上边的窗户上贴着红纸，写着"蒋口村养蜂合作社学校"。旁边和后面有几间平房，最前面的那间是个临时的小卖部，就一个柜子，卖些香烟、食盐之类的日常杂物，没人守着经营，谁来买东西就朝后房吆喝一声，过一会儿就见有人出来收钱。我们就是在这里，经王勇的堂兄弟介绍见到了王勇。他是方形脸，长相老实普通，肩背结实，看起来勤劳靠谱。他让我们坐在沙发上，自己则坐对面的小板凳，身体前倾，两手交握，明显有些腼腆和拘谨。在得知我们的来意后，他有些犹豫："人生经历啊，人生经历都差不多的……"随着交谈的深入，他才渐渐放松下来，换了个舒服些的姿势，慢慢讲起了那些往事。

一、当兵

1998 年，王勇初中毕业，对读书失去兴趣，决定不再继续上学。接下去的路似乎也只有一条：与众多伙伴们一样外出打工。在建筑工地上，十几岁的少年有使不完的劲儿，运沙灰，搬砖块，搞装修，什么都干，汗水顺着结实的身体往下流，还没完全抻开的细胳膊上也有了流畅的肌肉。给人干活确实很累，但为了赚钱也能坚持，更何况，他不会一直在这里打工——躺在硬板床上发呆时，电视上、广播里滚动播放的征兵宣言常常在他脑海中回响，年轻的思想里单纯又坚定地饱含着戎装报国的热情。虽然现在年纪还不够，但用不了多久，他就能穿上那一身橄榄绿的军装了。

2000 年，王勇确定这是他人生中的一个重要转折点。王勇参军了。当他面向飘扬的军旗举起右手，大声念出"我是中国人民解放军军人"誓词的那一刻，他对未来的军旅生活充满信心与憧憬。最开始，新兵们每天重复做着跑步、俯卧撑、引体向上等常规体能训练。到后来，王勇所加入的野战部队要求每人必须掌握一项个人作战技能，于是他被分配去"学雷达"。雷达相关技术对操作人员有很高的要求，不仅需要反应快，还得对数字保持很高的敏感度。在这个过程中，王勇学到了许多专业知识，学习能力也迅速提升。两年里，他有时顶着烈日，有时踏着雪水，刻苦训练，表现优异，每年都能获得"优秀士兵"的称号，这在当时是一项殊荣。捧着红彤彤的证书，年轻人好胜的血液在沸腾，他看着训练场的沙地，看着手中的步枪，看着低矮的宿舍楼……他看所有东西的眼神都是那样热切，他胸中有鸿图大志。一切都在按照规划进行，王勇相信，他的努力一定会得到回报。

两年很快过去，下一个岔路口近在眼前，王勇与同期入伍的战友们共同面临三个选择：退役、转士官或考军校。退役他没想过，考军校难度太大，机会也少，所以，他做好了转士官的准备。他早早地按照流程递交了申请表，开始胸有成竹地等待。晚上睡觉时，他总能梦到自己十几年后站在高高的台上，底下的士兵排成整整齐齐的方队，朝他敬礼。

"我当时没抓住机遇，毕竟理想和现实还是有差距嘛。"如今提起往事，王勇已经能坦然面对了。但彼时，当得知自己没能留在部队，必须即刻退伍时，他感到难以接受。接到通知时，他手足无措——他从未想过退伍之后自己能做些什么。

从低落的情绪中脱身出来时，王勇发现，"两年的部队生活对我影响挺大的。"他的肤色变深了，身板更挺直有力，肩更宽阔，步子更稳；他第一次意识到自己力所不能及的事情有很多，第一次学着接受挫折；他也更清晰地看到了"人情"的重要性，在将来他将更好地运用它。脱下军装，迈出军队大门的那一刻，他抬头仰望好似能包容一切的天空，眼前有点模糊。身份不再，意志还在，总之，新生活要开始了。

二、做树苗生意被骗 100 多万

"2002 年回到地方之后我就开始打工，学一些手艺，最后自己也开始做生意。我这个人生经历讲起来也比较……复杂。"短暂的沉默后，他再次开口，"前几年我做生意赔了 100 多万，树苗生意。"

王勇所说的"树苗生意"主要分两部分：一方面租村子里的地，自己种树苗；一方面从其他地方买进树苗，最后再把这些树苗全部卖出去。树苗生意刚流行起来的时候，利润特别好，一亩地的树苗可以卖到一二十万，王勇不免心动，和朋友搭伙干了起来。第一年他们运营得还算顺利，但投入的本金尚未收回，王勇就更加卖力地种植，流转，东奔西跑。柔嫩的树苗多长一分，他心里的期望就跟着多长一分。

第二年，在一大批树苗长到差不多的时候，朋友给王勇介绍了一个在北京长期买卖树苗的朋友，说是可以以高于市场平均价的价格买入王勇的树苗。出于对中介人的信任，面对这个赚钱的机会，王勇没有多想，把树苗装上车就径直拉到了北京。那位买主热情地接待了王勇，说他姓张，也是帮别人倒腾树苗的。他比王勇大，王勇就叫他张哥。当晚，张哥请王勇吃饭，席间不停地给他倒酒，两人聊至深夜，相似的经历使他们感到十分热络投机，直叹相见恨晚。第二天，在交货时，张哥先付了一小部分钱，向他解释称最近资金链出了些问题，手头暂时没有这么多，承诺过几天一定把全款打到他账上。王勇有些犹豫，但还是很快应下了。张哥拍着他肩膀，感谢他的信任，直言王勇这朋友可交，以后一定常合作。王勇又一次笑着答应，他真心地为在异乡结交到真诚相知的朋友而感到高兴。

由于计划有变，王勇就在北京找了个小宾馆，打算住几天。一周以后，著名的景点已经转了一转，住宿费、伙食费也已经花了不少。王勇想着，该回去了，家里还有些事急等着他，父母也一直在催，就给张哥打电话，想问问能不能尽快付清货款。但这一次，电话那头等着他的只有冰冷的女声；打给朋友，朋友语气迷茫，表示对此事一无所知。到这时，他才悚然意识到，他被骗了。

王勇没有具体描述这一批树苗到底值多少钱。但毋庸置疑，这笔钱对他来说一定十分重要，没了它，生意也就彻底做不下去了。他不知道自己是怎么把来时沉甸甸、现在却空空如也的货车开回家的。车窗外昼夜交替，有时人潮涌动，有时萧索空旷，有时晴朗明畅，有时风动云涌。但他都看不见，他只是机械地盯着前方。前方一直有路，他却觉得无路可走。他反复回想事情的始末，试图在每一环节中找出这个冰冷结果的前兆；他努力梳理着思维，想要想明白，张哥是不是早在一开始就决定欺骗他，他那作为中介的朋友有没有参与，他到底为什么没有在交货时发现端倪，为什么没有留下张哥更多的信息，他回去该怎么向父母、向合作伙伴交代……然而这只是徒耗气力。他心里再明白不过：事情已经发生，无论如何都已无法挽回。他紧紧攥着方向盘，惯性地驾驶，脑海里慢慢变得一片混沌，只余宾馆那狭小房间顶上的白炽灯射出的苍白、无情的光。

雪上加霜的是，王勇做生意的本钱几乎全部来自民间借贷，三分利。这意味着，借 100 万，每年的利息就是 36 万。民间借贷和高利贷不同，放贷者会注册一个公司，在法律允许的范围内以投资的名义放款。但实质上，"民间借贷都是泡沫经济，除非你的生意特别好，不然只会越贷越多，早晚会崩盘"，因此，周边的民间借贷多以短期为主。在深陷骗局之后，王勇自知挽回无望，就迅速想办法暂停了现有民间借贷款的利息叠加。即使这样，直到现在，他也仍背负着大额外债，压得他喘不过气来。说到这里，他的语气带了一丝不平："现在国家搞精准扶贫，给扶贫户贷款优惠，他们三万五万的贷了，但不知道拿这些钱去干嘛，依赖共产党的扶持，干与不干都一样；我们这些真正想做生意的人贷款门槛太高，没办法，只能走民间借贷。"

三、推辞村支书职务

王勇是党员，前些年他曾参与村支书的选举，42个选举人，他得了39票。每每讲到此事，他都难抑心头的骄傲，这代表着乡亲们对他的能力与品格的肯定。但他最后还是拒绝了这个职务。"我有我的想法。"按照惯例，村支书一般年龄偏大，德高望重，领些工资，负责村镇接轨的繁杂事务。基层的工作对象素质往往参差不齐，"上面发个文件，你往下和老百姓接头的时候肯定会出现特别多的问题"；再加上当时精准扶贫相关工作已经展开，蒋口村贫困户众多，未来所需的工作量可想而知。对这种现象，王勇表示理解，但他还有其他顾虑："我要是干了，我肯定要让这个村按照我的规划和思路去发展，要投入很大精力，但这有个前提条件，就是要有经济能力。我要是接任了村支书，我生意上的其他事情就必须要搁下了。"而现实无疑不允许他这么做。做出最后的决定前，他曾动摇，也曾不舍，更大更重的责任感不时包围他，在他耳边问："你怕什么呢？"但最终，野心还是输给了严密的思维和长远的目光。王勇坚信他的选择是正确的，至于他是否感到遗憾，没人能知道。谈话中间，王勇的父亲进来过一次。父亲肤色黝黑，精神矍铄，谈吐不俗，面上微笑和蔼，眼中却透出几分警觉，和我们寒暄了几句就离开了。王勇说，父亲是蒋口村最早一批养蜂的人，现在是村里的"致富带头人"，平时经常接触村镇事务。不难想见，王勇的政治才能，多半应是来自父亲的影响与引导。

四、也许是伤痕，也许是财富

王勇现在算是一个小包工头，平时承包一些盖房、装修的活计。近年来固原建筑行业市场渐趋饱和，营业行为也不甚正规，竞争愈加激烈，价格也压得厉害。其中，承包政府的工程是需要投标的，这中间就免不了几许人情往来，而国家轰轰烈烈的反腐倡廉行动无疑使众多暗通款曲的事有所收敛。面对这种现象，身处其中，对情况最为了解的王勇有自己的判断："情况稍微好了一点，虽然关系还是起决定作用，但个人能力的作用比以前大了不少，大概就是 60 ∶ 40 的概念吧。"

在承包工程的同时，王勇还做一些烟酒生意。以前，固原的诸多政府单位经常从他那里一下子买走几万块钱的货，用做各种用途。他也常与他们来往，以便日后进一步的合作，但现在这种状况越来越少了，他的经营自然也直接受到不小的影响。王勇讲到这些的时候，语气平淡、踏实，同样的语气也被他用来描述代际和地域差异——"现在不同年龄阶段的人想法都不一样，农村和城市的对比也比较大。90 后的孩子们，别说你们，就是我们本地的，在田里干活的也都特别少了，是不是？但现在社会也在发展，网络、技术都发达了，大家以后步入社会的生活方式肯定也不一样了，这都正常，正常……"他一边说，一边起身给我们倒了杯水。门外有人喊他，他又说了两句，就去忙自己的事了。

王勇出生于蒋口村，也在这里长大，但与邻里们相比，他确实有些不一样——他更沉默，也更复杂。在交谈中，他的语调始终很稳，年少时没能转为士官的失意落寞，后来做生意被骗的愤怒痛苦，推卸村支书职务时的挣扎为难，经营受到冲击的辛苦过渡，还有与下一代人不可忽视的时代鸿沟……似乎都在他如静水一般的叙述中被抹平。他没有对我们讲述开始卖树苗之前他在做些什么，也没有说陷入骗局之后他是如何恢复的，关于父亲养蜂的相关经历，他也一概不谈。然而，坎坷的经历不可避免地在他身上留下了痕迹，使他在跌撞中成长。如今他更谨慎，更理性，遇事会冷静地分析利弊，对无法改变的现实也能够迅速地接受与适应。过往的日子也许是伤痕，也许是财富，不过王勇此时无意为它们定义、封缄，他的路还长，他要去更远的前方。

撰稿人：刘林青（北京大学社会学系本科生）
指导老师：吕亮明

22 世间无废人

访谈时间：2018 年 7 月 4 日下午
访谈地点：宁夏蒋口村，李大江家中
访谈对象：李大江，59 岁

> 他从 20 世纪 70 年代末期开始搞副业，不停地劳累奔波，身患风湿，51 岁才不得不回家。他不甘成为"废人"，又做起了小生意。
>
> 他麻利地收钱找钱，手指翻飞，宛如不曾被风湿折磨过。

一、疾病终止打工生涯

上午 11 点，李大江匆匆忙忙地吃完饭，拎着一大包零食，一瘸一拐地朝院子里的电动三轮车走去。

妻子一手拎着一瓶开水，小心地放在三轮车后面，叮嘱他："你小心些，别把开水瓶磕碎了。"

"我晓得。"李大江应着，他不紧不慢地坐上车，双手握住把手，不一会儿，他瘦弱的背影和那辆装着蓝篷的三轮车就消失在绿色的玉米地里。

李大江家在蒋口村，今年 59 岁。八年前，因为长时间在寒冷的山洞挖隧道，右手中指经常莫名其妙地红肿疼痛，之后渐渐地扩展到腿脚。

手脚上神经元多，有时候，李大江疼得睡不着觉。刚开始，他总是忍着，实在睡不着了，就睁眼望着头顶黑漆漆的裸露的房梁，想想自己的三个娃娃。

大娃娃是儿子，在煤矿里做活儿。地下不比地上，黑漆漆的，一个石头砸下来，都有可能要了人命。李大江的心总是为他悬着。

二娃娃是大闺女，最令自己骄傲。她是三个娃娃里唯一一个考上大学的，现在在市里的一中当老师。一中可是重点学校，多少人挤破了头都想去呢！

三娃娃小闺女虽然没读多少书，可是嫁得离娘家近，每个月经常回家看看，也甚是贴心。

为人父母的，总是不求孩子们有啥大出息，只要他们过得好，讲孝心，就知足了。李大江家的三个孩子，打小就特别懂事，没让爹娘太操心。

想到这几个孩子，好像李大江的手脚也不是那么疼了。他闭上眼睛，听着工友此起彼伏的鼾声，终于沉沉入睡了。

就这样，李大江一直忍着，实在疼得受不了，就买点无极膏涂在指头上。直到后来，疼痛的强度越来越大，右手中指肿得都变形了，李大江才终于舍得花钱去医院做个检查。原以为是小毛病，没想到，竟是类风湿关节炎。医生说，以后最好不要打工了。李大江这才苦着脸，坐上了回家的火车。

二、蔬菜大棚里有买卖

可是，在家又能干些什么呢？如今，李大江的类风湿越来越严重，走路都一瘸一拐。

有一次，妻子去赶集，出门前让他给羊儿喂个草。李大江跛着脚，慢慢地走到羊圈，准备给羊儿喂食。没想到，刚打开羊圈的门，给羊扔了两把草料，他就被乱窜的羊群给撞倒了。李大江心里一阵凄苦："自己是个废人了。"

农村里生活的人，最怕的就是没用。李大江经常想，自己一辈子辛辛苦苦的，不就是为了孩子吗？本想着趁自己还能干得动，给他们减轻一点负担。现在好了，自己成了残疾，还要让他们操心。

一天，妻子回家告诉他："你知道吗？云南、贵州来的那些种大棚的人真可怜，每天从早忙到晚，才吃两顿饭！有些女人背上还背着个一岁多的娃娃,水都喝不上几口,作孽哟!"

说者无心,听者有意。李大江觉得这是一个商机:大棚那里离商店远得很,那些种菜的人要是饿了渴了,肯定来不及买吃的喝的,我何不去卖点零食饮料,也能赚点小钱?自家正好有个电动三轮车。

第二天一大早,李大江就骑着电动三轮车到镇上的批发市场,买了些尖角脆、小面包、方便面之类的零食和几箱饮料,赶到种菜大棚。

李大江边走边吆喝:"卖水卖零食喽!"沿着田间小路,他一瘸一拐地走着,一个一个地问过去。

很快就有几个年轻小伙子上前来,问吃的怎么卖。问了价,挑好了,两人讨价还价了一番,还是抹了几角钱。李大江知道他们辛苦,也不愿多收他们的钱,只要能赚一点,就算不错。

这天从菜地这头走到那头,李大江卖出了不少东西。其中,干吃方便面卖得最多,比起其他吃的,这个味道好,最受年轻人喜欢。有一个小姑娘倒是想买桶泡面吃吃,可惜菜地里没有开水,泡不熟,只能作罢。

晚上回到家吃过饭,李大江就着晕黄的灯光,数了数零钱,心里美滋滋的。一天下来,东奔西跑,净挣了30多块钱。李大江不嫌少,他想着要是每天都来卖,一个月不就能赚1000元了?一年下来就是10000元,两年下来就是20000元!自己现在是得了病,不能去打工了,挣不了大钱,但总归不用每天在家里白吃饭。以后啊,能少麻烦儿女一点,就少麻烦一点,自己能干活,比什么都强。

想起今天那个没吃成泡面的小姑娘,李大江让老伴明天一定要提醒自己,带两瓶热水去菜地。一桶泡面能赚一块五毛钱,利润高着呢,多卖两桶,就能多赚三块钱!

就这样,李大江每天都骑着他的电动三轮,往蔬菜大棚跑。渐渐与菜农们熟了起来。时间久了,大家饿了都愿意去他那儿买点零食垫垫肚子。遇上一时没有零钱的,李大江也愿意让他们赊个账。

村庄是一个小小的熟人社会,没两天,李大江去大棚卖东西的事情就在村里传开了。村里几个闲不住的老头老太太,也都提着大包小包的零食饮料,往蔬菜大棚跑。一时间,绿油油的菜地,竟成了一个小小的交易市场。

三、第一次搞副业

最早哪一年出去打工的李大江也记不清了。只记得是 70 年代末期。那时候,蒋口村还没有实行包产到户,打工也不叫打工,叫搞副业。

李大江第一次搞副业时,才十六七岁。本来,这种好事是轮不上他的。出去搞副业,用现在的话来说,也就是去建筑工地打零工。去的人多是 20 多岁的强壮小伙子。自己当年瘦不拉几的,一看就没成年。要不是大哥二哥是木匠,率先进了队伍,又找了点关系把自己拉了进去,李大江就只能乖乖待在村里养牛养羊了。当时得知自己能出去搞副业,李大江兴奋得一宿没睡着。

走之前,生产队长把这群人一起叫到了自己家。

抽着自制的土烟,吐出一个个烟圈之后,队长才不紧不慢地开了口:"你们去搞副业,我不反对。但搞副业会耽误了队里的农活,给队里造成损失,对不对?"

见小伙子们都低头不说话,队长又说:"放心吧,你们出去,工分我照样记上。不过你们不是为了自己搞副业,是为了整个生产大队,知不知道?你们搞副业挣的钱,回来要全部上交给大队。"

听了队长这话,大家都开始窃窃私语,"凭啥我赚的钱要交回给队里,工分能值几个钱?"人们都对此不满意,却没人敢直说。

好在队长还有下文,他清了清嗓子,继续说道:"你们别不高兴。这样吧,你们每赚回来一块钱,我抽出三毛钱还给你们,怎么样?工分就给你们每人记 10 分。"这次,大家听了都很高兴,满口答应下来。

那时候,一个零工一天一块六毛五分钱,比种庄稼可强多了。李大江掰着手指头算,每赚一块钱能抽三毛钱,两块抽六毛钱,三块抽九毛钱⋯⋯十块就能抽三块钱!虽说每赚一块钱被抽走七毛,有些舍不得。但是在当时物资匮乏的情况下,家家户户都没几块钱,一天挣三毛钱也算是了不得了！这么想着，李大江笑得更开心了，只想着以后也能多出去搞几次副业。

日子一天天过去，李大江攒下的钱越来越多。直到有一天，他小心翼翼地数着枕头底下的硬币，竟有 10 块钱了！

第一次攒到这 10 块钱，李大江没想别的，只想给自己换条新裤子。身上穿的这条，还是家里老大穿了老二穿，老二穿了老三穿的。到他这儿，已经是缝缝补补、破破烂烂的不成样子了。破一点儿也不打紧吧，那年头，谁不穿着一套打满了层层叠叠的补丁的烂衣裳？可这条裤子，洗了搓了无数回，脆得几乎跟纸一样，被工地上的钉子稍微一划拉，就裂了一道大口子。工地上的工友，为这条裤子，可没少取笑他，把李大江笑得又羞又恼，面红耳赤。

好容易凑够钱，裤子却不能马上穿上。那时候街上还没什么成衣店，新裤子得去裁缝店做。后来，李大江抽时间去了一趟镇上最大的裁缝店，喜滋滋地量了身，订了裤子。

之后的每天晚上，他都掰着指头，盼着上门拿裤子的日子能早点到来。那可是新裤子！穿上多么洋气！

终于到了那天，他迫不及待地穿上了新做的裤子，感觉自己神气得了不得！

"可得让大家都看看我的新裤子！"李大江袜子都没穿，就穿着裤子在熟人面前转悠。一路上小心翼翼，生怕把新裤子给弄脏了。

李大江记得，当时正是麦子收获的季节。队里有一台手扶拖拉机，村民们正忙于用它拖着收割机割麦子。拖拉机上有不少泥巴和尘土，但大家的衣服都破破烂烂的，也就不介意弄脏，平时也都是随便坐上去。李大江也不例外，穿着破裤子时，他从来不觉得拖拉机脏，还总想着坐上去开一把，过过瘾儿。这天，李大江换上了新裤子，却格外小心起来，不敢坐上车去，生怕自己崭新的裤子不小心糊上一团泥，只好局促地站在车上，一路晃晃悠悠，头几次磕在车盖上，发出"咚咚"的闷响声。至今想起这件事，李大江都忍俊不禁。

四、打工撑起一个家

没多久，村里实行家庭联产承包责任制了，李大江搞副业，再也不用每赚一块钱就交七毛钱给生产大队了。打工的钱，也从每天一块六毛五，涨到了三块。后来又涨到了五块、八块、十块……到如今，蒋口村附近的建筑工地上，一个技工每天少说也有200元的工资，就连小工也有120元了。

改革开放后，李大江彻底从生产队里解放了出来，副业成了他的主业。那些年，他总是天南海北地跑，四处打工，哪里工资高就往哪里去。湖北湖南、安徽江西、内蒙古、新疆，李大江都去过。早些年，连城里都是土房，工地上更没什么好住处。他睡过麦草，睡过冷炕，也睡过床板。麦草还好，白天晒了，晚上睡起来就热乎乎的；冷炕睡起来可就受不了了，半夜都会冻醒好几次，也不知道自己的风湿病是不是那段时间睡冷炕给冻的。至于床板，就是光秃秃的一块板子，人直接躺上去，连块褥子都没有。

住得不好，吃得也不怎么样。最开始，李大江经常就着酸不拉几的蒜瓣，吃报纸卷的焦焦煳煳的玉米面饼。后来物资不紧张了，日子好过了些，李大江终于不用老吃粗粮了，每天也能吃上白面。但说有多好，也不见得。工地上都是轮流做饭，大家集体凑钱买油买菜。今天提上一个萝卜回来也是一顿菜，明天买上三五个土豆，也是一顿菜。却是很少有买荤菜打打牙祭的。挣点钱不容易，伙食费能省就省。这点，大家心照不宣。

从农村出来，这点苦头在李大江那辈人看来，都不算什么。只是勤俭如斯，刚开始的几年里，他也始终没能攒下多少钱。家里负担太重了！兄弟三个要结婚，姥姥、姥爷、父亲、母亲接连去世，一连串的红白事紧紧地抓着他要钱，他没心思悲伤，也没心思快乐。有时候为了多挣一点钱，在寒冷的冬天他也常常跑去南方修隧道，连年都没时间在家过，开了春则又跑回北方打工。连儿子都说"爸爸像候鸟一样"。李大江十分无奈，沉重的家庭负担，像大山一样，紧紧地压在他的身上，压得他喘不过气来。那段时间里，李大江一心只想着挣钱，不多挣一些，把这些事情都操办好了，他放不下心。

回望这几十年的辛劳，仿佛只是弹指一挥间。望着田地里还在劳作的菜农，李大江忽然有些释然，曾经的奔波苦难，那些一度彻夜难眠的日子，如今似乎只是他在这里闲话家常的谈资。又有年轻人要买东西，李大江笑了笑，麻利地收钱找钱，手指翻飞，宛如不曾被风湿折磨过。

撰稿人：聂矜诚（北京大学社会学系本科生）
指导老师：蒙晓平

23 开"蹦蹦车"的人

访谈时间：2018 年 2 月 9 日下午
访谈地点：宁夏固原市，王双林家中
访谈对象：王双林，62 岁

> 老王在城里跑"蹦蹦车"的十年来，每日里讨生活，
> 受过白眼，遇过屈辱，遭过欺凌，且从头到脚，积攒了一
> 身的病痛，可老王仍是感恩的、知足的：原来在老家穷得
> 没办法，现在不但填饱了肚子，手头还有几个零花钱，每
> 日里吃着白面，住着楼房，守着儿子成家，别提心里多舒
> 坦了。

一、固原城里的"蹦蹦车"

冬季的固原，漫长而又寒冷，近 2000 米的海拔，又壮了北风的声势。这或许是固原最慵懒且热闹的时刻：由于连续零下十几摄氏度的低温，农活儿、工程早已消停，人们大多瑟缩在家里，或是把炉子烧得旺旺的，或是把暖气开得足足的，三五成群，划拳喝酒，打牌"扯馍"（方言：闲聊之意）。然而，最是辛苦的，莫过于在这冬日里讨生活了。

对于在固原城里开"蹦蹦车"（当地的一种小型机械三轮车）给人跑货的劳力而言，在这冬天里讨生活，着实是一种"苦日子"。天蒙蒙亮，就要满是困意地起床。胡乱地嚼上一点馍馍，喝上一口热茶，再在兜里揣上几个馍馍（早饭、午饭算是都应付了），开门猛吸一口凉气，硬着头皮就出门了。在出门之前，把身上裹得严严实实的，裤口、袖口都扎起来，扎得牢牢的。低温与冷风，使得"蹦蹦车"的启动成了一件艰难的事情，

制动开关时灵时不灵的,这就需要人工启动了:将启动脚架折过,把臃肿的右脚放在上面,再吸上一口气,憋在胸口,猛地往下踹。如果足够幸运,就可以开车去干活儿了;但通常需要踹上好多下,甚至左右脚交替,直至踹到大汗淋漓。启动"蹦蹦车"的经验使他们养成了将发动机用厚厚的破棉袄包起来的习惯,再坐上一个包裹的同样严严实实的司机,外观看来,这"蹦蹦车"仿佛一个同时喘着"黑气"与"白气"的怪物。冬日里驾驶敞篷的"蹦蹦车",是一件极为辛苦的事,更何况在动辄三四级凛冽的寒风中了。一路上风如刀割,直直地钻入领口、袖口、裤口、鼻孔、耳朵、心房,似乎要驱走身体里的最后一丝温热。呼出来的"白气",飘到脸上,冻结在眉毛上。眼睛更是酸酸的、胀胀的、泪水似有还无的。若是雨雪天气,更是禁不住牙齿打颤了。经年的风吹雨打,使得开敞篷"蹦蹦车"的人脑门锃亮,发际线后移,眼睛涩胀,双手布满老茧,双腿麻木沉重。

老王就是这开"蹦蹦车"给人跑货的劳力中的一员。老王大名叫王双林,干这行有七八年了。行情好的时候,一天甚至能赚上几百块钱;行情不好,可能一整天都一无所获。也因此,大家开始抱团取暖,叫做"连帮":"你一有活儿了,把我叫上,咱们几个干。我有活儿了,把你叫上,咱们几个干。那一般给人搬家,一个人干不了,得几个人'连帮'嘛。"在冬天,尤其是寒风凛冽的日子,即便是开"蹦蹦车"的劳力,也少有乐意出门接活的,但老王不同,从来风雨不辍。在城里开"蹦蹦车",老王每天都绷得紧紧的,算计得清清楚楚的。在城里生活,每天都有开销,吃穿用,什么都得掏钱买,不像在村里。一天挣不上钱,老王心里总是紧紧张张,心里空落落的。来城里几十年,老王几乎从没去过商场,没逛过街,更少有添置新衣裳。在老王看来,自己最大的成就就是攒了一套房子,给儿子娶了媳妇。和自己一块儿跑"蹦蹦车"的师傅,大都还在租房子住,只有自己住上了100多平方米的楼房,这是他之前从不敢想象的。

二、挣到了城里的生活

老王是彭堡镇河东村二队村民，出生于 1966 年，膝下唯有一子。十几岁时，就开始在村里的瓦窑上做帮工，一天拿 3 块半钱的工资；之后觉得帮工不划算，就自己开瓦窑厂，但由于土质不好，技术也不过关，烧的瓦质量、颜色不好，没挣上什么钱。1996 年前后，他撇下瓦窑，去内蒙古煤矿上干了 3 个月，挣了一千块钱。但煤矿上太危险，家里人没让去，就开始跟着建筑队打工，一天挣二三十块钱，活儿时有时无，并不稳定。在干建筑队的时候得了胃病，吃不惯建筑队粗糙、生硬的米粒，因此托亲戚寻了个看门的工作，边看门边养病，一直干到 2008 年，总共看了 8 年的门，一个月拿 360 块钱的工资。

从 2009 年开始，老王开始开"蹦蹦车"跑货。那时固原城里跑"蹦蹦车"的人少，活儿容易接，老王也算是志得意满，好的时候能拿上 5000 块钱一个月，而且都是现钱；不像在建筑工地干活儿，拖欠农民工工资屡见不鲜。比起十几岁在瓦窑场干活儿，跑"蹦蹦车"已经是一件轻松的事情了，老王很知足。尽管平常苦点累点，但浑身都有使不完的气力。白天出去跑"蹦蹦车"，到了晚上就在租住的平房里休息。

当时的固原城里，尚有不少带院落的平房，"蹦蹦车"就停在房东家的院落里。然而，对院落的占用，惹来了房东家的不满：既嫌"蹦蹦车"碍眼，使得生活不便，也怨"蹦蹦车"夹带杂物，将院子砸坏。老王费尽了气力，说尽了好话，遭尽了白眼，才得以稍稍立足。"蹦蹦车"是他最宝贵的东西了，总不能停在院外，面临被窃的危险。但一逢雨雪天气，"蹦蹦车"对院落的损坏更大，房东再难容忍，不让再把"蹦蹦车"开进院子。老王无奈，只得低声下气，或另谋他处容身。就这样，老王四处奔波了一两年。

2011 年，老王四处寻觅，却难有"蹦蹦车"的容身之地。他被逼无奈，决心在城郊农村买下一块地皮，自建住房。他四方打听，在东郊村八队寻得一处废弃院落，借钱给了定金。院落内共有三间房子，加上院落，占地

100多平方米，总共花了 11 万块钱，分两三次付清。自买了东郊八队的院落，老家那边的房子再没收拾，干脆把留守老家的妻子也接了过来，在城里寻个工作，全家都开始生活在这边。2013 年，又花了 3 万块钱，新盖了两间房。在老王看来，这样才算是在城里生活了。

住了没多少年，城市扩建，老王的新家面临征地拆迁，最终的拆迁费用，总共是 35 万块。自 2011 年至 2017 年短短的六七年时间，除去本钱，老王白赚了 20 多万块。用这笔征地款，再额外借了些钱，总共花了 40 多万，换购了 110 多平方米的拆迁安置房。有了楼房，老王这辈子就更有成就感了，用他的话说："就是运气碰到了"，"咱们当初买这个院子的时候也没想着人家征着，住楼房，想都没敢想。那就是国家征着，运气好嘛。咱们那些一块儿跑车的，到这个时候还垫着房呢"。

三、最有排场的事儿

老王这大半辈子，除了攒一套房，最有排场的事儿就是给儿子娶媳妇了。尽管在城郊置办了一处院落，老家的院子也逐渐荒废了，但是儿子结婚的大事，老王还是决心在村里办。一则迎合家里老人的心意，二则图个热闹和排场。儿媳是老王妻子的娘家兄弟给瞅下的，小两口儿在 2015 年结的婚。当时老王忙里忙外的，早早地就开始收拾老家的屋子，通知亲朋好友，置办酒席所需的物件。第一天，先请婚礼当天帮忙的自家人吃上一顿，喝一场酒；第二天，就是接待远近来宾，举办婚礼了。家里就这么一根独苗苗，因此对于老王来说，这一天自是人生的"大日子"。老王近乎彻夜未眠，早早地就把播放喜乐的喇叭打开，唤起尚在沉睡的村民。不多时，帮忙的村民陆陆续续到来，老王就忙着招呼村民，散发香烟，联系迎亲车队，布置院里院外；主事人按照前一天的计划安排任务，每个参与迎亲的村民各司其职。这也是村里人最有"面子"的时刻，平时的人情往来，成就了这一天的荣耀。老王尤其骄傲的是，自己生于斯长于斯，村里平常迎来送往的，老王一家都没落下，再是没空，人不到情到，这次村里人自是给"面子"；

在城里打拼半辈子，也交了不少朋友，儿子的终身大事，也是有请必到。儿子结婚当天，一辆辆的轿车，占满了院前的空地、过道，这在村里绝对是一件特有面子的事儿。

四、"蹦蹦车"还得跑下去

儿子结婚有排场，楼房宽敞明亮，按理说，老王该歇歇脚，安度晚年了。但城市生活的成本、快速的节奏，迫使老王的每根神经都绷得紧紧的，一刻也宽松不下来。儿子虽已成家，但尚未立业，工作时有时无，一家的生存，换购楼房的借款，都指着老王跑"蹦蹦车"的收入。住在平房时，一家的生活尚可一切从简，但搬进了楼房，生活水平提升了，日常的花销也大了。2016 年 1 月，老王妻子又患了重病，每月都要花上一大笔医药费，老王身上的担子越发地沉重了。

但老王的确是老了！常年的风吹霜打、日晒雨淋，头冻了，眼睛花了，腿脚不灵便了。"十个跑蹦蹦的，十个都腿疼的呢"。白日里忙，全身活动着，倒还好，最怕到了晚上，腰与腿脚疼得难受；实在受不了了，就买下些止疼药，天黑了吃着。药吃了，能治上一天，天一亮就继续下苦去，日复一日，年复一年。干活儿时，外观来看，还"攒劲"（方言，能干之意）着呢，尤其是胳臂上的劲足，古铜色的手臂，青筋凸起，连着布满老茧的双手。但内里的情况如何，只有自己心里清楚。一趟趟地背着家具或其他杂物上楼，腿都是打颤的，可也只能咬着牙，可着劲地走，磕着碰着，自是常有的事。有一次，老王腰疼得实在受不了，就去市医院做检查。四十几岁的人，被医生问今年六十几了，医生说道，看你这个腰的病去，那么六十几了嘛，（病）劲大着呢，再不敢下这种苦了。可在老王看来，还得再跑个十来年，等把账还了，把孙子拉扯大了，干不动了，就该退休了。

尽管如此，老王还是很知足的！老王在城里跑"蹦蹦车"的十年来，每日里讨生活，受过白眼，遇过屈辱，遭过欺凌，神经绷得紧紧的，几乎从未在商场、大厦里"浪"过一回；且从头到脚，积攒了一身的病痛，可老王仍是感恩的，知足的：原来在老家穷得没办法，现在不但填饱了肚子，手头还有几个零花钱，每日里吃着白面，住着楼房，守着儿子成家，别提心里多舒坦了。

可对未来，老王是不敢奢望的。医生早就叮嘱过不能再跑"蹦蹦车"了，可为了家庭，不得不再折腾十几年。等不能动弹了，就回村里去，城里是留不下的。儿子也有自己的家庭，儿子也有自己的儿子，等儿子的娃娃大了，住处也就紧张了，不能再拖累儿子。回老家虽说也是靠娃娃，但最起码不占地方了，生活压力小了，亲朋邻里一块儿晒晒太阳，聊聊家常，喝喝小酒，吃点农家小菜，生活更惬意、放松。可是否真能捱到那么一天，老王自己也不清楚。

一辆小小的"蹦蹦车"，既满载着老王一家的生机与希望，也见证着老王一生的苦难与沉痛。

撰稿人：董彦峰（北京大学社会学系博士生）
指导老师：卢晖临

24 哪有过不去的坎儿

访谈时间：2018 年 7 月 4 日下午
访谈地点：宁夏彭堡镇马志勇调料店
访谈对象：马志勇，38 岁

> 马志勇 16 岁做建筑工，20 岁到银川闯荡。从餐馆帮厨到大师傅，再到自己当小餐厅老板，餐饮业摸爬滚打十几年，终于开了一家调料店。马志勇内心还是有点忐忑：人生地不熟，不知道生意会不会好。但转念一想，调料要是卖得实在不好，再回银川开个小饭馆。人哪还有过不去的坎儿？总得试试才行。

一、红火的调料店

早晨 7 点多的彭堡小镇，一切刚刚苏醒。昨夜下了大雨，一缕风吹过，寒气袭人。这天不是赶集的日子，大街上只有几个零零落落的行人，店铺也多半没有开张。马志勇调料店的老板马志勇此时正打开自家店门，准备开张做生意。

马志勇是一个 30 多岁的回族小伙子，五年前来到彭堡镇开了这家调料店。他每天总是乐呵呵的，看起来憨厚朴实，让人心生好感。他卖的调料味道好，镇上的调料店虽然不少，他家的生意算是最好的。

"配方好，味道正，对客户用心，大家就爱来。"马志勇笑着说。

味精、鸡精、豆豉、料酒，这些调料虽然普通，却是家家做菜都离不开的。从早到晚，调料店的客人总是络绎不绝，逢年过节甚至要排起长队。这个要八角、茴香，那个要香叶、花椒，更多的则是奔着马志勇亲自配好的调料来的。

自制调料，是马志勇的拿手绝活。寻常人家做菜，多是买现成的调料成品，像什么海天酱油、李锦记辣椒酱之类。这些调料都不贵，几乎家家都用，是调料店的标配。但调料店的主要利润还在花椒、胡椒这种干货香料上。这就要求卖调料的人识货。

大料、桂皮、茴香最常见，但木香、山柰、白芷、草果这些调料就不是人人皆知的了。马志勇的调料不仅品种全、质量好，他自己更是熟悉调料，明白各种香料的用途，经常解释给不懂调料的顾客听，给他们建议和指导。为了方便顾客做菜，他还亲自调配出了许多专用于煲汤、炒菜、火锅的调料，用自家的石磨磨成细粉，分门别类装好后贴上标签，顾客进店后就能一目了然。"我配的调料比有些名牌调料还好，他们都爱吃。"马志勇不无骄傲地说。

卖调料之前，马志勇在餐饮业已摸爬滚打十几年，对各种调料的配方十分熟悉。火锅、烧烤、凉皮、普通炒菜烧肉要用多少种香料，马志勇如数家珍，选货挑货更是练就了一副"火眼金睛"。当厨师的时候，马志勇要保证货全、新鲜，炒出来菜才能好吃，不砸自己的手艺。如今身份转换了，马志勇对自家的调料理所当然更加上心。

"选调料的时候，货源特别重要，一定要正，不能图便宜，以次充好的事情不能干。"马志勇认真道，"你把心态放好，给顾客弄好的东西，他自然就看上你的东西了。我们家店到过年的时候，这里面就得排队，人挤得满满的，都称不上东西。一个人最长要等一个小时呢！"说到这里，马志勇笑得更加开怀。

二、勤勤恳恳打工学艺

说起来，马志勇开调料店也是误打误撞。他初中毕业就辍学，那年16岁，经大哥介绍在家附近的建筑工地上当小工。20岁时，马志勇觉得自己应该出去闯一闯了，便和老乡一起去了银川。一个20岁之前最远也就去过县城的小伙子，坐着绿皮火车，一路颠簸着来到宁夏首府银川这座大城市，充满着好奇和渴望。

最初，家里的亲戚介绍他在一家饭店的后厨打杂，每个月工资600块多一点。虽不多，但刚来，什么都不会，厨房烧菜的大师傅也就一千五六百块钱。他挺满意的。

人生地不熟，马志勇刚开始也吃了些苦头。他不会讲银川当地话，经常被人骂作乡巴佬，什么脏活儿累活儿都让他干。"有活干说明这里用得着我哩。"马志勇只默默地做自己的事情，一句话也不说。有时候厨房里的老师傅看不下去了，也帮他说说话，"你们不要老是欺负他，他是个老实孩子。"时间一长，大家熟悉了，也就不好意思再刁难他了。

马志勇得到大家的认可，愈发对生活充满了希望。

每天早上，他都比别人早起半个多小时，提前去打扫卫生；晚上又晚走半个小时，把明天要切的菜切好。凭着这份做事稳重、勤快又不爱多说话的性子，马志勇没过多久就受到老板和师傅们的重视。平时大师傅炒菜，让他也跟在旁边学一点。马志勇很高兴，细心揣摩，不到一个月，就能上灶炒些简单的小炒，给大师傅们打打下手。一年后，马志勇炒菜就炒得有模有样，大厨忙不过来时，他便共同分担。再过半年，他已经成为一名合格的厨师，工资也迅速追平了大师傅。

就这样，马志勇在这家饭店做了厨师，一干就是十年。这十年里，马志勇娶了媳妇，涨了工资，日子过得平淡而稳定。

三、不如意的开店经历

十年弹指而过，马志勇的工资已经有六七千，妻子每月也至少两千，加起来不算少了。老板人虽然不错，却是个急躁脾气，稍有不满就吆喝谩骂。有时候客人比较多，厨房人手不够，上菜也就会慢些。老板这边对客人连连道歉，笑着招呼着客人再次光临，转头就对厨师们劈头盖脸地责骂。

马志勇虽然脾气好，时间长了，心里就不太舒服。有一次又被老板骂后，马志勇也来了气：我一个 30 岁的男人，也有手艺，到哪儿不能活呢？何苦要困在这里被人呼来喝去？更何况离家这 10 年，我还没去过这家饭店之外的地方呢。不趁着年轻，多去闯一闯，怎么知道自己几斤几两？妻子娟儿也觉得，工资虽然不错，但总归是给别人打工，还得看人脸色。夫妻俩决定辞职出来自己开店。

最开始，马志勇资金不足，手里只有六七万块钱，就在邻近的吴忠市比较偏僻的郊区开了家小餐厅。虽然饭菜味道不错，但是地方太偏，客人少，很快就关门了。

没过多久，在餐厅当经理的妹夫介绍他在宁东的神华宁煤承包了一个小小的档口。这个档口在工业园区内，饭点时，来吃饭的工人特别多。马志勇觉得很不错，就签了合同，和企业老板说好六四分成，马志勇再另付服务员工资。马志勇的厨艺好，饭菜价格又不贵，档口吸引了不少前来吃饭的工人。最开始，每天只有 200 块钱的营业额，最后竟涨到了 3000 块。这样，刨除成本和工资，马志勇每月还能净赚 1 万多元。

生意越来越好，马志勇愈加对自己当初辞职单干的决定感到满意。"过几年说不定就能买个小房子，给娟儿一个家了！"马志勇志得意满，干劲儿十足。

不料，之前说好六四分成的企业老板见他利润越来越高，想毁约改成五五分成。马志勇气急了，"当初说好的，怎么能说变就变！我们这么辛苦，你却啥事都不做，还想着多分一成，不行！"他一气之下关店不干了。

他走之后，档口的生意很快衰败下来。老板后悔，想和他再次合作。可马志勇再也没回头。

这期间，妻子生了病，马志勇陪着她休息了半年。他也想找点什么事情做，但是好不容易出来单干干出了点成绩，再回去打工心里有些不甘。想再开个小店，却怕再次遇上不讲诚信的人。

妻子病好后，马志勇来到彭堡镇，在这个小镇暂时住了下来。

四、二次创业一炮打响

"干啥生意都行，只要不再当厨子就好。"当了十多年的厨子，马志勇有些烦了。他不想再在弥漫着油烟的厨房内，每日与锅碗瓢盆做伴。但不当厨子，自己又能干啥呢？去建筑工地倒是能挣钱，但自己生得瘦弱矮小，恐怕不能承受每天高强度的体力活儿，妻子母亲也放心不下。去大城市打工？家里父母年纪大了，妻子身体也不是很好，自己不在，她能一个人撑起这个家吗？

只有做点小本买卖，开一家小店了。本钱倒是有，可是开店卖什么呢？马志勇思索许久也想不出来。那段时间里总是愁眉不展。

一天，大哥一家来家里做客，马志勇特地做了一桌子好菜。饭桌上，大嫂夸赞马志勇："二弟你的手艺真是好，不愧是做过厨师的，这卤牛肉是咋卤的啊？不都是差不多的调料吗，我就做不出这么好吃的菜！"

大哥好气又好笑："看你馋的！志勇干了那么多年的厨师，你能和他比？调料一样，拌调料的人能一样吗？那都是志勇十几年来跟大师傅们学来的！要是人人都会，他们还开啥饭店做啥厨子？"

说者无意，听者有心。马志勇灵光一现：何不开个调料店？调料家家户户都要用，卖调料又不需要太多的资金，而且像大哥说的，自己好歹懂一些这方面的手艺。

不过马志勇心里还是有点忐忑：自己才来这个小镇，人生地不熟的，不知道生意会不会好。但转念一想，调料要是卖得实在不好，再回银川开个小饭馆好了，人哪有过不去的坎儿？总得试试才行。

父母妻子也支持他的想法。就这样，马志勇调料店正式开业了。

开业当天，他给附近的邻居们每家一小袋自己配的调料。邻居们要给他钱，马志勇憨厚地笑着说："不用客气，大家都是邻居，以后还要互相照应着呢！"这让大家对这个新来的小伙子增添了几分好感。

几天后，对面小饭馆的老板娘郝大姐就来到他的店，直夸："小马，你的调料配得真不错！我家女子（宁夏方言，女儿）特别喜欢，我用你给的调料做了点臊子面，她吃得可快了！"郝大姐女儿要高考了，她变着法儿给她做好吃的。

一段时间后，附近街道的人都知道了这个新来的小伙子憨厚开朗，配得一手好调料。周围很多小饭馆也都成了他的客户。

就这样，马志勇的生意越来越好。

五、和美的一家

回忆起自己的这 30 多年，马志勇觉得自己挺幸运的，日子过得舒心畅意，也没经历什么大磨难。现在，他只希望一家人能够平平安安、健健康康的，特别是来之不易的小宝宝宇坤。

小宝宝是 2018 年初通过试管婴儿的方式才诞生的。为了让试管婴儿移植到妻子肚子里，妻子在一段时间里每天打针，肚皮上密密麻麻地挨了 80 多针。

因为多年没有孩子，母亲对儿媳没少抱怨，甚至曾经提议儿子找个别的女人帮着生孩子，而妻子也曾流着泪跑回娘家。

对妻子娟儿，马志勇始终是有些内疚的。结婚的时候，自己就是个穷小子，每月三四千的工资，大半都要寄回家里给父亲治病。没能给妻子买她喜欢的钻石戒指，只有一个光秃秃的戒圈。但娟儿什么也不抱怨，欢欢喜喜地戴上了，说有钱了再买更好的。岳父岳母知道自己家里困难，只要了三万块的彩礼。在宁夏，即使在农村，哪家结婚不得花上十几万甚至二十万的彩礼？

马志勇刚在银川当厨师时，妻子娟儿是对面一家饭店的收银员。当年 20 岁的娟儿皮肤白嫩，活泼爱笑，右边脸上还有个可爱的小酒窝。马志勇呆愣愣的，见到她只知道傻笑。时间长了，老板和同事都明白过来，取笑他："这么喜欢看隔壁的姑娘啊，干脆跳槽过去当厨子好了！"

两年就这样过去了。一个星期天，马志勇正出门，看到娟儿低着头急匆匆地往外跑，不放心，一直跟着她。到了市里的医院，才知道娟儿的父亲查出了肿瘤。

马志勇有心帮忙却无能为力，只能每天煲些汤啊粥啊让娟儿送到医院，自己没事的时候也去医院看看老人。以为自己不久于人世的老人，最挂念的是几个孩子，特别是老大娟儿的婚事。回族女孩十六七岁结婚也不算早，可娟儿已经22岁了。老人见马志勇对女儿这么好，又替他忙前忙后，体贴关照，很是满意。就这样，马志勇和娟儿结婚了。

后来也是万幸，岳父的肿瘤是良性的。岳母四处借钱，东拼西凑，终于凑够了手术费，切除了肿瘤。马志勇提出帮忙还钱，岳父岳母还死活不同意。他们说："你们小两口儿刚结婚，啥都没有，拿什么还钱？我们两个还干得动活，不用你们费心。你们过好自己的日子，有这份孝心，我们就知足了，高兴了！"

马志勇和娟儿还想再收养一个孩子，最好是个女孩儿。等到孩子长大了，他要把他们都送到银川去，尽自己所能，受最好的教育，过最好的生活。

撰稿人：聂矜诚（北京大学社会学系本科生）
指导老师：蒙晓平

25 绽放生命的花蕊

访谈时间：2018 年 7 月 2 日下午
访谈地点：宁夏河东村，吕姐家中
访谈对象：吕姐，30 岁

> 吕姐心里比谁都明白，没有知识，没有文化，没有社会承认的文凭，人就只有替别人做事，吃残羹剩炙的命。自己的两个女儿绝不能重蹈前辈人的覆辙。她们成长最需要的养料只有一个，那便是知识。

2012 年 6 月，吕姐的大女儿出生。新疆的田野戈壁上，万物吐蕊，一派生机与活力，于是吕姐给孩子取名为"蕊"，寓意女儿如花蕊一样，终有瑰丽绽放的一天。

但这朵小花蕊先天营养不良，生下来便骨瘦如柴，三岁时才能勉强扶着墙颤巍巍地迈步，到六岁体重还只有 30 斤上下。

小蕊上小学时，根本跟不上学校的进度，无论写字还是算术都是班里最差的。吕姐为此没少花过心思。女儿不会算数，她就让女儿数手指，手指不够数时，就加上脚指一起数。她每天给女儿出 20 道算术题，可小蕊每次做题时都是一脸懵，对知识的记忆不会超过三天。更令人头疼的是她特别爱看电视，一打开电视就根本消停不下来。每到这时吕姐就会忍不住发脾气，扯一根玉米秆子把女儿一顿暴打。打骂完了，气也消了，看着女儿身上一道道的红印子，吕姐又会流下懊悔的眼泪。

六岁女儿的学业是 32 岁的吕姐心中最大的牵挂。

多年的打工经历使吕姐一次次地感受到，知识和文凭对于一个企图改变生活轨迹的贫困孩子有多重要。

一、从小不爱读书

吕姐是家里的老大。父母一直想要个儿子，可是连生两胎都是闺女，等到生第三胎的时候吕姐都已经 12 岁了，可无奈，第三胎仍是个妹妹。既然是女儿，迟早都得嫁出去，所以父母在大女儿和二女儿的教育上几乎没有花过心思，等她们上完小学和初中后就没有再继续供她们读高中。

三妹妹的运气比姐姐们要好。她出生的时候家里的经济条件已经有了明显的改善，再加上两个姐姐相继放弃学业外出打工，三妹妹便成为了全家的希望和资源所灌注的对象。为了让她学有所成，父母特地把三妹妹送到县城读初中。第一次中考她发挥失利，没有考上市里的好学校。家里硬是凑了几千块的生活费让她又复读了一年的初中。三妹妹果然不负众望地在第二年考上了固原市第二好的中学，并在 2018 年成功地考上了重庆的一所一本院校。

吕姐清楚地知道，妹妹即将踏上一条和自己截然不同的人生道路，妹妹的知识和文凭将成为她进入更广阔天地的一把关键钥匙。

对于自己所接受的教育，吕姐确实不无遗憾。吕姐 6 岁开始在村里读小学，但那个时候小学的作用其实就是让孩子们换个地方玩耍。学校里仅有两三个老师，最好的也就受过高中教育，平时根本不会教孩子们实在的知识。

吕姐也特别不喜欢书本和文字，"那一个个字就像蚂蚁一样，爬过去爬过来，看得人想睡觉。"一有机会她就和一群小伙伴逃课到村子的田地里，偷摘几个玉米就地烤着吃，甚至就连在草地里抓蚂蚱都比上课有趣。等到吕姐到镇上读初中时，三妹妹已经出生了。父母种地忙，每天天不亮就得出门。这时吕姐就要在早上先把妹妹的尿布换洗了，把早饭准备好，再走几里地的土路到镇上读书。等她到了学校时早已又累又困，哪还有心情认真上课？所以在九年义务教育阶段，吕姐只学到了最简单的加减乘除和一口带有浓重口音的宁夏普通话。

初中一毕业，吕姐不无兴奋地回到了家里，开始全职地照顾三妹妹。相比起枯燥的符号和汉字，她觉得干家务活儿真是一件自己得心应手的活计。到市场砍砍价，回家在灶台前颠颠勺子，把地拖拖扫扫，再把一堆衣服搓搓洗洗……吕姐觉得这些劳动可比学习一堆自己根本看不懂的东西有意思一百倍。

二、打工知道了知识的重要

可家庭的负担必定会逼着她在某一天迈出家庭，进入一个完全陌生的世界，而吕姐并没有掌握足够的应对这个世界的知识和资源。

18岁那年，经舅舅舅妈介绍，吕姐拜了沙湖的王裁缝为师。

王裁缝的技术一流，却是个沉默寡言的人，一天也教不了吕姐多少东西，只是一味地告诉她"东西要自己去悟"。在裁缝铺学艺的第一周，吕姐便遇到了知识不足所带来的挑战。她总是不能算清楚整个衣服各部分的尺寸，各个地方该预留多少布头，各个位置需要多少的针脚……因此做出来的衣服不是左袖子短一截就是右裤腿长一段。师傅为此没少骂过她，可她的脑子里就是有个疙瘩绕不开。好在店里常做的衣服就那么几个版式，把尺寸死记硬背下来也就不会再出现多大的疏漏。

数学的问题容易解决，可语文的问题就不是那么好解决了。

吕姐本来就连普通话都说得不标准，更不用提用普通话跟别人唇枪舌剑、长篇大论了。后来吕姐去沙湖宾馆打工时，这个问题就显得更加严重了，因为前台工作靠的就是一张令人舒服的脸蛋和一个能说会道的嘴。她一遇到别人挑刺，便只能埋头一句话也不说，能走多远走多远。有时实在气得不行，张口想要回嘴，舌头却像打了结一样，半天蹦不出一个字。

她第一天上班就不幸遇到了一群来自四川的游客。他们操着一口川普，七嘴八舌地要订房间。吕姐听得云里雾里，便只能用自己的拙劣的普通话一遍遍地确认信息。偏偏这群人脾气又大，听不懂她的宁夏发音就嚷嚷着要找总经理投诉，无奈之下吕姐只好慌忙找到了前台的老员工来帮自己圆场。之后的几年，这种考验听力和嘴皮子功夫的事情没少在她工作的时段发生，并曾多次害得她被扣工资。那时候，吕姐最羡慕的就是那些带着游客到宾馆住店的导游。他们普通话标准，说起话来头头是道，别人问一句他们能回答一堆东西，有的甚至还会说外语。这些人对于只有初中文凭的吕姐而言完全就是另一个世界的精英。到这时她才真的开始意识到，自己所学到的那一丁点儿初中知识和生存的手艺实在是太微不足道了。

在宾馆工作三年后，吕姐经朋友介绍去到了贺兰县的一个工业园区做编织厂女工。那里实行的是计件工资制，每天工作 12 个小时（从早 8 点到晚 8 点或从晚 8 点到第二天早上 8 点），所有工人两班倒。吕姐所在的编织车间有二三十号人，全是同她差不多大的女工。在如此漫长的工作时间中，女工们甚至没有吃饭时的休息时间。餐食会被直接送到车间，而她们需要在机子开着的情况下一边做工，一边匆忙地扒拉几口饭。此外，在厂里的工作是高度机械化、单一化的，编织袋的编织工艺非常简单，基本上普通的女工第一天就可以上手做，然后就是万次、亿次的重复。

可也正是在工厂打工的这段经历让吕姐进一步认识到了技术和文凭究竟有多么关键。她工作的编织厂不仅有一批基础的工人生产者，还有一批负责工人管理和机器维护的技术人员。他们拿着吕姐两倍高的工资，每天的工作时间却只有她的一半。他们一个人就可以管着十几个工人和一整台机器，既有能力，又有权力。对此，吕姐心服口服。"人家最差都是高中学历，我一个初中学历的半文盲哪能跟他们比！人家知道一个机器为什么这么工作，也知道怎么跟老板商量事情、汇报工作最好。可我呢？我又会啥呢？"

吕姐心里比谁都明白，没有知识，没有文化，没有社会承认的文凭，人就只有替别人做事，吃残羹剩炙的命。自己的公公从十几岁开始就在替别人烧砖，每天的吃住都在那个潮湿阴冷的砖窑，从此便落下了严重的风湿，一过 50 岁就手脚不便，需要靠药物来保证基本的运动能力；自己的丈夫虽说去新疆的大城市打拼过多年，可最后还不是因为没有门路、没有先进的技术和设备而损失惨重？吕姐知道，自己的两个女儿绝不能够重蹈前辈人的覆辙。她们成长最需要的养料只有一个，那便是知识。

三、我的孩子一定要有知识

为了让两个女儿有机会、有资源去尽己所能，读到她们所能达到的最高学历，吕姐已经做好了充分的心理准备。不过她也明白，面临的阻碍是自己的家庭在现有的状况下难以跨越的。更令人忧心的是，女儿在学业上还不一定有天赋与恒心。

小蕊今年在河东村上小学一年级。入学第一周，老师让孩子们轮流读汉字的拼音。可小蕊在幼儿园没有学过任何有关拼音的知识，连 a、o、e 都不清楚的她又怎会知道 ao、tou、bu……怎么读呢？于是第一天回家她便在妈妈的怀里哭了："今天全班就我一个人没拿到小红花。"

学完一周拼音后，老师又开始每天教孩子们 7 个汉字。就这样，拼音都还没有学懂的小蕊又要每天面对一堆蝌蚪文。她记忆力很差，就算吕姐握着她的手把 7 个汉字写上十几遍，到了第二天她也常常忘得一干二净。学习成绩越差，小蕊就越感到挫折，也就自然而然地开始讨厌书本和学习。于是每天放学回家，小蕊做的第一件事不是完成当天布置的任务，而是打开电视一直看到妈妈骂骂咧咧地把她赶到书桌跟前。小蕊经常做作业做到眼泪直流，这让吕姐仿佛看到了当年的自己，面对着一堆自己完全不懂的符号和数字，内心满是畏惧和厌烦。

看着孩子一天天地失去对学习的兴趣和自信，吕姐忧心忡忡，终于做出了一个艰难的决定：让小蕊休学，补修一年学前班后再重读一年级。这个决定是艰难的，意味着家里需要多负担孩子一年的学费。

吕姐家的小卖部卖的都是些生活日用品，开店的头几年生意红火。可惜好景不长，小卖部开张两年后附近的砖厂就停产了，店里 80% 的客源一夜之间便流失殆尽。从此，小卖部不再赚钱。

于是，每年要交学费的9月就变成了家里难以跨过的一道坎。虽说小学是义务教育，可生活费加上以各种名目征收的学杂费一学期下来也要1800多元。为此，丈夫一到农闲就要去城里四处做小工，在家时也不休息，整天就在院子里给别人做修理工作。而吕姐一面经营铺子，一面操持家务，还要整天照顾嗷嗷待哺的二女儿，操心学业不精的大女儿。可即使是在这样忙碌的情况下，吕姐还想着和丈夫一起进城打工。"打工是我们挣钱的出路啊。再过几年，等小蕊不那么需要人照顾了，我就要进城去找活儿干啦！虽然找一个三千多元的工作不容易，可每月两千多元也就够了。这两千元就用来支付租房、吃饭的花销，那我丈夫每月挣的五六千块就可以全部寄回家供孩子上学啦。"

吕姐甚至还想过，也许某一天自己能攒钱在市里买套房子，这样小蕊就可以进更好的中学，二女儿也可以到城里读幼儿园了。"在城里租个房子是不行的，得买房子才可能有城市户口。"吕姐的一个同村好友就是在城里租房子住，等到她想把孩子送进一个离家近、学费低廉的公立幼儿园时，却因为没有城市户口，在学校门口等了一天一夜，找遍了各种关系都没能给孩子报上名。城里的孩子都已经把名额占满了，农村孩子哪还有就近入学的机会？当然，他们也可以选择市里的私立幼儿园，可学费就得要公立学校的两三倍那么多了。

对于吕姐而言，固原市就是一个充满着无限可能的"金钵钵"，而只有进城打工才可能为家庭、为孩子创造一个拥有潜力的未来。"我要尽己所能让孩子进到最好的学校，给孩子找到最优秀的老师。我的孩子一定要有知识有文凭。这些东西真的太重要了！"吕姐坚信，只要自己踏实肯干，孩子就一定会拥有一个和自己截然不同的生活前景。

那天是个特殊的日子，小蕊要在六一节文艺汇演上当小主持人啦！

"我家小蕊从小跟着我们在外面生活，普通话说得比老师还好。这嘴巴又能说，老师都经常表扬她！"虽然常常觉得孩子聒噪，可吕姐对小蕊的口才从来都不吝赞美。

清晨6点，她被小蕊早早地摇醒了。"妈妈，快起来给我化妆。我要红脸蛋、红嘴唇，我要比电视里的人还漂亮！"小蕊皮肤偏黑，而且过于消瘦，可吕姐就觉得小蕊是这世界上最美丽的孩子。"你看那睫毛，多长！我家小蕊就是当主持人的料！"

到了学校，吕姐特意提早占了一个靠近舞台的前排位置，然后就抱着不到1岁的二女儿在座位上翘首以待。她见小蕊大大方方地甩着膀子，嘴巴咧得像朵向日葵，一步并作两步地走上了舞台。"河东小学2018年六一文艺汇演现在开始！"会场顿时掌声雷动，吕姐更是把手掌都拍红了。

外出打工的艰辛塑造了吕姐和她今天的家庭。她万分感谢打工生活带给自己的种种生命体悟，可她也知道，家里的孩子们不能再走上和自己一样的老路。这些新生的花儿们，最需要的养料不是头脑空空地就去各处闯荡，被种种艰难碰得鼻青脸肿，她们需要的是知识的照耀，是学校里的园丁们辛勤的培育。知识可以改变她们，而自己要做的就是尽己所能，为孩子提供最好的教育。

两个女儿的未来就是吕姐的未来，而吕姐对自己的未来信心满满。她知道，自己生命的花蕊终将在某一天灿烂地绽放！

撰稿人：薛雯静（北京大学社会学系本科生）
指导老师：温莹莹

26 少年郑虎的漂流

访谈时间：2018 年 7 月 14 日下午
访谈地点：浙江珠岙村，小县官童装厂车间
访谈对象：郑虎，22 岁

> 当他们酒足饭饱，再心满意足地抽上一根烟之后，阿杨才开始怀疑郑虎，"你的钱哪来的？之前怎么不拿出来呢？"郑虎只在他耳边悄悄说了几个字："我没钱，快跑！"

一、瞒着父母出远门

郑虎来自贵州遵义的一个小村庄。出门打工之前，是一个典型的留守少年，他的父母常年在离家千里的浙江温州打工，平时除了钱和电话，他们很少有更多的联系。初中前郑虎的生活中没有理想，也没有远方，有的只是撞钟般的学生日常。他对读书兴趣不大，上课时和老师"相看两厌"，对着课本和试卷愁眉苦脸；放学后经常被老师留下来，或许是因为作业又错了很多，或许因为又在课堂上睡着了。但郑虎对朋友很"仗义"，如果他的朋友被小混混欺负了，他一定会"把场子找回来"。

如果能够顺利上完初中，郑虎想去读职业技术高中；他想学汽修，或者学厨师。然而在 2010 年，他 14 岁那年，在初中的一次期末考试结束之后，他对未来的畅想幻灭了。他被老师叫到办公室，被告知因为成绩太差，可能要留级。他颓然地走出学校。留级一年，意味着郑虎家就要多给一年的学费和生活费，这对于他们家来说是一个不小的数字。

郑虎有个好朋友，名叫阿杨，两人关系好到可以穿一条裤子。阿杨知道这个情况后，就出主意："我们成绩这么差，以后肯定没出息的，还不如早点出去打工，还能挣钱养家！"

郑虎有点心动，但心里没底。

"你傻啊！不跟他们讲不就行了嘛，他们在外面打工又不知道，等你赚了钱再跟他们讲，他们肯定也没话说了！"

于是，两人决定瞒着父母偷偷出去打工。

暑假过后，郑虎拿着父母给的 500 元生活费，却没有去学校报到，而是和阿杨一起去了汽车站。暑假期间，他和阿杨已经规划好了目的地和行程——坐车去广东。由于他们的年龄还小，没有身份证，不能乘火车，只能坐更慢的汽车。怀着复杂的心情，他们登上了前往广州的汽车。

坐长途汽车不是一件多么美好的事情，尤其是当汽车又破又旧的时候。车内空气污浊，混杂着食物、呕吐物和体臭的味道。经过两天两夜的颠簸，他们终于来到汕头。这是一座崭新的城市，比家乡不知道好了多少倍，而且充满了海洋的气息。

从镇上到汕头的车费每人花了 200 多元，很显然，郑虎那 500 元即将告罄。吃饭睡觉都要花钱，他们必须尽快找到工作，安定下来。

工作并没有自己想象的那么好找。他们才 14 岁，没有到达法定的工作年龄，没有一家工厂愿意接收他们；即使有的黑工厂愿意雇佣童工，但要他们做的也是重体力活儿，他们的身子骨还不足以承受。他们退缩了。

雪上加霜的事情发生了，让这两个年幼无知的孩子第一次见识到了什么叫"城市套路深"。他们在一家招待所租了一间房，和老板说好 300 元住五天，然而仅仅过了三天，他们剩下的钱就花得精光。当他们打算退房找老板要回两天的住宿费用时，却遭到了拒绝，老板的理由是做人要讲信用，说住五天就要付五天的钱，别的客人之前找他住都没地方了，所以钱是不能退的。这可把两个小伙子给为难住了，他们根本没想到过老板会拒绝退钱。在他们看来，既然付了五天的房费只住了三天，老板退两天的钱简直是天经地义的事情嘛，怎么能抵赖呢？

但最后，他们还是低头了。在举目无亲的汕头，他们实在不敢和大人起争执。看看裤兜，里面已经没有钱了，带来的方便面也已经吃完了，要是还找不到一份正经的工作，该怎么办呢？

接下来的几天对于郑虎和阿杨来说非常地难熬。他们一边忍饥挨饿，一边去往更多的工厂求职，然后被更多的工厂拒绝。在大城市中，在逐渐规范的行业里，童工的身影也不多见了。他们开始后悔，阿杨开始埋怨郑虎，来之前说得好好的，结果却变成了这个样子，郑虎没有反驳，他也不知道该说什么。

二、吃霸王餐遇到好心老乡

到了第三天，饥肠辘辘的他们走过一家饭店的时候，再也忍不住了。"我还有点钱，我们一起吃顿好的吧。"郑虎说。阿杨顾不上怀疑他说的是真是假，赶忙走了进去，好像怕他反悔一样。他们点了四菜一汤，还要了一包烟。几天了，终于吃上了热乎的饭菜，郑虎和阿杨连说话的工夫都没有，那埋头狼吞虎咽的样子令其他顾客侧目。

当他们酒足饭饱，再心满意足地抽上一根烟之后，阿杨才开始怀疑郑虎，"你的钱哪来的？之前怎么不拿出来呢？"他问道。郑虎只在他耳边悄悄说了几个字："我没钱，快跑！"之后就站起来，假装要去买瓶饮料，出门就跑走了。阿杨惊呆了，就算是把他全身上下衣服都扒下来卖了也不够这顿饭钱，他赶紧起来跑了出去……

他们俩刚出门就被老板发现了，他们却没敢停步，只顾着跑。14岁的小伙子，力量没有成年人大，但胜在灵活，他们在巷子里窜来窜去，老板带了两个伙计一时间愣是没有追上。但他们许久没吃饭，一下子吃得太饱，有点儿撑了，只过了几分钟，就怎么也跑不动了。他俩跑到一处工地旁，郑虎弯下腰，把手撑在膝盖上，一边喘着粗气，一边想办法，只听得脚步声越来越近，听得他冷汗直冒，但双腿却像灌了铅一样迈不开步子，怎么办？

他低头看到了几块砖，便和阿杨一人拿了一块，对着追来的老板和伙计比画着，奈何郑虎和阿杨早已是强弩之末，工地的大红砖又大又沉，挥几下便挥不动了。他们双拳难敌四手，最终败下阵来，被伙计逮回了饭店。

他们预料中的惩罚与胖揍没有发生，因为老板看他们年纪还小，本就没打算对他们怎么样。

"你们是从哪里来的？爸爸妈妈呢？"老板问道。郑虎和阿杨埋着头，一言不发。"不说是吧，等会儿我把你们都送到派出所去！你们在我的饭店白吃白喝不给钱，警察叔叔要拘留你们！"老板恐吓道，吓小孩可是大人的拿手好戏。

"不要把我们送到派出所去！"郑虎被吓得赶紧说，然后嗫嚅道："我们是从贵州遵义来的……爸爸妈妈不在……"

没想到是老乡啊，饭店的老板也是遵义人，见到他们格外地亲切，连语气也客气了几分："你们爸爸妈妈不在，那你们是怎么过来的？"

阿杨刚想说自己是来找工作的，但他发现郑虎在朝自己使眼色，就没有开口。"我们原来在镇上上学，有一天在一条小路上，突然被几个人抓住带上了面包车，我们趁他们给汽车加油中间上厕所的时候跑了。"郑虎回答道。

老板听了十分心疼："你们刚刚吃饱了吗？没吃饱的话再吃一点吧。"他又让后厨多上了几道菜。郑虎和阿杨这几天强忍着的绝望和委屈在这一刻终于爆发了，眼泪在眼眶里打转，然后不争气地流了出来，滴在了饭里。咸涩的泪水与甘甜的米饭在口腔中搅拌，混合着流离失所的孤独与一事难求的失落吞进肚子里，最后全部化成了回家的渴望。回家，是这两个小伙子心中仅有的念头。

在郑虎和阿杨临走前，老板借给每人200元，当作回家的车费；说是借，其实是送。他对两个小老乡的遭遇充满同情，送他们登上了回家的汽车。

然而他们身上的钱只够坐到贵阳，要回到家里还差了不少。这回没有好心的饭店老板了，下了车，他们还得去找事情做。

不知道是幸运还是不幸，郑虎和阿杨找到了一处愿意接收他们的工地。

工作是搅拌水泥，包吃包住，一天的薪酬 20 元。三天过去，郑虎和阿杨凑够了车票钱，两人各拿着 60 块钱离开了工地。

回到家的第一时间，郑虎抱着奶奶痛哭不已。

之后，郑虎完成了初中的学业，追随着父母的脚步，也来到了温州市永嘉县的珠岙村。郑虎小时候也来过珠岙，当时父母把他接来一起生活，让他进入当地的小学。他既不会说温州话，又听不懂，很不适应，而且父母太忙了根本顾不上他。郑虎还是回到了老家念初中。

郑虎的父母后来去了温州背面的城市湖州打工，但郑虎却选择留在了温州，这令人感到诧异。郑虎说，自己待在父母身边，就永远是个孩子，永远不能长大，他希望自己变得更加成熟、独立。

当被问起自己当时一起闯荡的哥们儿时，郑虎笑了起来，说这个兄弟现在有出息了，自己开了个广告设计的店面，生意还不错，赚了点钱，"小奥迪也开起来了"。

撰稿人：沈雪傲（北京大学社会学系本科生）
指导老师：吕亮明

27 还是要出去做

访谈时间：2018 年 7 月 9 日，14 日，21 日
访谈地点：浙江珠岙村，香缘面馆，珠岙文化礼堂
访谈对象：郑天，45 岁

> 这两年，他不是没想过工作，但是自己创业风险太大，他也不想再折腾；而想给别人打工，这个年纪也没人要。某天的晚上 10 点钟，笔者和郑天坐在广场一边的长椅上，他看着台风过去之后的满天繁星，重重地说了一声："还是要出去做！"

一、初中毕业成为阀门学徒

1989 年，16 岁的郑天初中毕业了。

早在 6 月，当别人正在为升学做准备时，郑天看着自己的成绩，已经明白，自己进入高中没戏。这条路走不通，还有别的路可以走，郑天反倒觉得终于解放了。

回到家里也没事可干，无拘无束地玩了几个月。过年的时候，父亲想让他跟着一位朋友做阀门生意。做阀门又脏又累，郑天不想去。父亲给他摆了两条路：要么去做阀门，要么去做泥水工。看着一起玩起来的朋友都去做阀门了，没有办法，郑天还是不情愿地选择了前者。

过完年，郑天便到阀门厂做学徒。里面有几位师傅，郑天一一打了招呼，敬了烟，就算落脚了。

一开始，就是给师傅打打下手，拧紧螺丝，看看阀门有没有漏水，活

儿不多，也没有机会操作机床。每天，郑天都是来得最早的，先把车间扫一遍，晚上走之前，把师傅们机床上的铁屑清扫干净，把机油加满。师傅们都夸郑天机灵，眼里有活儿，也愿意教他一些技术。郑天上手很快，是这一批学徒里面最冒尖的。

年底，老板破例给郑天包了一个 500 块的红包。郑天非常兴奋，迫不及待地回家向父母炫耀，这是他赚到的第一笔钱。

年后，郑天又来到了厂子。虽然还是学徒的身份，但是基本上能和师傅一样做活儿了。郑天还是来得早，走得迟，加上年轻有干劲，虽然工资不高，但是出的活儿已经比师傅多了。有的师傅渐渐对郑天有了看法：一个拿 500 块工资的学徒，比我一个拿 2000 块工资的师傅做的活儿都多，这让我脸往哪搁！郑天知道他们的这种想法，却不为所动。后来，老板知道了这个情况，给师傅们实行计件工资制，多劳多得。郑天的收入也水涨船高。

在阀门厂干了四年之后，郑天开始有些焦虑，是继续在厂子里安安稳稳拿着工资干下去，还是到外面闯一闯？郑天思来想去，拿不定主意。

机会出现得总是很偶然。厂里的老板买了一辆双排货车，缺一个司机。郑天听到这个消息之后，顿时来了精神，这是好机会，既可以出去见见世面，又比较稳定，而且他还会开车。于是，郑天成为了一名运货司机。在一年的时间里，他先后去过上海、杭州、青岛，虽然很辛苦，但外面的世界令这个刚满 20 岁的年轻人深深地着迷。

对他来说，生活的大门才刚刚打开。

二、第一次创业惨遭打击

在一年的历练之后，也就是 1994 年，这个高高瘦瘦的年轻人做了一个决定：自己干！替别人打工都是暂时的，要干就自己干，郑天心中激荡着年轻的豪气。那么，做哪一行，干什么呢？

父亲给他建议：要不我给你买几台阀门，自己在家里办一个阀门厂？郑天很快就拒绝了，四年的阀门学徒生活已经使他厌倦这一行。在为父母的皮鞋生意做过一段材料采购后，他发现温州的皮鞋特别好做，决定也做皮鞋，父母也没有反对。在20年后，每当郑天回忆起这个决定，他都后悔不已：如果当初做阀门生意的话，现在早就发财了！

郑天把这个想法和两位朋友说了，三个人一拍即合，合伙做皮鞋生意。父亲给了郑天2万块钱，加上郑天和朋友的一些积蓄，架子就搭起来了。生意开始非常顺利，他们在瓯北镇租了一个工厂，从温州买进原材料，在厂子里进行加工。很快，他们便生产出了第一批产品。但是，事情好像并没有想象中的那么简单。由于三个人以前都没有做过皮鞋生意，不熟悉市场行情，产品开发跟不上市场的要求，生产的款式在市场上并没有什么反响。而且，当时瓯北镇做皮鞋的工厂比较少，并没有形成一个稳定的批发市场，缺少销售的渠道。三个人都很着急，工厂不断调整产品款式，加急生产，可效果依然不好。等到年终结算的时候，厂子里还囤着一批货和原材料。一年的时间，早先的投入基本都打了水漂。

于是，在经营一年之后，工厂正式解散。为什么会合伙失败，郑天自己归结为太年轻，不懂事，也承认三个人之间在工厂管理和产品生产上存在着一定的分歧。但对此，他并不想深谈，对于这位20岁出头的年轻人来说，第一次创业的失败无疑是极为惨痛的，多年之后仍不愿回忆其中的诸多细节。

他也一定不会想到，在六年之后，同村的谢德超同样经历了一场一年期的合伙失败。可能更加想不到的是，在20年之后，珠吞天依角童装厂的三个女人竟然唱好了这一台合伙的戏！从郑天对此的评价，也许能够看出一些端倪。

在郑天看来，合伙的最大问题在于利益冲突：合伙肯定是要利益的，这个产品我说不好，你说好，我说这个不要做了，你说这个要做。做下来了，不好卖了，我就说我叫你不要做，你偏要做，这就产生矛盾了。做得好的话，两个人对分；做不好的话，一个人就有怨言了。除此之外，合伙人中有人勤快，有人懒的话，也会产生很多矛盾。同样，为什么天依角童装厂的合伙成功了，郑天认为最关键的是三个人都比较豪爽，虽然都是女性，但不会斤斤计较。

在珠岙村，合伙做不下去的例子不胜其数。甚至有的兄弟姐妹在合伙失败之后，关系彻底决裂，以后见面都不再说话，而像天依角童装厂这样成功的生意组合少之又少。

生意失败的事实对郑天造成了不小的打击。在那段时间里，郑天始终觉得抬不起头，不仅自己的积蓄全无，更重要的是把父母的2万块也搭了进去，这让他觉得非常惭愧。

对于郑天而言，这走出的第一步，为他以后的许多选择都埋下了伏笔。

三、奉子成婚

1995年，笼罩在阴暗情绪里的郑天依然无法摆脱生意失败的心结，但人生的另一面已经在悄无声息地展开。

父母看到郑天总是闷闷不乐，整天待在家里，才猛然觉得，这个22岁的毛头小子该谈婚论嫁了！通过一个阿姨的介绍，郑天认识了港头镇的一位姑娘。

郑天起初非常排斥，心想从未见过面有什么好谈的。但在第一次见面之后，郑天的心结便慢慢打开了。姑娘比他小四岁，长相虽然算不上惊艳，但非常朴实，给人的感觉很舒服，相似的家境也使得两个人有很多可聊的话题。就这样，两个人逐渐确定了恋爱关系。

从此之后，郑天振奋了许多，一扫往日的颓废。每天都骑着父亲刚买的本田摩托车，穿着夹克，戴着墨镜，飞驰过楠溪江大桥，去那一边见这位姑娘。年轻人感情的燃烧速度超乎所有人的想象。

在1996年，姑娘悄悄地告诉郑天：她怀孕了。郑天呆住了，他怎么也没想到。他并不希望她怀孕。回到家里，郑天不由得发出一阵阵苦笑。

但父母和街坊都觉得这是一件喜事。在20世纪90年代的温州，如果两个年轻人恋爱没有发生关系，人家就会嘲笑男方怎么这么傻，也会看低女方。郑天虽然知道这一点，但是在他小的时候，谁家姑娘要是恋爱的时候怀孕了，要被父母骂死，被村里人笑死。

郑天显然没有时间去感叹时代的变迁，他必须作出一个交代。到底要不要生下这个孩子？如果不要这个孩子，人们并不会说这个男人坏，只会说这个男人滑头，自己依然可以很潇洒。郑天思考了两天，决定生下这个孩子，他觉得这是一个男人的责任。这也意味着，他和这位姑娘的关系正式确定了。

于是，双方父母开始商量结婚的问题。生米已经煮成熟饭，两边意见自然一致。但是由于时间太过紧急，当年只订了婚，并没有摆酒席。其中最重要的便是彩礼的准备，郑天家的原则便是：不与好的比，也不与差的比，就做中间水平。最终，郑天的父母为女方准备了 68000 元的现金、两块金块以及一些金饰。除此之外，父母为郑天在镇政府旁边的小区买了一套 80 平方米的房子，供两人结婚使用。

而关于这套房子，也产生了一些小插曲。郑天的岳父岳母觉得这套房子实在太小，提出把这套房子卖了，再由他们添一笔钱给小两口儿买一套大一些的。郑天几乎没有考虑就回绝了。他开玩笑地说，万一以后和老婆拌个嘴吵个架，她说这个房子是我父母亲给你钱的，叫我搬出去，那就完蛋了。在郑天看来，房子再小也是自己的，这关系到男人的自尊。

1997 年，郑天的女儿出生。而他与妻子的婚宴，则是在 1998 年。

四、分家

婚后，郑天的事业也开始进入正轨。

在 20 世纪 90 年代，珠岙的童装已经成为一个响当当的品牌，来此地的批发商络绎不绝。在这股浪潮下，郑天的父母放弃了在上海的皮鞋生意，回到瓯北。郑天的堂舅当时正在红黄蓝公司担任经理，在他的撮合下，郑天的父亲与他，以及另外两位朋友在红黄蓝下面共同成立了一个子公司。一年之后，由于经营上的分歧，公司还是散伙了。郑天的父母分到了一半的设备，包括机床、缝纫机。于是，他们把设备搬到家里，在自己家里做工经营。郑天家有一栋小楼，小楼的二三层用于服装的生产，一层用来整理打包。就这样，厂子的架子算是搭起来了。

在女儿出生之后，郑天肩上的担子更重了。妻子在家照顾孩子，他就来回跑，白天回到珠岙和父母一起打理生意，晚上再回到镇上。虽然有些辛苦，但郑天很满足。

郑天家主要做童裤。在分工上，父母负责厂里的产品生产，郑天则负责产品的款式和销路。在当时，产品的销售方式主要有两种：一种是做出样板，批发商拿货；一种是批发商直接在郑天这边定制，明确款式和数量。在生意最红火的时候，批发商直接拿着现金堵在郑天家的厂子里，把钱先拍在那儿；甚至有的批发商自己剪线头，表示这批货是我的了。当时，童装非常紧俏，供不应求。后来，郑天想了一个办法，每当批发商来定制或者拿货时，他就把款式比较好的童装多生产几百件，一旦批发商加货，就能把加制的拿出去先用，解燃眉之急。

虽说女儿已经出生，但郑天的小家庭依然没有从大家庭中分出去。郑天不拿工资，厂里的收入供一整家子人花销，母亲负责记账。郑天在家排行老大，下面还有一个妹妹和一个弟弟。妹妹20多岁，平时就在厂里搭搭手。弟弟稍小一些，还在读书。

在刚结婚的时候，郑天也有过分家的想法。但是看到父母年纪这么大，弟弟妹妹还没成家，他不忍心父母承担这么大的压力。也没和妻子商量，便告诉父母要一起养这个家。做出这个决定，自己虽然有理，但对妻子的想法确实是没底，毕竟她与自己的弟弟妹妹没有血缘关系。在那段时间，郑天总是觉得对妻子有愧疚，特别担心她有情绪。但好在妻子并没有说什么，反而对郑天很支持。为了方便郑天在厂里照顾生意，她便带着孩子又从镇上搬了回来。

不久，妹妹就出嫁了。按照习俗，郑天为妹妹准备了一份不薄的嫁妆。婚礼的当天，妻子跑前跑后，一家人热热闹闹。在外人看来，郑天是一位不多见的好大哥。

2007年，弟弟大学毕业，考进了县里的社保局。同年，弟弟准备结婚。

经过和父母商量，郑天从这些年的收入里拿出 128000 元作为彩礼。因为家里拿不出足够的钱给弟弟买一套房子，在和妻子商量之后，郑天将自己的婚房送给了弟弟，让他和弟媳在里面住。在这一点上，郑天更是愧对妻子。结婚多年，总是顾着家里，自己的小家庭却并未有多少长进，妻子和女儿也没有跟着享福。但是妻子一点怨言也没有，从来没和郑天抱怨过，这一点更让郑天感激。

这些年，妻子的退忍他都看在眼里，现在是到适可而止的时候了。于是，在 2007 年，郑天正式和父母分家。

五、无可奈何的转型

分家后，郑天拒绝了父母继续合办童装厂的意愿，自己独自经营。

妻子也开始参与厂子的管理。郑天依旧负责款式和销售，妻子则干着以前父母做的活儿，抓着产品的生产与质量。

但是，自从 2010 年之后，郑天明显感觉到童装生意在走下坡路。以前都是批发商带着现金到家里抢货，现在是求着批发商赊账，每半年或者一年结一次账，产品卖不出去还可以退货。他知道，批发商不是没钱，是都拿去炒楼了。郑天隐隐觉得不安，一张只有签字的出货单并没有什么效力，他想定个合同，但这个想法刚说出口，人家就顶了回来："这么多年还不相信我，你怎么这么小气，算了算了，不在你这里做了。"他没得选。

看着自家的厂子，郑天也想过升级产品，一直做的童裤利润太低，他想增加几条产品线。但首先面对的问题就是：工人从哪儿来？厂子里不是没工人，但是他们都不想学新技术，做新产品。做了这么多年童裤，技术快，出活多，这样工资就高，何必从头开始学新技术，活慢脑累，拿的钱还少。在这种惯性下，郑天只得放弃这个想法。

而对于扩大规模，郑天则一直非常警惕。受到多年之前皮鞋生意的影响，郑天这些年一直试图规避风险，走最稳妥的路。对他来说，扩大规模不见得是好事，场面虽然大了，但是投入也多了，积货的风险也在变大。

因此，这些年，工厂的规模变化并不大。

但危险的到来往往悄无声息。郑天从来没想过，自己的十几万就这么没了。和他合作多年的一位批发商，到年底再也没能把钱还上，他出事情去世了。在得知这个消息之后，郑天到了批发商的家。批发商家里还有几个要账的人，他们围在一起，满脸通红地向批发商的老婆嚷嚷着，她什么也没说，只说是没有钱。等到要账的人都悻悻地走了，郑天也没言语，直接回家了。

他心里仍抱着幻想：说不定这个女人过段时间就有钱了。在年后，他每隔一段时间都去批发商家一次，但依然没要到钱。他也想过别的办法，比如通过小广告上的要账公司去要，但最终还是否决了，他不想因为这些钱犯法。他猜想，他老婆可能是真的拿不出钱，想着这出货单也没什么用，便断了要钱的念头。

十几万，对于郑天而言并不是一个小数字。在那段时间，郑天每天晚上都睡不着，有时候甚至会偷偷流泪。想想自己和老婆每天起早贪黑住在工厂，赚这笔钱多不容易，就这样没了，心里怎么能不难受。但好在，这笔钱并没有影响工厂的运转。郑天也逐渐走出来了，以至于他得知一些欠了他五千、一万的批发商跑路的消息，竟然有些庆幸不是那么大一笔数目。

在 2015 年左右，郑天基本处于"老板给工人打工赚钱"的状态，厂子里的工人每个月拿着几千块，不高却稳定，但厂子就不一样了，人工费、材料费、水费电费都在涨，有时候算下来，接一笔单，刨去这些费用，郑天不仅赚不到钱反而赔钱，倒不如工人拿工资来得舒服。郑天也在犹豫要不要继续这不赚钱的买卖，但他还是在做，即使利润压得很低甚至不赚钱。他知道，如果现在不做了，工人们就会散了，那以后更没办法做了，怎么样也得养着这些工人，以后说不准行业回暖，生意又好做了。

但郑天并没有等到这一天，在 2016 年，经营的不景气使郑天下定决心，彻底退出这一行。他把家里的三层租给了一个四川人做童装，自己在家待业。

六、还是要出去做

2016 年，郑天感受着行业的悲与喜，也直接触摸了亲人的死与生。

在这一年，母亲去世。当一家人围在一起，在葬礼的悲乐中送走母亲，郑天痛苦而又欣慰。他没有辜负父母的期望，作为大哥，他尽了一切可能维系着这份亲情。

也是在这一年，妻子怀孕了。2017 年，妻子生下来一个男孩。

儿子的到来为家里平添了许多喜气，郑天也从待业的沮丧和苦恼中走了出来。更准确地说，他已经没有时间自怨自艾，每天都忙着照顾妻子和儿子。两个孩子成了郑天生活的全部重心。

每当说到未来，郑天便有些沉默。这两年，他不是没想过工作，但是自己创业风险太大，他也不想再折腾；而想给别人打工，这个年纪没什么手艺，也没人要，现在只能吃老本。

但在生活的平静之下，郑天却总是感觉到一股蔓延的危机感，等到儿子成人的时候，自己已经 70 岁，谁照顾谁还是个问题。如果一直没有工作，老本早晚要吃光的，以后又怎么养这个孩子，这些问题时刻困扰着郑天。

某天的晚上 10 点钟，笔者和郑天坐在广场一边的长椅上，他看着台风过去之后的满天繁星，重重地说了一声："还是要出去做！"

对于郑天而言，当下才是生活，他已经准备好一切归零，重新启航。

撰稿人：张文军（北京大学社会学系硕士生）

指导老师：吕亮明

28 生性爱折腾

访谈时间：2018 年 1 月 30 日下午
访谈地点：浙江珠岙村，小县官童装厂车间
访谈对象：谭政，51 岁

> 年届五十的老谭终于还是干起了老本行，二十多年兜兜转转，似乎一切又回到了原点。折腾了这么多年，现在是不是想安定下来了呢？"还是不想就这样子。这辈子就安定不下来。现在儿子大了，女儿也结了婚，正好出去再折腾几年。"老谭哈哈笑起来，额头上的皱纹挤得更重了。

谭政是 1967 年生人。黝黑的脸上全是褶子，加上有点杂乱的胡茬，让人感觉他已年过花甲。他现在是某童装厂的车间主任。初次接触他后，一般人会认为他资历很深，但事实上，一年以前他还是一个阀门厂的老板。

一、服装厂打工

谭政出生在江西鄱阳的农村。他父亲是地道的农民，20 世纪 60 年代，南昌钢铁厂在地方招工，他本有机会进国企当工人，但他放弃了，结果做了一辈子的农民。

和大部分同龄人一样，老谭初中毕业后就没有继续往上读了。他在家里排行老五，上面还有两个哥哥和两个姐姐。吃饭的人多，赚钱就成了要紧事。十五六岁的谭政在家待了几年，除了帮家里务农之外，也开始做起了工。当时农村还有粮站，公粮收上来要运到别的地方，一个中间环节就是将粮食装车。当时还是小谭的他，将粮食一麻袋一麻袋装起来，然后背上车。干的是纯力气活儿，工钱也没有多少，但这也是村里所能找到的少有的赚钱方式了。

时间进入20世纪90年代，二十出头的谭政结婚成了家。这一时期东南沿海地区的私营企业开始进入高速发展的阶段，村里也逐渐有人出去打工挣钱。谭政自然也想出去闯荡一番。

1991年，在亲友的指引下，他只身来到福建石狮的一家鞋厂做鞋。说是鞋厂，其实是不正规的作坊。厂里住宿条件极差，两个小宿舍楼，男的跟男的睡，女的跟女的睡，一般是六七个人住一间，有的甚至是十几个人挤一间房。工作枯燥而辛苦，老板蛮横而不留情面，工人一天要做十几个小时，而每月的工资则只有几百元。谭政一开始觉得打工累点也正常，但时间一长，感觉自己来错了地方，就准备辞职不干。谁知道老板却不同意辞职，硬是不放工人离开。为了防止几个工人溜走，老板甚至把他们的行李扣了下来。谭政不乐意了，有一天趁老板不注意，他和一个工友偷偷拿了自己的行李就跑。谁知道刚跑没多远，老板带了一帮人追了上来，不由分说地开始动手打人。

"那时候的老板，就是这么野蛮。"谭政回忆起来，还是一肚子气。

人生地不熟的工人没有什么反抗的能力，只能吃这个哑巴亏。不过在鞋厂的工作，也让他学到了一些做鞋方面的技术。过了几年，厂里效益不好，谭政得以离开。

1998年，他辗转来到了"七匹狼"。与小厂不同，"七匹狼"是个大型的服装企业，管理相对规范，待遇也比小厂好很多。它的公寓住宿楼一栋七层，全都是宿舍。这时候他的妻子也出来一起打工，夫妻俩住上了夫妻房。作为熟练工，谭政一个月可以挣三千多，夫妻俩加起来有六七千。这在当时来讲，已经是一个非常可观的收入了。

二、生性爱折腾

尽管"七匹狼"的工作安定而有序，但是生性爱"折腾"的老谭并不愿意一直这么干下去。总是为别人打工，不如自己来做点事情。抱着这样的想法，在"七匹狼"待了四年的他离开了福建。

当时广东的工业化建设如火如荼，有老乡在肇庆的工地上干活，说那边开发区建筑工地很多。于是谭政用积蓄买了一辆"后八轮"（拉运建筑材料的大型载重挂车），来到广东肇庆的建筑工地上。他雇人帮忙开车，自己也开，一天24小时作业，专门为开发区填工地。

"做这个生意全看天气，工地上雨水一多，土方车就没法作业。"

话虽如此，这个生意其实挺挣钱。然而为了省钱，他的土方车并没有上牌照。平时在工地上没人来查，可是转移地点的时候却要小心翼翼。有一次从一个工地转移到另一个工地，本来应该请拖车来拉土方车走，但是中间路途比较远，老谭带着侥幸开着车过去。结果半路上给路建的人抓住，一下子把车扣了下来。这一扣不要紧，罚款两万元。

"2003年那会儿两万不是个小数啊。"

"两万还算少的，好多抓到直接罚5万10万。"老谭苦笑道，"这么罚生意没法做啊，最后只能放弃了。"

在朋友的帮助下，老谭又从广东来到上海，在一个建筑工地帮朋友做了两年监工。当时江西老乡在温州这边打工、开厂的很多，老谭又来到温州，凭借之前在"七匹狼"这些厂工作的经验，找到了一份服装厂的工作。然而老谭也并未就此安定下来。

温州瓯北是著名的"阀门之乡"，大大小小的阀门厂遍布城乡各地。在温州待了多年的老谭的小舅子，就是在一家阀门厂做车间主任。老谭也想在火热的阀门生意中淘一淘金，他拉来小舅子和小姨子参股，自己出大头，投资一百来万建了一个小规模的阀门厂。

怀着满腔热情和期待的老谭，在办起阀门厂之后才切实感受到其中不易。之前一直从事的是服装和建筑行业，对阀门配件制造的流程和技术一无所知，一切还得从头学起。小舅子和小姨子虽然做的也是这个行业，但是一个还在别的厂里做车间主任，没有多少时间过来帮忙；另一个一直做的是销售，对阀门制造也是一知半解。老谭只能请一个比较熟悉技术的工人来负责工艺，自己则是边做边学，实在弄不懂的就请教自己的小舅子。困难远不止于此。由于是新厂，没有客源，老谭不得不一家一家地跑，没有办法接到大单，就从一些小生意接起，慢慢地也能接到十几万的订单。为了扩充客源，老谭想到了在网上卖阀门配件，于是在阿里巴巴上注册了店铺，开始弄网络平台销售。然而网上销售的竞争也很激烈，没有钱做宣传推广，将自家产品的排名靠前，能吸引到的客人也很有限。另一个问题是工厂没有生产更高标准产品的资质，阀门使用时经常要承受高温高压的考验，出了安全事故谁也承担不起。所以做着做着就遇到了瓶颈，大的订单不敢找老谭的工厂生产，老谭只能接一些更大规模的阀门厂商的外包生意。

更大的问题随之而来——资金不足。老谭本来筹集了一百多万投资建厂，可是这些钱很快就不够用了。要用钱的地方太多了，厂房租金上涨、设备更新换代、生产资质的获取，这些成本超出了老谭的预期。老谭租用的厂房并不十分正规，只是一个简易的铁篷，很多顾客过来一看，小打小闹的厂房立马让他们失去了合作的兴趣。但如果要租正规的厂房，房租又要翻一番。资质的获取更是难上加难，不光要注册公司，注册资本还要上千万，一些大的厂商都需要联合起来搞集团化才能获得所有资质，对老谭的小厂来说简直是无法企及。

外地人身份也给老谭做生意增添了很多障碍。本地人开厂，钱可以找人借，购买原材料可以赊账，资金总有办法周转得开，外地人就没有这样的待遇了，买原料需要现金，先交钱，再发货，没有周转的余地。

"这也不能怪他们，做生意都怕担风险。本地人欠账不还钱，他还有房产在这里，跑得了和尚跑不了庙。外地人又没有这些，谁也不敢冒这个风险。而且这些年确实有外地人做生意失败跑路的，信用就更差了。"老谭苦笑着跟我解释。

没有赊账的机会，资金周转成了很大问题。资金不够，买原材料的量相对较少，价格都会更高一些。这又增加了老谭工厂的生产成本。自己买东西需要现付，顾客从这里买产品却能赊账，很多顾客还款时间一拖就是几个月，三角债越欠越多，夹在中间的老谭处境更加艰难。

资金不足成了压垮老谭阀门厂的最后一根稻草。在坚持了五年之后，老谭还是决定抽身出来。虽然勉强经营下去也能维持，但是盈利却没有太大希望。赚不到钱的生意，压力又大，再加上自己年纪渐长，再继续做下去已经意义不大，只能放手了。说起自己的这段创业经历，老谭皱纹密布的脸上难掩遗憾。

"毕竟付出了好几年的心血，就这么倒了还是挺可惜的。"老谭说道，"而且你一旦撤出，别人欠你的钱就更难要回来了，因为没有生意上的往来了嘛。"工厂倒闭半年多，外面还有八十多万的欠款没有收回来。这些欠款有一半在温州，另一半则分散在全国多个地方。老谭年初时专门跑了一趟山东和江苏去要账，虽然要回来一些，但是欠债人七扣八扣的，最后拿到手的数目难免要打个折。而有些账目，要回来的希望则基本没有了。

三、20 年后回到原点

就在老谭变卖厂房设备之际，之前工作过的一个童装厂通过工友联系到了他，告诉他缺一个管理人员。年届五十的老谭终于还是干起了老本行，到了这家服装厂做车间主任。二十多年兜兜转转，似乎一切又回到了原点。

"折腾了这么多年，现在是不是想安定下来了呢？"看着一脸沧桑的老谭，我笑着问道。

"还是不想就这样子啊。我想先在这边打两年工，一有机会的话准备去广东那边。"老谭淡淡地说。

"又去广东吗？这次是去做什么呢？"我有些惊诧。

"有朋友在那边做物业，我也准备去搞搞那个。就是把一栋楼全部都租下来，搞装修，做成写字楼或者宾馆，再租给别人。"

"这个投资也不小吧？"我问。

"嗯嗯，投资有点大。那个是按租的年份和平方米算。我朋友现在在那里租了一栋楼，20年的合同，房租按年交，差不多要200多万吧。"

"那投资确实不小，你现在怎么去弄这么多钱呢？"

"也是合伙搞嘛，我一个人肯定搞不定。还是想闯一闯，安分守己的话……"

"那也不是你的性格。"我立刻接上这句话。

"哈哈，是这样的，这辈子就安定不下来。现在儿子大了，女儿也结了婚，正好出去再折腾几年。"老谭哈哈笑起来，额头上的皱纹挤得更重了，但是眼神里却透出坚定的光彩。

撰稿人：王鹏（中国人民大学社会学系硕士生）

指导老师：黄志辉

29 从木匠到老板

访谈时间：2018 年 1 月 30 日
访谈地点：浙江珠岙村
访谈对象：王得发

> 我今年 38 岁。16 岁到东北做木匠；20 岁到温州工厂，两年时间从打工仔做到代理老板；22 岁和小叔合伙做流通生意；31 岁独自创业。一路下来，可谓创业维艰，总算小有成就。对于未来，形势不乐观，这两年我打算稳一稳，不搞盲目扩张。

一、16 岁到东北做木匠

我出生在安庆市潜山县西北的大山里，地属大别山的一部分，可以说是整个潜山县最偏僻的地方。民国的时候太爷爷辈躲国民党抓壮丁才从隔壁县跑到这儿来。后来爷爷奶奶回隔壁县了，我父亲作为长孙就留在这个地方照顾太爷爷和太奶奶。我父母都是老实巴交的农民，没上过一天学，经济来源除了种地，就是养几只山羊。这地方太偏了，父母又都没读过书，所以我 8 岁开始就到隔壁县的爷爷奶奶那边读小学和初中，虽然也是农村，但是比潜山那边的山头要好一些。

初中毕业考不上高中，没学历也没什么技能，只能出去打工。当时村里几个人在东北做木匠挣到了钱，二叔也是其中一个，所以我就和二叔到东北去学做木匠。那时候我们家这边干一天活儿的工钱只有十几块，但是在东北做木工好的时候一天有 100 多，所以村里一传十、十传百，大家互相帮衬，就有好多人跑到东北去做木匠。当时我就跟着二叔去了辽宁葫芦岛市，那是 1996 年，我 16 岁。

到了那里之后帮着一个小老板干活儿。其实就是在郊区的小作坊里面，几个人一起做家具，做好之后到开集市的时候就拉到市场上去卖。但是我们的运气不太好，没有遇到好的老板。之前二叔帮忙的那家生意比较好，老板又不怎么计较工钱，所以赚到钱的就多一些，但是后来这一家生意不怎么样，做的货卖不出去，一直挣不到什么钱。一年之后二叔不打算继续干，就回去了。我回去也找不到什么好的事情干，就继续留在东北做家具。不过我换了一家，帮一个桐城的人干活儿。这家是个女老板，人很精明，算是一个强人，生意也不错，我基本上没太多闲下来的时候。那会儿我们主要是做床，用手工刨、手工锯做，说是做木匠，其实没什么技术含量，也都是纯苦力的活儿。

我每天早上大概 7 点起床，经常做到晚上 10 点。当时是计件算钱，一个礼拜出一次货，周末送到集市上卖，卖完之后礼拜天的下午又开始下一周的活儿，就这样一直循环。我印象很深的就是东北冬天特别冷，比老家冷得多，做家具有木料，就用废木料生火取暖，晚上和工友们睡在炕上。平常时啥娱乐活动也没有，有钱的人还可以打打牌，我自己也没钱去娱乐。那时候人比较单纯，想法也少，就想好好挣点钱，也就习惯这样的生活了。

在东北打工，只有过年的时候才回一趟家。回去要坐火车，从葫芦岛到蚌埠，舍不得买座位，硬是买站票一路上站着回家。过年时火车挤得不行，自己还带着被子行李等一大堆东西，现在回想起来都觉得苦不堪言。

帮别人打工毕竟挣不到多少钱。我当时也是胆子大，觉得卖家具并不是很难，自己又会做家具，就琢磨着单独出来自己干。于是第二年过年回来，我就在家里找几个叔叔借了大概两万元钱，到东北自己做、自己卖。现在有时候做梦还能梦见在东北自己当老板做家具的情景来，自己进木料，自己加工，虽辛苦但有干劲。只是当时还是精力不够，一个人既做又卖，又得自学做漆匠，还自己做饭，忙不过来，又没钱请人，有时候做家具做到半夜。吃了不少苦，钱却一分没挣着。人们生活水平提高之后我做的这种简单家具逐渐没有了市场。到后来，进的原料越来越贵，家具的价格却提不上去，货也卖不掉，再加上租金这些费用，最后只能亏本赔钱。做了一年多，当初的钱赔得差不多了，实在支撑不下去，我只能打电话给家里，让家里人帮忙找找别的事情干。自己第一次创业就这样失败了。

二、20 岁在温州给老板当替身

家里当时有个远房叔叔在温州打拼了好多年，已经做到了一个瓜子厂的厂长，当时这边好几个亲戚都在他那边做事。家里面打电话跟我说已经和这个叔叔商量好，帮我在瓜子厂安排了个工作，让我直接从东北坐火车到温州去。

拿到地址，我就到了温州。那个叔叔突然变卦，说厂里没有岗位了，没有工作让我做，只能给我安排一个住的地方，临时住几个晚上。当时我气不打一处来，但是一点办法没有。这一段我记得特别清楚，那是 2000 年的正月，当时自己身上总共只有 300 块钱。真是非常困难，到现在都是印象深刻。我一个人找到劳务市场，但是劳务市场要看学历，至少是高中学历，真的假的都行，没学历非常难找工作，我又没什么特殊的技术，所以就特别难。后来在身无分文的情况下，我最后总算找到了一家加工皮鞋鞋垫的工厂。

于是我就在这家厂里做流水线工人，专门做皮鞋的鞋垫。因为自己身上没钱，这家厂又说包吃包住，所以就先进去再说。工厂就是一个非常简单的车间，我当时做的事情就是在流水线上把不同尺码的鞋垫挑出来，分类打包捆好，10 个 10 个地叠在一起，工作很简单。我们是计时发工资，有订单来了就干活儿，每小时给 2 块 5 毛钱。所谓包吃包住，就是中餐和晚餐吃工厂食堂，住厂里的集体宿舍。住宿条件特别差，住的是三层的高低床，床边用那种蛇皮袋围起来，我当时就住在中间那一层。那个房间门常年都是开着的，人来人往的也没人管，屋顶还漏水。后来天热一点，我晚上干脆就不住宿舍，直接在流水线上睡。奇怪得很，温州那地方天热，倒是没什么蚊子，所以晚上流水线停了之后直接就住那里了。工厂里环境也是脏得不行，洗澡也没有热水，就直接对着露天的自来水冲。说句实在话，跟叫花子也没什么区别。至于吃的，因为是免费，开食堂的又是老板家亲戚，特别会帮老板省钱，饭菜做得很清淡，就是一点清汤寡水，吃起来一点味道都没有。当时自己也没顾及那么多，有得吃有得住，解决温饱问题就可以了。

就这样在厂里干了两个月。可能是在东北待了很多年，突然到南方，有点水土不服，再加上环境又脏又乱，身子就出问题了。当时就想请假休息，但是车间主任不准我请假，说如果要走的话，得提前一个月递上辞职报告，否则不给开这个月的工资。没办法，我就拖着病又撑了一个月。一个月之后实在不行了，就准备辞职，当时自己算了一下工资结下来应该有五六百块钱，够我缓一下再找下一份工作。好在我会交朋友。我当时跟一个帮老板送货的司机很熟络，也是安徽人，老板很信任他。我就通过他找到老板，说明了情况。老板说：既然你身体不好，就在厂里休息一个月，公司包你吃住，等你身体好了再干活儿。

那个月我就在厂里到处逛。没事就跟司机一起，给他搭把手干点活儿啥的。后来工厂要搬到新地方去，老板就把我提前带到新厂那边去了，跟几个工人一起去做些打扫卫生之类的事，钥匙丢给我，由我来负责。整个厂搬过去后我就有了新活儿干。当时工厂有两层，一层机器做好的物料要送到二楼的流水线去制作鞋垫，我就负责把一楼送到二楼的东西进行查验，相当于从流水线工人升级了一点。做了只有半个月左右，工厂办公室有个女接线员家里出了事情，请假回家了，我就顶了这个缺，回到办公室来了。皮鞋厂下订单、上面报生产计划过来，就由我来接线，然后写计划。这样一段时间下来，我就把厂里的事情都弄得清清楚楚，从生产计划到最终做出成品，包括厂里的流水，车间的物料，都非常熟悉。厂里的工艺我也都学会了，可以说如果让我自己开厂的话，也能把东西一样不差地做出来。因为学得很快，又在新厂待的时间长，人员改制等事情都参与过，样样精通，老板就非常信任我，工资提到了一个月一千多，住的地方也改成了两人一间的宿舍，条件改善了很多。当时老板很少到厂里来，我对厂里事又什么都懂，老板过来跟我聊天，我也能说得头头是道，所以老板就把工厂里管理的工作交给我。当时有一个年纪稍微大一点的，是厂里的元老，技术方面非常在行，机器什么东西坏了都能修好，但是不太会说话，管理方面不在行，所以凡事老板还是愿意交给我去做。这样无形中我就短时间内成了厂里的二把手，那时候进厂也才三四个月。温州那边人做事很讲究效率，正好我做事情比较高效，老板就把事情交给我去做。这样就免不了遭人嫉妒，当时有人向老板告状，甚至车间主任也去找老板说我在厂里瞎指挥，每每此时，老板就说是他吩咐我做的，给了我很大的支持。当然，老板也希望我能帮他多分担一些事情，后来老板干脆一个星期只来一次工厂，平常有事就让我直接打电话跟他沟通。这样我在厂里的权力也就越来越大，成了实际上全厂的负责人，管理全厂一百多个员工。厂里员工的工资核算、岗位安排、员工招聘等事情都是我说了算。其中的好多事情也是我自己慢慢学习得来的，边学边做。老板自身对管理的事情也不是很在行，所以等于是花钱请我抓管理。当然老板给我的待遇不错，也比较体恤我们，每次他来办公室就给我们桌上放一些中华、牡丹烟，让我们随意抽。

我在温州工厂里待的这段时间学到的东西相当多，不管是跟人打交道的能力，管理员工的能力还是账目管理的技术都学到不少。员工请假的批字、工作查岗，生产的产品合格检查，都是我来管理监督。我当时虽然年轻，只有二十出头，但是有老板支持，办事又干净利落，所以在厂里也有权威。加之那时候自己也很好学，还买了不少管理方面的书来看，至今家里还有当时买的《管理学》的书。之前在东北的时候我还自己报过电脑培训班，学了一些电脑技术。虽然当时好像没什么作用，也没帮我找到工作，但是后来管账目这些事情懂电脑的作用就体现出来了。那一阵子早上起来之后，有生产计划就去安排计划，然后就到厂里车间到处逛逛，检查工作的情况。也没什么别的娱乐活动，最多晚上跟别人出去吃吃夜宵。那时候工友们都是来自全国不同地方，我也不敢跟他们深交，赌牌什么的都很少。出去吃饭都是别人抢着付钱，我也很不好意思。巴结我的情况也是挺多的，毕竟关系好平常做事情也方便些。那时候温州的工厂管理很严格，大门平常都是关的，就算厂里没活儿干的时候，员工也不能随随便便出去。员工平时要出去买点生活用品什么的，都要跟办公室打报告。再加上员工的人事基本都是我来管，想把谁调到哪个岗位都是轻而易举的事情，所以厂里员工都想跟我搞好关系，但我也不好意思老让他们花钱请我吃饭。

我当时有二十多岁了，也想过谈恋爱的事情，但是自己要求比较高，家里面爷爷奶奶也是希望自己找家门口的对象，觉得外面的人不太可靠。那会儿反追的情况也是有的，更何况自己在厂里有实权，经常有女孩子约我出去玩。长得不错的也有，但是自己当时对女孩子的要求很高，又没有特别合适的，也就没跟人处对象。我招工的时候还跟劳务市场专门说了要安徽那边的人，结果也没有找到特别合适的。

三、22 岁回乡和小叔一起当行商

就这样在温州待了两年左右的时间，2002 年底，奶奶让我回去说亲。正好那时候我在这家厂待的时间也挺久了，有点厌倦，加上厂里后来的效益也不是特别好，工资涨得也不多，就产生了跳槽的想法。老板当时听说我要回去找对象，准了我四个月的假，岗位给我保留着。为了留我，老板还卡了我两个月的工资，说等我回去的时候再一分不少地给我。

回家之后，小叔给我介绍了一个生意伙伴的侄女，后来我就跟这个姑娘在一起了，就是我现在的老婆。当时小叔在县里的生意正做得红红火火，我和老婆就开始帮小叔家做事。那年小叔准备买货车专门送货下乡，我就在当年到市里去学了驾照，学完驾照开始帮小叔送货。一开始是跟在别人后面学开车和卖货，后来就开始自己开。当时卖的货主要是一些农副产品，花生米、鸡蛋、毛鱼、虾子什么的，从江西省九江市进货，拉到我们县的各个乡镇去卖给小商户，做的是批发生意。

后来小叔接了全县双汇品牌的经营权，当然我也出了一份力。刚开始谈的时候，小叔被双汇品牌的业务员骗了，差点没接下这个牌子，我就私下直接到双汇总部告了一状。为这事儿小叔还跟我吵了一架，小叔怪我把事情搞砸了，结果正是我告的这个状，才帮他把双汇的经营权拿下来。

2006年，小叔在一次送货下乡的时候出了车祸，腿受了伤。我受到这个事情影响也就没有自己开车下乡了，再加上这期间我的大女儿也出生了，我就从送货下乡的业务转为跟县城里的超市打交道，负责推销品牌。之后不久开始管理仓库，正好把我从温州学到的一套管理经验用到这边来。直到现在小叔家那么多仓库的仓储管理、运行基本都还是遵循我从温州带回来的那些思路。

帮小叔做生意那几年也是四处奔波，之前是租房子住，前前后后换了好几个地方，到后来小叔在城里买了套房，才算是安顿下来。

我的户口本来在潜山县，后来要落到这边来，就直接入的小叔一家的户口，实际等于过继到小叔家这边。所以我帮小叔这段时间，也就跟一家人一样生活，没有算工资，我自己花钱也省，平常要花钱的话，就到小叔那里拿一点。小叔当时对我的承诺是我帮他十年之后给我一套房子。

到2010年的时候，我父母年龄大了，身体不太好，经常要花钱。再加上五亲六戚人情往来也要花钱，要花钱的地方就多了，小婶就开始不高兴。奶奶去世的时候，关于怎么分担丧葬的费用，几个叔叔伯伯之间也都吵过架。我出来这么多年，其他叔叔都觉得我应该分担一份，算四份钱，小叔帮我出那一部分丧葬的钱。但是小叔小婶一直坚持钱应该分三股，我跟他家合算一股，为这一类的事情不知道吵过多少次。

这样下去不是办法。我就跟小叔谈，要么给我开工资，要么我自己出来单干，但是小叔都不同意，我老丈人也出面阻止了，这样就只能继续在小叔那儿，做一些管理方面的事情。那时候小叔的女儿也大了，有时候跟我闹一些矛盾，吵急了就会说我吃她家的、住她家的、用的东西都是她家的怎么样怎么样，我实在是气不过，当时就产生了一定要出来单干的想法。就在那一年，我瞒着所有人偷偷注册了一家公司，找的是一家代理机构，帮自己以后出来单干做准备，这也是当时他们都没有想到的。

四、31 岁独自创新事业

到 2011 年下半年，矛盾进一步激化。实在没有办法，我就跟小叔谈判，说自己一定要出来。但是小叔说自己没有什么钱，给不了我什么东西。实际上当时小叔的生意已经做得很大了，但他就是坚持讲自己手头没有多少钱。我就说没钱给我也要出来，态度非常坚决。后来小叔没有办法，给了我 5 万块钱的货，另外加上一辆又旧又破的货车——这辆车还是我通过别的关系找他要到的。帮他干了八年，总共就给我这么些东西。这样我就正式出来单干了。

当时我提前在外面租好了几间房子，房子租在河边的一栋二层老屋里面。房子里所有的东西都是自己重新买的，从一双筷子一只碗到里面的家具被褥。我们一家人搬出来，除了带一些换洗的衣服，别的什么都没有，等于是净身出户。当时我的小儿子三岁了，刚住在出租屋里的时候，一到晚上又哭又闹，不愿意住在这个地方。他老是问我们："爸爸妈妈，我们什么时候能买又大又漂亮的新房子，就是那种一进屋就要换鞋的房子？"我听了心里也很不是滋味。那一年日子过得是很可怜的，真是吃了不少苦。

那一年我和老婆没日没夜地干活儿，到处去卖农副产品。身上没有本钱，就到处去借。当时小叔手头上有两个酱油品牌，加加和海天。加加那边要求他只能做一个牌子。当时加加做得比海天大，小叔就打算把海天的经营权卖掉。之前帮小叔的时候一直是我跟海天那边打交道，关系处得非常好，我就要到了海天品牌在全县的经营权。我租了几间仓库，但是没钱请司机送货，就自己又当司机又当老板，开着破车到各乡镇去卖酱油。就这样拼命干了一年，攒了一点钱，到 2012 年换了一辆新货车。2013 年，我又接了个新的品牌，又开始到各个超市去推销产品，搞促销活动。

说起做生意，我觉得第一件重要的事就是诚信，产品质量要过硬。再一个做事情不能斤斤计较，吃点小亏都是无所谓的。你自己吃了小亏，别人占了便宜心里也舒服，有些事情就好做一些。当然，能够抓住机遇也很关键。比如说我接中粮这个品牌的时候，就是我以前生意场上认识的一个朋友升了职，当上了中粮集团安庆区的一个主任，帮忙把这个机会弄给了我。我抓住这个机会接下了这个经营权，然后就大力搞推广，把销量提高上去了。后来我又购置了两辆车，三辆车一起下乡去送货，每辆车固定一个线路，车上请两个人，一个开车，一个送货。现在我们都是手机开单，不用纸笔，搞电子化管理，这样管理起来也方便得多。

一切都在步入正轨，去年我的公司开始改为了一般纳税人，我也给员工买了保险，我和我老婆现在也开始交企业社保，这样交15年以后老了也能拿到养老金。公司现在一年的营业额已经有1000多万。生意发展起来，经济状况也渐渐好起来了。2014年，我终于在城里面买了一套房子，130多平方米，把家里人都接过去了。现在又买了辆奥迪，开起来也更有面子些。

今年年初的时候，我又投资100多万，在一个乡镇开了一家超市。我请了店长，超市所有系统都是电子化、正规化运营。县城里最大的那家超市的负责人跟我的私人关系非常好，也是长期生意上的伙伴，他帮我做了这个超市的策划，我有什么不了解的地方也是他来教我弄，还到我那个超市去看过几次，传授了不少的经验。

虽然前几年生意发展得蒸蒸日上，但是今年的生意就不好做了。整个中国经济的大环境不好，所以这两年我打算稳一稳，不搞盲目的扩张，保证自己的资金链不出问题。本来年初的时候准备买地皮投资搞仓储生意，现在看还是先放一放，不能投入太大。

撰稿人：王鹏（中国人民大学社会学系硕士生）
指导老师：吕亮明

30 生意的滋味

访谈时间：2018 年 7 月 10 日上午
访谈地点：浙江珠岙村面香源面馆
访谈对象：蒋理财，61 岁

> 蒋理财想起他奔波的脚步踏遍了陕西、河南的每一个县；他想起他曾经栖身的逼仄昏暗的小旅馆；他想起在火车上他靠着铺盖卷睡觉；他想起他以谄媚的笑容为供销科科长点上的烟……靠灵活的头脑和肯吃苦的精神，穷小子蒋理财终于为自己打拼出了一片天地。

一、离职单干

蒋理财出生于一个有五个兄弟姐妹的珠岙村农民之家。双目炯炯，黑黑瘦瘦，个头虽然不高但很精干，是一个头脑灵活、精力充沛的小伙子。初中毕业之后，对读书和学习没有什么兴趣的必旺，和大多数同学一样，放弃了学业，到村子里制锁的社队企业里当上了学徒。不过两年，他就对这个收入微薄、重复乏味的工作失去了兴趣。

很快，通过熟人的介绍，蒋理财转到村里的另一家修鞋机厂。他聪明又肯干，很快熟练掌握了各种技巧，升为熟练工，当上了师傅，收入也比从前高了不少。他还用攒下的钱买了一辆自行车。

他经常骑着这辆自行车往返于附近其他村镇与珠岙村，也用这辆车捎人赚点小钱。

改变悄然而至。1978 年十一届三中全会后，蒋理财确确实实地感到世道变了。越来越多的人离开村子走南闯北，做起了生意。他们回来时穿戴一新，讲起在外闯荡的见识经历，惹得村人惊羡；有些在人们口中"赚了大钱"的人，回村修建起了宽敞的新房。

说到房子，蒋理财总会暗暗叹口气。二十多年来，他一直和父母、五个兄弟姐妹挤在一间小房子中。如果他一辈子挤在父母家，只怕不会有姑娘愿意嫁过来。可是建一栋属于自己的房子又谈何容易呢？蒋理财粗粗算过一笔账，就是最普通的两间屋的平房，砖、匠人、水泥、包匠人的饭食……都要数万元。自己每月工资不过 38 元，那不吃不喝要攒多少年才够他盖一栋房子啊。自己一定得赚钱，要赚大钱。这政策不是已经变了吗？那么多人出去做生意都赚了钱回来，我蒋理财一点也不比那些人差啊。他发现自己已经再难安于在厂子里当个普普通通的工人了。

1980 年，蒋理财到北京出差，大开眼界。他站在天安门广场仰望苍穹，第一次发现原来天空如此高远。

自北京回到珠岙后，蒋理财下定决心从工厂离职单干。

1982 年，蒋理财正式从工厂离职，当起了供销员，那年他 25 岁。

二、精明的供销员

十一届三中全会政策放宽之后，短短三四年内，素有经商传统的温州地区，商业活动就变得十分活跃。各个村庄、县城如雨后春笋般冒出了大大小小的家庭作坊，同时不仅在本地建起专业市场，做起批发零售生意，还通过散布在全国各地的供销员大军与全国大市场相联。"十万供销员跑市场"，他们编织起巨大的民间流通网络，把温州千家万户的商品生产同千变万化的社会需求衔接了起来。

蒋理财初中时的同桌早他几年就做起了当地阀门厂的供销员，那几年也赚了上万元。蒋理财从修鞋机厂离职后，在他的介绍下到本村的一家社队企业阀门厂当起了供销员，成为这十万大军中的一员。

蒋理财通过同行间的消息了解到，陕西、河南二省化肥厂较多，而化肥厂则是他出售阀门的主要对象。于是，他第一次踏上了火车，由温州去往南京，由南京转往山东，最后由山东转至郑州。到达目的地后，为了省钱，蒋理财就住在偏僻郊区条件较差的小旅馆中。

安顿好后，蒋理财就向旅馆老板和当地人打听化肥厂的地址，随后就带着阀门厂开具的介绍信和各色样品到各个工厂中推销。他先到各个单位的供销科，向科长出示一本上面画有各种型号阀门的图册以及阀门样品。

那时采购的大权系于供销科科长一身，脑子灵活的供销员们都会想方设法讨好科长。蒋理财通常会给科长留下自己所住的小旅馆的地址和电话，并暗示科长可以得到好处。一部分科长就会在下班后来到他的住所，和他具体商谈。对那些不来的人，蒋理财也有办法，他会在单位门口等他下班，悄悄地跟随他回家，在他回家的路上透露具体的好处。

蒋理财明白，只要他与科长建立良好的关系，就可以将东西卖出。他有着灵活的头脑、机敏的反应和作为一个农村人最朴素的热情。为了和科长搞好关系，他会蹲在科长的家门口。科长家有孩子上学他就帮忙送；有病人住院他就帮忙照顾；有米面油拿回家他就帮忙搬上楼；如果需要水果蔬菜，蒋理财就立刻前去购买，十分殷勤细心。况且他还有一个优势，他的产品价格低廉。蒋理财的办法发挥了作用，他的生意在河南、陕西两地逐渐发展起来。

如果能拿下一个单子，蒋理财在其中所赚取的利润是可观的。在总的销售额中，购买阀门的成本大约占40%，阀门厂从中抽成10%、送予供销科科长的礼物也占10%左右（这一数额浮动较大），除去差旅费用（车票、住宿费、饮食费用），一笔单子中供销员能赚取约40%。

为了出售阀门，蒋理财走遍了陕西、河南的每一个县，学了好几种不同的方言。

在做买卖的过程中，蒋理财交了不少朋友。1984年，一位朋友做过供销科长的朋友调任山西省一家化工厂厂长，蒋理财因此得到一笔数额达5万元的大订单。除去成本以及各种其他花费后，他从中净赚了两万元。

正是靠这两万元和之前的一些积蓄，蒋理财在家乡盖起了两层楼的房子，也结了婚，生了一儿一女。

从 1986 年开始，阀门生意不好做了，多家化肥厂因效益不好倒闭。蒋理财在外奔波数月，却一个单子都没拿下，而他的差旅费用和向供销科送礼的钱都在一点点损蚀着自己曾经攒下的老本——这些老本经过娶妻和盖房的折腾后，已经没剩多少了。

接连两年的亏损几乎耗尽了之前辛苦攒下的积蓄。在养家糊口的巨大压力下，蒋理财无力再继续做供销员，他重新回到工厂当上了机械师傅，拿着一年 1000 余元的稳定工资养活妻儿。两年前他还志得意满，没想到时运的转折突如其来，让他的生活低沉了下去。

三、和连襟合伙反目成仇

这份活儿当然是干不长久的，蒋理财岂肯甘心锁在珠岙村这一方闭塞的天地中？

20 世纪 80 年代末，珠岙村的童装产业逐步发展起来。村里建起了十几家童装厂，有些大厂每月盈利就可达十几万元。村里为了扶持童装产业，在 1992 年专门兴建了珠岙童装批发市场。每次经过喧嚷的批发市场，蒋理财都心里痒痒的，也动起了做童装的念头，只是不敢轻举妄动。

一天，妻子沈芳的姐姐和姐夫来他们家吃饭。席间姐夫说，他打算做童装生意，只是自家地方小，得租厂房，而租金又太贵。蒋理财脑子灵光，说自家的房子宽敞，何不两家合作呢？两人一拍即合。

一个生产童装的家庭小作坊就这样组建起来。蒋理财的两层楼房成为了新的厂房。一共四个人：姐夫是主要出资人，负总责；姐姐和沈芳制作衣服；蒋理财负责销售。蒋理财没有辞去工厂机械师傅的工作，偷偷地忙着自家童装厂的事儿。

童装厂很快就开始有序地运转，最开始只做童裤。那两年童装生意很好，全国各地的童装商都来珠岙批发，蒋理财的厂子规模虽小，但也有不错的盈利。厂子稳定之后，他就辞去了机械师傅的工作。

很快，一个哈尔滨的客户找到他们，把蒋理财的厂子包了下来。厂子每年只固定为这个哈尔滨的服装店生产衣服，他们也由生产童裤转而做起了儿童西服。有了稳定的客户，衣服不愁销路，生意越来越好，规模自然扩大了不少，雇了十来个工人做衣服。沈芳和姐姐不再操纵缝纫机，而是监督工人们的活计。可惜不过两年，哈尔滨服装店效益越来越差，订单越来越少，以致无法支撑这个厂子的日常运转。村里的批发市场也在几年前取消。蒋理财再次踏上了长途，去往全国各地寻找衣服的销路。

他跑过江苏常熟、湖北武汉，又循着包厂的哈尔滨客户的足迹去了东北。最终，蒋理财看中了满洲里的海关市场。满洲里位于中俄边境，有规模很大的口岸市场，常常有俄罗斯商人来做批发生意。

蒋理财回到温州后，与姐姐一家商议，最后决定由蒋理财带着妻子去满洲里开铺子做生意，还是做童装；姐姐姐夫留在珠岙生产衣服，照顾两家孩子。

1998 年，蒋理财和妻子一起来到满洲里，花了十几万买下来一个铺位，并给自己的儿童西装起了个牌子"小鳄鱼"。他们在铺子上摆好温州送来的各类衣服的样品，吸引了来来往往的批发商。

初来满洲里的几年，生意不错。客户赖账不还、衣服压货的事情都少有发生。

到 2007 年，蒋理财觉得生意越来越不好做了。满洲里口岸又新开了好几个批发市场，来他这里的人少了。又连着两年，几个大客户跑路，到清账时杳无音讯，再也联络不上，亏损了近百万元。在温州的姐姐姐夫对蒋理财一家十分生气，指责他们无能，亏损了大家的钱。蒋理财觉得自己老了，也累了，奔波了一生，再跑不动了，心灰意懒之下就回了家。

蒋理财一家人回到温州珠岙后，和姐姐一家吵得很凶，结果散了伙。散伙时，怎么分红成了最关键的问题。两家原来商定的是一年一分红，但在蒋理财夫妻去满洲里之后改变了。客户的钱都是先汇到负责销售的蒋理财那里，然后在除去他和妻子在满洲里的日常花销和店铺税金之后，再把钱汇回温州的姐夫那里，用于购买原料、发放工人工资、供养几个孩子。

除了覆盖掉运营的日常开销,这合伙两家人已经有八年没有正式分过红了。于是姐夫和蒋理财开始共同清查八年来的账目。姐夫非常生气,他认为蒋理财私自做了手脚,借着钱是最先汇到他那里的便利,私藏了不少钱财。他觉得自己被人欺骗,后悔自己的老实和轻信,甚至后来都没有出席蒋理财儿子的婚礼。蒋理财当然矢口否认,倍感面上无光。

蒋理财也有他自己的想法。这么多年来,姐姐姐夫一直用着他们家的房子当作厂房,可曾想过为他们支付租金?当包场的哈尔滨商人走掉后,是他蒋理财在全国各地跑,心急火燎地找销路找市场。当他们夫妇俩在冰天雪地的满洲里辛辛苦苦卖货,忍受着和亲生儿女骨肉分离的痛楚,姐姐姐夫却在相对轻松的环境里做着活儿。显然,他们认为自己更为辛苦!

后来,蒋理财在珠岙给儿子风光盖起了六层楼的小楼房,为他娶到了一个本地媳妇。几年后,女儿也风光出嫁,他陪给姑爷一辆路虎和一屋家具。

蒋理财如今在儿子开的面馆里偶尔帮帮工,帮忙带带孙子。也仍然还残留着些年轻时的热情,闲不住,紧跟时代在微信里做起了代购。

他确确实实是老了,开始唠唠叨叨地回忆过去。他平凡的一生在时代的大浪中,如一叶小小的纸船。他曾经奋起,也曾经失败;曾经富有,也曾经贫穷。他为财富、为子女拼搏奋斗了一生,到如今,他吃喝不愁,但除此之外也并无其他。

"这人呢——"蒋理财望着面馆外熙熙攘攘的人群,总会拖长调子,叹上这么半口气,尾调拖得一波三折,仿佛他跌宕起伏的人生。

撰稿人:刘锦玉(北京大学社会学系本科生)

指导老师:黄志辉

31 不幸之幸

访谈时间：2018 年 1 月 22 日下午
访谈地点：浙江珠岙村
访谈对象：张云，47 岁

> 没想到碰到这么个主儿，全家都拿男人没辙，最后
> 只好把女儿嫁给他。结婚那天，张云的姐姐把门堵上，死
> 活不让妹妹出去。妈妈抱着女儿哭，全家没有一点高兴的
> 样子……

一、难言之隐

2018 年是张云在珠岙村待的第二个年头。她本来在隔壁一个小镇的童鞋厂做鞋，去年儿子生了个小闺女，张大姐没法专职干活儿了，干脆到这边来安心带孙女儿。这天赶上媳妇儿的工厂放假，可以在家自己照看小孩儿，张大姐终于也能放上小半天假，到村里的老年人活动中心看看电视，算是一种休闲。

张大姐 1971 年生人，今年也不过 40 多岁。尽管脸上的皱纹带着些许沧桑，有神的双目加上颀长的身材，让人不难看出她年轻时必定清秀水灵。活动中心的电视屏幕里播着《水浒传》，在一片打麻将和下象棋的嘈杂环境中，需要将音量开到最大才能听清对白。这让人们的交谈变得有些困难，不过我还是一下子被张大姐口中那熟悉的乡音所吸引。

"你也是安庆人？"我急忙问道。

"是啊，我是安庆宿松的，你是哪里？"

千里之外的温州小镇碰到同村人，对话由此展开。对没有工作的中年妇女来说，丈夫孩子始终是绕不开的话题。说到一对儿女时，张大姐眼神中闪耀着光芒，嘴角不觉上扬；但是一提到丈夫，那道光却忽地暗了下去，话虽然没停，可全没了说下去的勇气。这让我不禁好奇，张大姐跟丈夫之间是否有什么难言之隐。

"女孩子还是多读点书好啊，嫁人也能嫁个好人家，不用急忙忙就嫁出去了，早早地就结婚生小孩。"

我接过话："早点结婚也挺好啊，像您早早养了儿子女儿，40多岁就抱孙子了，日子过得多圆满。"

"儿女是还不错，"张大姐嘴角微微上扬，但随即又滑落下去，"可是本来没想那么早的……我小的时候，读书也是很好的，又认真又听话，成绩一直都是班上前几名，可是也就读了个小学就没读了。"

"怎么没往上读呢？"我追问了一句。

"那时候的女孩子，读完小学就可以了。我姐妹有四个，我排老二，还有两个弟弟，怎么可能再往上读呢？那时候也都没这个意识，我三妹小学读了一年就不想上了，现在也只会写自己的名字。但是她嫁了个好老公，还是个老师，对她好得不得了……三妹真是运气好，是个享福的命。"张大姐眼神中流露出羡慕，但是这话里明明透着无奈。

"您老公对您怎么样？"又到了这个话题，我不知道自己应不应该这么问。

张大姐没有拒绝这个问题，而且仿佛找到了倾诉的出口，主动说起了她与丈夫的往事，言语间眼眶已经逐渐泛红。

二、被绑架的婚姻

那还是30年前，辍学多年已经十六七岁的张云跟着舅舅到了湖北黄石的建筑工地上。舅舅在工地上做工，张云帮工程队做饭。整个工程队几十号人，大半是宿松的老乡。工地上年轻小伙子多，张云又长得漂亮，自然成了大伙儿追逐的目标。

她回忆说："我那时候长得还是不错的，那些小伙子就喜欢过来围着我玩，捉弄我，说些有的没的。我年纪小，胆子也小，经常地就让他们给吓哭了。我舅舅就去骂他们，话说得厉害点，那些小伙子也就不敢来欺负我了。"

可是工人里就有这么一个胆子大的看上了张云。这人长得一般，个子挺高，比张云大了三岁，跟张云家同县不同乡。舅舅的严厉能喝退其他人，但是赶不走这个男人，甚至等工程队收工，他跟着一直追到了张云家里面。这人胆子大，理也不讲，可真是气坏了张云的父母。"他一到我家，我爸就把家里烟都藏起来不给他抽，真是一点也不喜欢他。"可是父母不同意并没有用，这人赖在张云家里不走了，而且撂下狠话："不把女儿嫁给我，我就死在这里，其他人都得陪葬！"

"你们就这样被他吓到了？"我问。

"他那时候太凶了，又死皮赖赖，不怕不行啊。关键是在那之前我家旁边真发生过这样的事情。我们邻居家女儿原来谈过一个男朋友，后来没谈拢分掉了，男的死活不愿意分，女孩儿最后还是跟别人结了婚，而且生了个儿子。结果在儿子周岁的时候，家里办酒席，之前那个男的跑过来，把她小儿子抱过去，拿刀威胁他们。邻居家就报了警，结果下午两三点钟的时候，那个男的一刀把小孩儿杀掉了。那么一点点大的小孩儿，说杀就杀了。虽然男的最后被抓去枪毙，但是小孩儿已经死掉了。这种事情发生在我家，我老公也是威胁要杀人，看起来就是一个不要命的人，你说我们怕不怕？"

没想到碰到这么个主儿，全家人都拿男人没辙，最后只好把女儿嫁给他。结婚那天，张云的姐姐把门堵上，死活不让妹妹出去。妈妈抱着女儿哭，全家没有一点高兴的样子。结婚之后，丈夫并没有什么大的转变。不久张云怀孕生下了大儿子，坐月子才十几天，丈夫嫌家里太无聊，转身就出去打工，并不管家里的事情。婆婆脾气差，动不动就对张云破口大骂。张云实在忍不了，孩子一满月就带着儿子回了娘家。过两年又有了一个女儿，丈夫同样不闻不问。那几年是最难的时候，丈夫在外面打工常年不回来，也不往家里寄钱，张云娘儿仨全靠她娘家接济。

"为什么不离婚？"

张云快速接过话头："怎么不想离婚？时时都在想离婚的事情，想一走了之就完了。可是这个念头一起，再看到两个孩子，心就又软了下来。也是那时候的人比较老实，有了小孩就不敢也不想离婚了。搁现在的话就肯定离了。"

三、在打工中独立

等孩子大一些之后，张云把孩子留给外婆，自己只身到温州来打工。

"没有办法，老公只顾自己挣钱自己花，家里没有积蓄，我下了决心，不能再这样下去了，我也要出来挣钱。"张云回忆起当年出来时的情景，依然忘不了自己曾下过的决心。

来到温州，张云做的第一件事是在亲戚的介绍下到一家鞋厂做鞋。改革开放大潮中的温州，遍地都是大大小小的民营企业，一家一户开个小厂，雇几个工人，就可以生产出行销全国的各色商品。张云工作的这家鞋厂，专门做童鞋。厂子虽然不大，但是生意很好，订单源源不断，这让计件工人的收入也相对稳定，好的时候一个月能挣三四千元。张云在这里挣到了人生的第一桶金。在那里干了两三年，攒了点钱的她开始盘算着做些小生意。温州外地务工的人多，但是消费低，买得最多的就是廉价的生活必需品。当时有一些人就在镇里摆地摊卖衣服，买衣服的也主要是在温州打工的外地人。张云于是也开始摆地摊，从服装厂里进一些价格便宜的衣服，在闹市摆出来卖。生意虽然简单，但是一点也不好做。晚上进货，白天摆摊，常常让张云累得直不起腰。摆摊的时候跟别人起了争执，张云一个人势单力孤，被人欺负也没办法还击，只能背地里抹眼泪。后来实在坚持不下去，她想到了那个不顾家的丈夫，把他从其他地方的建筑工地上找过来帮忙。也许是年龄的增长让丈夫变得成熟了些许，他竟然同意过来了。可是丈夫的脾气依然坏，吵架是家常便饭。做生意挣钱养家成了维系这段脆弱婚姻的唯一纽带，又或者说是枷锁。

靠着打工做生意挣的钱，一家人的经济状况渐渐改善，老家的新房也盖了起来。孩子一天天长大，终于到了谈婚论嫁的年龄。三年之前，大儿子结了婚，对象是儿子打工时认识的外地姑娘，懂事听话，对张云很是孝顺。婚事自然是张云一手操办的，丈夫依旧是不管。

"这些年他在温州认识一些老乡，跟他们学坏了，经常在外面鬼混，老是夜里三四点才回家，在家里也没什么好脸。"张云说这话时仍然有些怨恨和无奈。

可是这些张云已经不太在乎了。她的生活已然有了新的重心，带孙子孙女儿。张云做着自己的计划，这两年家里可以在县城买套房，等孙子大了些，就回去带他们读书，在县城里卖卖水果，做点小生意，管自己生活肯定没问题。

"我给自己攒了养老钱，没跟儿女们说。"张云眼睛里流露出骄傲的神色，心里自有着盘算，"我现在身体不太好，腿脚经常会疼，做不了什么重活儿。现在不工作了，得让他们给钱呐，自己的钱先留着备用。如果告诉他们了，要用钱的时候不给他们又不好。我现在只担心到时候带两个小孩读书，自己文化不够，带不好他们就糟糕啦。"说到这里，张云嘴角上扬，幸福的笑容再次回到了她的脸上。

之后的话题开始轻松起来，张云说到读书的好处，羡慕像我这样读大学的人，希望自己的孙辈以后可以上大学，不用出来打工。我则在心里默默感叹：改革开放带来的前所未有的经济机会，让像张云这样的普通女性，有了更多实现经济独立的可能，为她本来不幸的婚姻，带来了走向平稳幸福的转机。

撰稿人：王鹏（中国人民大学社会学系硕士生）

指导老师：黄志辉

32 收废品的学问

访谈时间：2018 年 7 月 8 日上午
访谈地点：安徽店集村，陈亮家中
访谈对象：陈亮，62 岁

> 陈亮如今过上了相对富足的日子。不论是最先在家中卖豆芽菜，还是后来去东部收废品，他一直走在做生意的路上。多年的经历教会他一个重要的道理：做买卖，生活，都不要想占小便宜，诚实促成信任，信任成就生意。

1956 年出生的陈亮，按虚岁算今年 63 岁了，春节过后他和妻子就没有再外出做事。他膝下有两个女儿，小女儿已嫁人育女，大女儿在上海打工。陈亮在江苏省启东市吕四镇做了 10 年的废品收购，收入一年比一年高，去年纯收入 10 万多元，有了不少积蓄。今年突然收手不干，一是觉得自己老了，二是没有儿孙，夫妻二人钱够花了。"解甲归田"的他向笔者讲述了 60 年人生的起起落落，不论是最先在家中卖豆芽菜，还是后来去东部收废品，他一直走在做生意的路上。多年的经历教会他一个重要的道理：做买卖，生活，都不要占小便宜，诚实促成信任，信任成就生意。

一、豆芽菜撑起一家子的生活

1978 年，高中毕业的陈亮差一点点走上锦绣前程。他和一位同班同学来到凤台县体检，准备上中专，"那时候上凤台就出去了啊，那时候出去不得了！"然而命运的齿轮就在这个节点上卡住，他差4分未被中专录取。而另一位同学考上了蚌埠商贸学校，吃上了国家粮。考场失意，他便只能一边在家务农，一边接下了父亲压豆芽菜的手艺。

那时粮食产量都低，交公粮的要求却不低。每年农收后交了公粮，余粮也仅够家庭吃喝，在他娶妻生子后，生活负担很重。好在他继承了祖传的压豆芽菜手艺。他做了豆芽菜坐班车到杨村镇上出售。豆芽菜经济实惠又好吃，他的生意一直红火。就这样，陈亮解决了家庭吃喝和女儿的学费，在1991年盖上了新房，一直住到现在。

不过，陈亮赶上了计划生育。自从妻子生下大闺女，两口子喜欢是喜欢，可总还想着再生个儿子传宗接代。1994年，第二个孩子出生了，还是女孩。那时候计划生育抓得紧，夫妻二人知道若是被发现二胎带去结扎，两人便不可能再有儿子了，而且家里也受不住催命般的罚款。于是陈亮带上身体刚刚恢复的妻子和还在襁褓中的小女儿，一路奔往天津。

那是陈亮的第一次外出。天津的远亲给陈亮介绍了一个在菜园子里的工作。打工实际上没能挣多少钱，这一趟外出挣钱在其次，躲计划生育罚款才是最要紧的。在天津躲了半年，女儿一点点长大，陈亮觉得总是在外躲藏也不是长久之计，家里的土地也不能总撂着不管。他猜村里的风头大概不像之前那么紧了，又带着妻女悄悄回到村里。一回家，夫妻二人马上把小女儿送到岳母家。为躲避计生的人，夫妻二人甚至抛下家里的房子，在外面用茅草毡搭了个屋子住。可有个孩子总不是那么容易藏掖的，被发现只是早晚的事。惶惶不安地躲了五年，却终究没能等到计生工作放松的那一天，陈亮的妻子还是被拉去结扎了。

有个儿子的愿望破灭了，但生活也终于安生了。"两女户"证明书发到夫妻二人手上，小女儿上了户口，一年能拿到300多元的国家补贴。还能有什么办法呢？生活总是要继续的，人总是要向前看的，陈亮又将更多的心思投入到豆芽菜的生意中去。

正是因为有豆芽菜的生意支持着家里的生计，他没有加入20世纪90年代的打工大军。然而村里一批又一批的打工者，从远方带回了越来越多的收入，各家各户的生活条件都改善许多，吃、穿、用都逐渐向城里看齐。从前受欢迎的豆芽菜销量一落千丈，陈亮看到这支撑了家庭 20 多年生计的生意岌岌可危，心中十分焦灼。就在农业税取消之后的几年时间里，越来越多的人除却了土地的束缚，外出打拼。当地无人再种压豆芽菜所需要的那种豆子，而只能用黑龙江的豆子，迢迢千里之外的豆子比本地豆贵出 3 倍，成本大幅增加，生意难做。2007 年，陈亮决心另谋出路。

二、转行做废品生意

改革开放以来，东南沿海省份的制造业飞速发展，许多地方甚至家家户户都建立起小型工厂。在这些轻工业生产繁荣发展的乡镇地区，会有上百户的收废品工作者回收着各个小厂的生产废料，将其分类再转卖给更大的收购商或收购站。陈亮放下了豆芽菜的买卖之后，投身的便是这样一个行当。

陈亮有位堂兄弟，在浙江省安吉县做了两三年废品收购生意。自家兄弟回来，生活变好了，陈亮看在眼里，记在心里。他发现收废品的确是个不错的活儿，虽然同样辛苦，但相比进厂打工而言，更类似做豆芽菜买卖——时间由自己掌握，不受制于人。而且听堂兄弟介绍，他觉得收废品比打工更能挣钱，所以他决定跟着试一试。

2007 年，陈亮跟着堂兄弟到了浙江安吉，但年底时他发现在安吉收废品有个问题令他头疼。收废品这一行，是从各个小卖家处买来废旧的纸板、塑料、铁、铜等，进行分类，再卖给专收某一类材料的大收购商或收购站，从中赚取差价。那时安吉县的大收购商还不多，东西必须要够一车才能打电话叫人来拉。然而陈亮刚到安吉不到一年，临近过年，他收来的废品还没法甩出去。如果东西留在住处自己回家过年，很容易被外地人偷走，十分不便。陈亮是个顾家的人，在外辛苦打拼几个月，好不容易到了可以和妻女团聚的时刻，却又被这买卖约束着无法动身，令他十分发愁。好在当时在江苏打工的老乡也有同样做收废品这行的，给他提供了重要线索——江苏的大收购商多，当天收当天就能卖出去，因此，春节过后他便启程前往江苏省启东市吕四镇谋生。

虽然安吉的大收购商少，堂兄弟却没有跟他一起换地方，因为他已经在当地待了两三年，积累了一定的"户"，根基打了下来，便不想随便变动。陈亮说，干收废品这行必须有户，户就是基本固定的卖家。有了固定的户，废品的收入相对稳定，做这个行当才能扎下脚跟来，否则散户随机性大，收入不稳定无法立足。在吕四镇，陈亮也逐渐积攒起了自己的户，一干就是 10 年。

三、在吕四镇发了财

刚到吕四镇的时候，陈亮也是从头干起。那里的人开厂办厂，几乎家家富裕，兴修房屋。盖一栋房屋甚至能花几百万元，里外高档装修，房前屋后干干净净，陈亮看着很是羡慕。不过作为外地的打工者，他不可能住得起那样的房子。一开始去，他就在老乡的介绍下租了几间旧房子，房租便宜，一年只要一千多。他买了一辆人力三轮车，用喇叭录好 "收废品"的声音循环播放，每天在附近的街道转悠，看到哪家的院子里堆了废品，就上去问要不要卖。

可不巧的是，就在他去江苏的头一年——2008 年，遇上了金融危机。那一年镇上的七八个厂都倒闭了，只有那些大厂仍然保持运营。但大厂都有固定的废品收购商。小厂的倒闭意味着收废品生意的一落千丈。那段时间收废品很困难，他蹬着那辆人力三轮车，辛辛苦苦跑一天也收不到多少废品。于是他索性放下手头的活儿，回到了店集老家。

那时大女儿已经高中毕业跑去上海找工作，小女儿才 13 岁，正在读初中。待在家里，虽然不用辛苦奔波，却也意味着没有经济来源，一家人的吃喝还指望着自己呢！就这样过了半年，虽然江苏那里还未完全恢复以往的生机活力，陈亮又来到吕四镇。

半年的缓冲期，让吕四镇的家庭工业有些许恢复。这次陈亮下定决心要好好挣钱。蹬三轮的日子实在辛苦，在附近十里八里的街道收废品，一天最多也只能跑两趟。雨雪天他或许能收收工，可烈日炎炎的时候他只能顶着太阳干。时间久了，他慢慢与一些小厂建立了联系，遇到生产垃圾大清理的时候厂家便叫他去。最初没有电话，他得勤跑。有时一个厂里的废品一车装不下，200斤重的一车废品，他得先运送回家，卸货，再回去装第二车。有时收了一家不足一车，他还要载着百十来斤的废品，蹬车在街道上寻找下一家，装够了一车才回；一时半会儿装不够的，要在街上寻到天色暗下来才折返回家。陈亮想起那段时光，总会禁不住感叹："那累啊！那四五年真的累！"

那时他是独身外出打拼的"单身汉"，回家卸了货便自己做饭吃。简单吃过以后就开始整理当天的废品。收回去的废品在房间里堆得到处都是，有时候甚至连落脚的地方都难找。塑料、纸板、铁、铜……废品要按照类别分好。分类有时候需要做得很细致，比如铜也分黄铜、紫铜，电线、漆包丝等价格都不一样。有时仅仅分类还不够，如果是电线就得将皮剥开，取出铜丝。全部归类以后才能等收购站的人来收。

最初，家里的土地还由自己收种。陈亮大约一年回家三次，每次都要一个多月，还有过年。那时候稻季的时间长一点，收麦子后把地翻过来就得下秧插稻，那时机插秧尚未普及，用手插秧慢，也要耗费很大时间和力气。陈亮和许多早先外出的农民工一样，农闲时在外打拼，农忙时回家务农，奔波劳累的日子持续了三年多。

2011年，陈亮突然发现自己的同行换了车子，不再是极度耗费力气的人力三轮车，而是电动或机动三轮车。同样在街上收废品，人家车子的速度比自己快出几倍，而且十分省力，一天能拉好几趟。这怎能不令他心动呢？没有太多犹豫，他迅速置办了一辆大电动三轮车。这车子的载重是人力三轮的好几倍，他感到收废品的工作一下子轻松了不少，自己也干劲十足！

此时，1994年出生的小女儿还没读完初中，已经出去到鞋厂打工。鞋厂的工作对一个尚未成年的女孩而言，不是份简单的差事。女儿能吃得了苦，挣得了钱，回家也将工资全数交给父亲。最初离家闯荡时，妻子需要在家照顾正上学的小女儿，如今女儿自己外出挣钱，妻子便没有了留在家里的必要。2012 年，妻子跟他一起到了江苏。

妻子的到来使陈亮在江苏的生活舒畅许多。夫妻分工明确，白天陈亮骑着电动三轮车外出收废品，妻子便买菜准备做饭，待他收工回家时，饭菜的香味已溢出家门。平时妻子一有余暇便帮他整理收来的废品，他回家后的整理负担也轻了不少。晚上也有了更多的娱乐活动，出去串门、拉话、打牌的机会越来越多。虽然不及本地人生活富裕、安逸，可陈亮也逐渐觉得在外漂泊的日子不那么孤独、辛苦了。

骑人力三轮车的那几年，一年收入不到 3 万元。陈亮一心想着改善家里的生活，为女儿读书、出嫁做经济准备，凭着一股能吃苦的劲儿熬过了那极度劳累的三年多时光。所幸镇上的厂子越办越多、越办越大，换了电动车后一天能跑三四趟，生意终于越来越好，一年能收入五六万元、七八万元，年年增长，到 2017 年收工回家时，这一年除去老两口儿的生活费用还净剩 10 万多元。陈亮觉得足够了。

挣钱是为了什么呢？还不是为了这个家，为了孩子？陈亮的小女儿2015 年结婚，那时他收废品已经有了不少积蓄。家中没有儿子，不必为买房、彩礼钱担忧，也不必考虑未来照看后代的事，陈亮便给了小女儿一笔十分丰厚的嫁妆——十几万元的存折。"我就两个闺女，我不为她们花为谁花？花了 10 多万元。到时候死了钱花不完不还是带不走吗？"陈亮说道。今年已经 30 岁的大女儿，在上海有正式工作，但屡屡违背老两口儿的意愿，不愿结婚，甚至已经三年没有回家过年。陈亮和妻子对大女儿不想再过问太多。夫妻两人一年的花销不过一万元，劳心劳力挣的血汗钱，没有太多用途，陈亮便觉得无须再继续，将江苏的生意转给妻子的妹夫，这才结束了他 11 年的外出生活，叶落归根。

四、凭诚信安身立命

陈亮在江苏的十年，生意红火，但他刚进入这一行时，也吃过亏。不过，通过吃亏，他亦收获了简单朴素却真挚深刻的道理。

在浙江，他刚做收废品一行不久，有一次被一个男的叫住："哎，收废品的，来来来……"那人鬼鬼祟祟地说："我这个电线是从厂里刚刚搞来的，准备卖掉，你看多少钱一斤？"

陈亮看了看，一大捆新电线，捆得很好，大概是20多斤。一开始他不敢收，那人接着问："你看看这一捆平常都卖多少钱呢？"

陈亮回答他说这一捆得卖几百块，毕竟电线是铜材料的，铜向来很贵。

那人笑了，说："我就一百一卖给你怎么样？"

陈亮听了之后心中一惊："这么便宜买来铜线，那不是赚大了吗！？不过，反正他也是偷来的不敢正规卖出去，都要低价甩掉，索性这次我收了吧！"

于是他出110元买下了这捆电线。成交后，他心中窃喜，算是让他捡了个大便宜。然而到家后他打开一看，心却凉了一大截——全是水泥！陈亮吓了一跳，几乎不敢相信，原原本本的铜线怎么突然都成了水泥！原来只有外面一层用电线框着，里面其实都是用塑料纸裹的水泥块啊！水泥，水泥能卖什么呢？这110块钱就这样打了水漂……

他镇静下来，细细想想，那人装成偷了材料卖的样子，正是为了专门坑骗他们这些收废品的人的。那时候自己也没有过多的心眼儿，完全没想到打开检查检查，就这样让自己好多天的收入白白流进了骗子的口袋。

后来陈亮辗转江苏，做了十年买卖，深刻体会到江苏人的精明。收废品时，生顾客常常会为一点小钱和他讨价还价很久。他逐渐摸清了这点规律，和这些人打交道时便故意让他们占一点小便宜。因为在他看来，顾客觉得自己占了便宜愿意把东西卖给他，而实际上他们并不能时时摸清价格，最终他能多收废品实际上也能多赚钱，"我们天天就跟那打交道，我们始终是占大便宜的"。

曾经受过坑骗的陈亮，既长了心眼儿不再轻信别人，也决心不做坑骗别人的事。即使收入困难，也决不会像某些新人一样在收废品时做小偷小摸的事情。陈亮发现，江苏人虽然精明，可他在那片地方收废品时间长了，慢慢地在某些人家收废品的次数越来越多，人家都会发现他这个人既不乱砍价，手脚也干净，是个值得信任的人，即使收得便宜一些，也愿意长期将废品卖给他。同样，他也会在这个过程中观察卖家是否会故意坑骗他。久而久之，那些能够与他建立互相信任关系的人，就成为了他的"户"。陈亮回忆起十年收废品的时光，能自信地说道："反正我在那儿搞的厂他不卖给别人。你一般做买卖，你得诚实，讲信用。你要是不讲信用，他给你卖一次，拜拜了。我在那儿干了十来年，基本上厂都是我拉，他不卖给别人。价格一高一低，有时候就不卖了。但反正讲信用的，高了你给他高，低了你给他低，赚个差价就行了。"

后期手机越来越普及，他便将自己的电话号码留给那些厂老板，需要收废品的时候固定打电话叫他去收。如此一来，其余时间他可以在街上跑着收散户，约定时间收固定的户，效率又高，收入又多，这才生意越做越顺，积蓄越来越多。现在即使是自己放下了江苏的活计，妹夫在那里还会碰到他曾经的老顾客问他："那个老头那么好怎么不来了？"

不单单是附近的工厂老板们成为他的"户"，周边的邻居们也喜欢这个忠厚本分的安徽人。陈亮平日里见到邻居们亲和友善，爱打招呼，客客气气。邻居知道他的工作，也常喊他到家中收零碎的废品。陈亮绝不会做"杀熟"的事，该什么价格什么价格，绝对不会故意坑邻居，甚至在价钱上稍微照顾他们。日久见人心，邻居们也越来越信任他。

在吕四镇，他与人们建立的信任关系构成了他在当地立足的根本。浙江的一记教训让他明白贪小便宜自己往往要吃大亏；而江苏的经历使他明白，不贪巧、诚实、本分，是建立信任、为人立事的根基。在其他地方，或许有收废品的同行为竞争地盘而冲突、争斗，可陈亮从不想刻意去竞争。他发现只要自己讲信用，信任关系之上的商业交易是自然而然的，新人用高价也往往难以突破这道牢固的墙。

在外的日子能挣钱、能致富，可家才是自己真正的归宿，这是每一个外出的人共同的信念。在江苏，陈亮看到赚了钱的人们修盖漂亮、宽敞、干净的新房屋，虽然心中有羡慕和难掩的落差感，但他也明白："岁数大了必须要回家，家里哪怕条件再差那也是你家啊，外面再好那不是你家，金屋银屋不比家里的老屋。"实际上，他也不是不能继续在江苏跑，"但是两个闺女都大了，还有什么意思呢？没有什么负担，够吃的就行了，没有什么大的意思"。何况"要钱再多也没有用，俺俩到死也花不完呀"。女儿们已有了稳定的家庭和工作，年过花甲的他，感到自己正像是一片在古树上摇摇欲坠的叶子，即将落入生活最开始的地方。对未来，他已再没有任何打算，"在家待着过一天是一天"。

妻子的妹夫接过了陈亮在江苏的一切：那辆在烈日与风雨中陪伴他6年的电动三轮车，那间反复被废品填满又清空的出租屋，那个熟悉的电话号码和所有惦记着陈老头的老主顾，还有他奔波多年日积月累的处事经验……

撰稿人：王思凝（北京大学社会学系本科生）
指导老师：蒙晓平

33 做不一样的老板

访谈时间：2018 年 8 月 2 日下午
访谈地点：浙江瓯北镇，亮仔兔童装厂
访谈对象：鲍伟夫妇，40 岁左右

> 我不愿意把自己搞得太累，每个人的满足感的来源不一样，我觉得做着开心就好。如果为了赚钱我把自己的状态都搞差了，那也没有意义。"她懂得去享受生活，也懂得让事业成为生活本身的一部分。她依靠自己的价值观来指引方向，对待家庭也同样如此。

2018 年 8 月的一个下午，瓯北镇赫立特工业园区的一间办公室内，冷气开得很足，阳光透过窗户，斑驳地打在地板上。一道厚厚的铁门隔开了车间的喧嚣。亮仔兔服饰有限公司的老板鲍伟和妻子正在检查新出的秋季童裤样款。鲍伟身着米色 T 恤，浅绿短裤，风格朴素，看得出平时注意保持身材；一旁的妻子戴丽娅同样衣着简单，纯黑修身 T 恤搭配牛仔半裙，小巧的腰包如点睛之笔。在旁人眼里，这更像是一对年轻夫妻，而实际上，两人都已经到了四十不惑的年纪。与珠岙村内大多数发展了 20 多年的童装企业对比，亮仔兔的崛起速度快得让人吃惊，这个 2007 年才创立的童装企业，如今已经在工业园区占据了一席之地。

一、莫名其妙进入童装行业

夫妻俩加入童装行业的契机在 2007 年。当时戴丽娅的姐姐打算创办一家童装企业，邀请妹妹做合伙人。"也是莫名其妙的，我就答应了。"戴丽娅笑着说。当时，戴丽娅在检察院下负责拍卖折旧的房产，而鲍伟则在医院当外科医师，小家庭颇有余裕，日子过得有声有色。

开办一家童装厂的启动资金并不需要太多，夫妇俩自家出钱，向朋友借了些，投入了10万左右的本金。包租厂房，购买机器，招揽工人，很快亮仔兔的名号就打出来了。可是戴丽娅本人和姐姐对童裤生产、销售、工厂管理一窍不通，空手上阵，两个人也真够大胆的，招了一批工人之后，就和工人一起边干边学。至于挑选布料和辅件，联系经销商和市场，都依赖身边做童装生意的朋友指导帮忙。就这么硬碰硬地磨炼了好一阵，总算懂得了童裤生产从无到有的全部门道。慢慢地，从哪家进布料，从哪里采买辅件，和哪家水洗厂合作，都逐一敲定了；设计师、裁剪师、打版师也逐渐磨合出来，有了一个团队的样子；从整件车工到整理工人，生产团队也在加快进度。这个小小的厂子，终于步入正轨，能开始供应产品了。

"刚开始真的痛苦得想放弃，"戴丽娅回忆过往，那些波折依然历历在目。"才干了十几天，我就跟他（鲍伟）说，不行了我做不下去了。什么都不懂，裤子怎么出来完全不知道，一个客户也没有。"为了在几个月内迅速地把公司运转起来，两姐妹拼尽了心力。半夜2点多还在水洗厂里盯着师傅水洗出工，在现场琢磨想要水洗出的风格；早上7点多又得回到厂里，和设计师们讨论新的款式，新的进货。连轴转加上巨大的心理压力，戴丽娅很快憔悴了。做丈夫的看在眼里，疼在心里。夫妻俩再三商议后，鲍伟毅然辞去了外科医生的工作，投入到这场白手起家的童装事业中来。

多了一个人手，姐妹俩的担子轻了许多。医生出身的鲍伟在严谨和高效上从不让人失望，很快他笼络了不少人脉，也为厂子里带来了人才。不久后，整个团队能够基本衔接上了，出货的速度和产品的质量都得到了保证，一个北京的客户签下了第一笔订单。公司终于开始进账了！

二、天生有设计才能

公司的业务上手后，戴丽娅很快又起了别的心思。她觉得市面上大多数童裤的款式都太过普通，童装企业在市面上拿到的都是类似的款式，然后打版生产。"这种裤子各家都能做，那就没有什么竞争力，我们也只能是沙滩里的沙子。你得让别人记住你的东西。"靠面料和做工取胜是一方面，最重要的是在式样上进行革新。抱着这种念头，戴丽娅开始了第一次"改造"尝试：在做好的裤子上先剪出树叶的图案，然后用网布拼贴进去。这样做相当于增加了两道工序，而且拉高了成本。"当时很多童装行业的老资格都来看，觉得不可思议，他们都很不看好。"但是这一次，戴丽娅选择相信自己的直觉，她坚持生产了几百件样款，然后送到客户手里等待反馈。果然，她赌对了，这条裤子成了当时的爆款，返单源源不断，直接创造了几万元的利润。

戴丽娅尝到了原创设计的甜头。做出一件热销的款式，虽然使得工序更加烦琐，增加了成本，但长期的持续盈利却完全弥补了这些短期的劣势，抵得上两三条流水的快销式样。从小喜爱艺术的她或许真的对潮流有一种独特的鉴赏力："我之前其实很爱美，然后也自己搭衣服，有的时候就是神奇得很，我喜欢的某种搭配在后面就成为了潮流。像大衣配百褶裙我很早就在穿，后来风向来了，满大街都是。但是我还是跟他们不一样，比如注重袜子的搭配，注重一些细节。"说起这些，戴丽娅很是自豪，眼睛都在闪光。她确实把审美研究融入了日常生活："其实也并不是说只有学院里出来的人才懂设计，那些大街上穿得好看的人才是真的设计师。我会去想，他们是哪个元素，或者哪个部分吸引到了我。"戴丽娅没有专门念过设计，但是她相信自己的敏锐性："有的时候样品一出来，你就知道，对了，就是这个感觉。"

的确，在戴丽娅给我们展示的秋冬新款里，有不少让人眼前一亮的设计，比如一条童装女裤，用的是大条纹的法兰绒料子，颜色是清新的湖蓝，略带哈伦风格的版型，本身就足够吸引眼球，裤襻上同面料缝制的独立外兜又添了一丝俏皮。这种布料、颜色和版型的搭配，都足够让亮仔兔的产品脱颖而出了。

三、做一个正规的工厂

2009 年，戴丽娅和先生做出一个重要的决定：和姐姐一家分开发展。戴丽娅一向青睐大胆的设计和搭配，像个上瘾的赌徒，总是把身家压在一些独创的产品上面。这么做当然有得有失，运气不佳的时候，积货和退货着实是不小的损失。相比之下，姐姐更偏向传统童装企业的发展思路，做一些出错率小的经典款式，在面料和细节上多下功夫。

鲍伟夫妇搬走的另一个考虑是，由于珠岙的童装起家早，村里的工厂都是家庭作坊式的，存在着重大的消防隐患。斟酌再三，夫妻俩搬离珠岙，在镇上的赫立特工业园区租下了一层楼。这个工业园区厂房设施正规且配备齐全，给夫妇俩提供了大展身手的空间。

新的开始，新的机遇。给工人安置宿舍、配备卫浴空调，都是大笔的资金投入。新厂要如何经营，戴丽娅和鲍伟已经有了打算。首先，老工厂的工人都是一人负责整件裤子的生产，这种模式适用于客户催单紧的情况，却不能保证统一的质量。同一个图案，你这么缝，她那么缝，各人的做工存在不小的差异。夫妇俩决定全部更换为流水线，一人一个车位，采用团队合作的方式来生产。这是更现代、更正规的运营方式。虽然要求设备、车工团队的跟进，灵活性也不敌以往，但毕竟手法和质量才是生命。

此外，最重要的投入在于组建自己的设计师团队。传统的童装企业，虽然也设计新款式，但往往是从杭州、广州的大市场进货来模仿或者拼接，凭老板和客户的多年经验进行挑选和生产。戴丽娅的野心不止于此，她要招集各方面的人才，不仅要懂童装门道，更需要对时尚有见地，有审美能力。她需要能把大胆的想法付诸实施，最终磨合出原创设计的团队。无论是想法前卫的大学生、传统的童装师傅，还是成人服装的设计师，只要设计思维搭得上，她就愿意纳入麾下。"设计是靠一整个团队的，包括跟我的想法是不是对得上号。整个团队的状态出来，才出来整盘货。"她提及对员工思维的改造："有个打版师，他本来是做中年人服装的，他打的版就是中年妇女那种状态。我说这不行，要改，你哪怕做样衣，你一定要去懂哪个好看哪个不好看。然后同样的裤子做好几件放在地上，去看人体是怎么样，小孩子的状态是怎么样，慢慢地他也大胆一点，天马行空一点。"

三十而立，夫妇俩的经商想法已经比三年前成熟许多。他们招来流水团队，聘请有管理经验的厂长和小组长，设置财务办公室，俨然是个颇具规模的正规企业了。像一般的夫妻店一样，夫妇俩还是有所分工，鲍伟负责销售沟通、生产管理，妻子则在内掌握设计研发、水洗出货。忙起来的时候，夫妻俩也亲力亲为，加入生产过程。

从头干起并不容易。才搬到工业园的时候，他们只有一个杭州的老客户保持合作，其他的人都很不看好。但是夫妻俩相信，只要把产品做好，顾客就会找上门来。事实上他们的确做到了这一点。

戴丽娅形容鲍伟是"不倒翁"一般的角色，"你打他一下，他能弹回去，不管怎么样的压力，他都很稳。"童装生意节奏很快，讲究短线竞争，能够在季度上新中创造爆款，拿出一整盘反响不错的货品就是成功，否则就是积货、退货带来的亏损。扛得住接踵而至的压力是必备的素质。2008年国际金融危机和2011年温州区域经济危机给温州经济带来了双重打击，2010年后童装产业也多有颓势，破产、倒闭的商家不在少数。在不利的行情之下，亮仔兔却才刚刚起步。夫妻俩的毅力是惊人的，鲍伟每天6点多起床，7点多到工厂，先行准备设施调试，然后工人们才陆陆续续到岗。365日，日日如此。"他速度很快，5个小时就把别人10个小时的事情给做了。"说起丈夫，戴丽娅有止不住的自豪。因为自己讲究高效率，厂子里的工人也被要求高效高质，很少有加班赶工的情况。"我们也是正常上下班，腾得出时间来照顾女儿，过家庭生活。"

四、骨子里有股创新精神

戴丽娅的创新之路才刚刚开始。一个偶然的机会，她结识了附近一家印花厂的老板娘，被邀请去家中做客。印花厂的老板娘比戴丽娅大十多岁，同样讲究设计品位，两个人很是投缘。老板娘家有不少艺术装饰，戴丽娅尤其喜爱墙上的几幅挂画。看着看着，她产生了一个想法：为什么不能把画作运用到裤子上呢？两个人一商量，的确值得一试。很快，新的设计就诞生了，在休闲垮裤上放弃口袋，用大面积植绒或者印花把图案印在裤子后面，大面积斜着下来，比常规款式更多了一份嘻哈范儿。

只要想到有趣的点子，戴丽娅都不介意尝试一遍，找找感觉。"我这个人就是要有点吊儿郎当的才能出产品，我得把这个当成兴趣，不然你每天想着要出多少量、赚多少钱，也挺烦的。"此后，她还在裤子上尝试过印上经典的雷锋头像，设计过建国 60 周年特别款，等等，也的确创造了不少经典设计。"很多人都仿我的款。我刚来的时候，印花厂还不出名，后来好多家都拿到她家来做。"

当然也不能全部设计都是如此的跳脱，戴丽娅也懂得去平衡。基础款和创新款组合出产，"这样顾客拿到整盘货，他会眼前一亮，但又不会太过冒险，他能记住你家的产品。"创造产品记忆点，这是戴丽娅的营销之道。

在常规的款式上面，夫妻俩也精益求精，面料、版型、加工技术、水洗风格，都争取做到数一数二的程度。做工上去了，成本自然也不低。普通童装厂一条裤子出厂价 40—50 元，亮仔兔平均每件 60 元，整整 10 元的差距，如果不是依赖稳定的销售渠道和销售量，是根本无法参与同业竞争的。在这一点上，夫妻二人根本就已经放弃了传统的薄利多销战略。"我们不去跑销售，也基本不参加那些应酬。想法很简单，就是你东西做好了，客户自然会找上门，我们也有这个信心。"

不得不承认，鲍伟和戴丽娅的确有眼光、有魄力。在很多珠岙童装企业还停留在家庭作坊的阶段时，他们已先人一步，完成了向正规工厂和流水制度的转变。在技术和设备更新上也是毫不马虎，多数利润都用在了购买几万一台的新设备和学习新的手法上面。经销商在看货的时候，能很明显地发现这之中与众不同的心思，多家对比，亮仔兔自然更容易获得青睐。

"我们的确偏高端一点。"戴丽娅自己这样定位亮仔兔。或许是白手起家的缘故，夫妻俩摆脱了珠玑传统童装商人的积习，在发展理念上的确和独立设计品牌走得更近。不久之前，两人还专门去了日本一趟，到无印良品、川久保玲这些知名品牌的工厂里参访学习。稍有闲暇，夫妻俩总是要去日本、韩国待上几天，看一看当季这些国家在流行什么，服装趋势是怎么样的。"不一定只关注童装，就是去看整个时尚圈的潮流。每次出去，我都要买三大箱衣服回来。有一次我有事没去，结果他（鲍伟）自己去买了三大箱回来。"戴丽娅笑着说。在旁人听来，这简直就是年轻人们的生活模式。"各人经历不同。很多老板愿意整天待在工厂里，你叫他出去玩一下，他也不去。他觉得没时间。"鲍伟这样理解经营理念的差异。

亮仔兔童装在 2010 年之后开始飞速发展。最红火的时候，厂子里车工就有 100 多人，年利润三四百万。这家新企业的迅速崛起成了众多老板口中的传奇。"人数最多的时候，上下两层都是我们的车间。"迅速的成功也带来了心态的膨胀，用妻子的话来形容，鲍伟开始有些"飘"了。"要不是我拉着他，他简直要飞起来了。他想法很多的，开分厂，搞研发部，他什么都想做。"鲍伟一心想扩大营业规模。2013 年，他与一个朋友在韩国成立了一个产品开发部。朋友是东北人，但是定居韩国，早先在 UUS（韩国东大门服装批发市场）做成人牛仔，既有经验也有想法。鲍伟聘请他做开发部的设计顾问。但是这次合作并没能长久，一是工资价码实在太高，一年下来需要上百万；二是韩国的设计部和戴丽娅手下的设计团队想法有些分歧，磨合得不是很好。鉴于此，这个雄心勃勃的计划很快就夭折了。

如果说鲍伟的创新精神体现在变着花样扩大公司影响力，那么戴丽娅的大胆和冒险则全部在设计生产上。在外人看来，亮仔兔最风生水起的阶段，鲍伟是变着法折腾，而丽娅则是谨慎求稳。"我觉得有多大的本事做多大的事，钱是赚不完的，不要把自己搞得太累。"试水电商，自己开店，鲍伟不是没有想过，但是被妻子阻止了。"你想想，他现在这样已经够忙的了，要是再去搞那些，那没有办法休息了。"在一些重大的抉择上，戴丽娅总是对自己的判断有足够的信心："做品牌不是没考虑过，但是现在的形势是很难的，资金链是问题，也要投入很多精力。但是以后还是会考虑，等到自己觉得有把握的时候。"就像她自己说的，如果要去开拓一个新的领域，那一定是要带着必胜的信念去的，就是要去赢的，而不是为了赚翻倍的钱。有了这种态度，事情才能成。

五、做得开心就好

在妻子的影响下，鲍伟的心态也逐渐"佛系"了起来。另一件事的发生更直接地撼动了他的想法。一家韩国服装企业的老总与鲍伟关系不错，前来参观公司厂房。当时亮仔兔车间整整有上下两层，对于习惯家庭作坊规模的韩国老板来说，这里的厂房大得令人吃惊。韩国服装公司的用地面积往往不大，一间办公室有多种用途，可以设计打版，也用作样品陈列。"他们对那么小的空间有特别充分的利用，我听了以后感觉很惭愧，觉得自己浪费了资源。"

这件事情发生后，鲍伟开始有意缩减一些不必要的投入。他渐渐精简了用工规模，也逐步将一些加工程序外包出去，两个人计划着将重心逐步转移到设计上面来。得益于早年着手建立的工厂制度，现在厂里的事情基本上厂长一人就可以负责，每日的进账花销财务处也记录得明明白白，夫妇俩反而能省出不少闲暇。鲍伟喜欢旅游和摄影，戴丽娅喜欢山水风景，两人常常去楠溪江待上半天，看看青山碧水，薄雾落霞，从算珠账本中短暂抽身。

在戴丽娅看来，工作和兴趣不能分家。做童装最初是源于对设计的兴趣，也必将随着这份热情而发展。"我不愿意把自己搞得太累，每个人的满足感的来源不一样，我觉得做着开心就好。如果为了赚钱我把自己的状态都搞差了，那也没有意义。"她懂得去享受生活，也懂得让事业成为生活本身的一部分。她依靠自己的价值观来指引方向，对待家庭也同样如此。在家里，丽娅与女儿的关系也不错，两个人以姐妹相称。女儿下学期就要念初三了，但是丽娅全然没有多数家长的焦虑，假期里补习班也没有报，她不想约束女儿太多，去牺牲难得的暑假时光。小姑娘十分乖巧，也相当独立，平时自己琢磨兴趣爱好，成绩也是数一数二。我想，这必然也得益于开明的家庭环境。

鲍伟也是一个十分看重家庭的人。不像多数温州妻子抱怨的大男子主义，他是家中的"厨艺担当"。有空的时候，他会回家下厨为女儿准备三餐。还有的时候，全家驾车去楠溪江出游，鲍伟又成了妻女俩的专职摄影师。

"一般客人来了都说要找你老板谈生意，但是我们俩真的很讨厌应酬，我们都逃掉，交给厂长去谈。"说到这里，两个人都笑了。夫妻俩也的确是很随性的人，愿意做什么就去做，顾虑不多。洒脱一点，放得开一点，或许正是靠这份单纯的心思，反而创造了不一般的成就。

"有时候一觉醒来，自己想想也觉得不可思议。不但靠自己的能力挣了钱，而且还养活了这么一个厂子，这么多人。"夫妻俩回忆往昔，终于换来了此刻的气定神闲。岁月流逝，两人已经不像当年那么踌躇满志，更多的是一份沉稳和冷静。

撰稿人：倪羌顿（北京大学社会学系本科生）
指导老师：蒙晓平

34 撑起一大家子的打工妹

访谈时间：2018 年 7 月 13 日下午
访谈地点：浙江珠岙村，小县官童装厂车间
访谈对象：石益平，37 岁

> 一个月结束，她终于拿到了第一笔工资，整整 300 元。对于她来说，这已经是很大一笔钱了。她给自己买了一双 5 块钱的塑料凉鞋，一件 15 块的上衣，留了一点生活费，还没在口袋里捂热乎，余下的又都寄回了家里。从这一刻起，对这个 18 岁的女孩儿来说，生活的重担就已经加到了她的身上。

一、告别读书

1998 年 3 月的一个清晨，是 17 岁的石益平去县里高中开学报到的日子。父母下地去了，桌子上留着 5 块钱零钞。5 块钱能做什么呢？比起新学期的学费只是杯水车薪，更别提还要在学校住宿了。家里过的是什么日子，石益平也很清楚。她叹了口气，收起这 5 块钱，简单地收拾了一下铺盖卷和文具，往学校去了。

老实说，石益平本来就没指望能交上学费，只能和老师先拖着。这新的学期如何开始呢？石益平心里已经充满了不安、恼火和沮丧。来到教室，班主任正站在讲台前。"石益平，你今天把学费带来了吗？"班主任的第一句话就把她呛住了。在这一瞬间，石益平内心翻江倒海。她甚至觉得老师有一种故意要戳穿她的恶意。

接下来的一堂课，石益平是根本听不进去了。她满脑子都在盘算着这一学期要怎么过下去，班主任的那句"学费带来了吗"在她脑中萦绕。不到下课，她已经决定：我要辍学，我要放弃读书。

说起来，石益平的成绩并不差，也是一个尖子生。学校针对贫困户家庭的孩子，也有优惠政策，一季度学杂费只要交 80 块钱，而她是拿到了这个名额的。但是，就是 80 块钱，他们家也出不起。今天熬过了，还有明天，这样拖下去始终不是办法。拿定主意，她扭头和身边的同学说："我今天上了这节课就不上了，你们好好念书。"同桌的家境还不错，听了这话说："我给你捐款，你继续读吧。"但是石益平是怎么也听不进了。主意已定，下课铃一打，她就收拾行李，走出了校园。

"出了这个校门，我和谁都没有再联系。"这一走，和读书的路就是诀别。辍学这个决定，既是负气之举，也是现实选择。父母二人的身体都不好，不能干重活儿。家里只有少得可怜的收入，弟弟也在念初中，处处都要花钱。17 岁的石益平也知道，她的这个决定，将改变自己以后的生活。

二、撑起一家子的生活

辍学在家的石益平种了几天地，同时拜托亲戚留心打工的机会。不久亲戚托人捎话来，浙江金华有一个私人的配件加工厂在招工，干的活儿没什么技术含量，过去可以立马上岗，可以来试试。那就去试试吧！家里人一合计，父亲向邻居借了路费，带着石益平来到了金华。

"这一个月真的是我最苦的日子。"回想起刚刚打工的这段时间，石益平依然唏嘘不已。父亲带她安顿下来之后，买了回程车票，给石益平仅仅留下了 20 元。这一个月过得吃饭都成问题。石益平花 10 块钱买了几包挂面，一罐辣椒酱，每天三餐就煮一点挂面，拌上辣椒酱凑合吃下。"同事问我，你怎么吃这么少，其实没办法我只能吃这么点。刚去人又不熟悉，没地方借钱，我也不太愿意开口向别人借，就凑合过了一个月。"石益平在这家工厂当装配工，负责在手电筒或遥控器里装一个弹簧垫片。一个月结束，她终于拿到了第一笔工资——整整 300 元。对于她来说，这已经是很大一笔钱了。她给自己买了一双 5 块钱的塑料凉鞋，一件 15 块的上衣，留了一点生活费，还没在口袋里捂热乎，余下的又都寄回了家里。从这一刻起，对于这个 18 岁的女孩儿来说，生活的重担就已经加到了她的身上。

石益平一干就是 6 年。这 6 年之中，工作来来回回换了好几个，最终在绍兴的一家纺织厂里安顿下来。好在随着工龄的增长，加上拼命肯干，石益平的工资也还说得过去。好的时候，一个月能拿到两千多块，自己留个三四百，剩下的寄回家里。

这期间，家里的生活来源基本依赖她提供。

石益平觉得，自己对这个家也算得上是尽心尽力了。自己一直在拼命挣钱。忙的时候在厂子里连轴转，6 点就去做工，晚上十一二点才收工；活儿少的时候也不闲着，附近的农村里招农工收水稻、棉花，她也不放过这些机会。还记得上个月，老爸老妈打来电话说缺钱用了，她当时就把身上所有的钱汇了过去，自己身无分文，还是去附近村里插水稻挣了 30 块，挨过了那几天。可是爸妈每次打来电话，从没问起过她过得怎么样，打工辛不辛苦，一张口就是要钱，家里没钱了，弟弟要买教辅书，爸爸药吃完了……总是这样，自己一个姑娘家，寒冬腊月里回家，从来没有人来接；孤身在外，没有一句嘘寒问暖。弟弟能坐在教室里读书，而自己却要在这逼仄的车间里度过青春岁月。她也怨偏心的父母，怨不懂事的弟弟，怨这里乌拉乌拉永远也听不明白的绍兴方言，但是有什么办法呢？

三、遇到那个对的人

星期日是女工们难得的休息时间。这一天，女工们也会结伴去县城上逛街、唱歌、下馆子。有时候，工人们会叫上自己的老乡、朋友，大家结伴热热闹闹地搓一顿。石益平就是在这种场合开始留心一个四川来的小伙子的。这是一个女工的老乡，在附近的五金厂工作，正好和自己一般年纪。

刚开始石益平并没有很在意这个同龄人，但是大家聚的次数多了，她渐渐留意到，这个男孩子是个本分的人，不像有些男生，油嘴滑舌，举止轻浮，她打心眼儿里瞧不上。这个男生不一样，不抽烟喝酒，虽然话不多，但是一旦说什么倒也中肯在理，有时候还能给大家拿主意。对女生也从来不毛手毛脚的，而是很尊重。有了这层好感，一来二去，两人便渐渐熟络起来了。借着星期天的聚会，两个人聊家庭，聊未来，聊自己的打算，发现很能说到一块儿去。群体的聚会渐渐变成了两个人的约会，石益平也渐渐觉得，生活不再那么枯燥乏味了，累的时候也有点盼头，下班的一会儿相见更是填补了一天的辛劳。一天晚上，当石益平将自己受的苦、受的委屈向对方无所顾忌地全盘托出的时候，她知道，自己找到了那个对的人。

恋爱进行得轰轰烈烈，此时的石益平也 26 岁了，到了谈婚论嫁的年纪。但是这段感情却受到了双方家长的反对。一个安徽，一个四川，相隔太远，逢年过节都不方便。按照老人的想法，最稳妥的就是找个本地人在一起，能够在外面相互扶持，回家两家人也能互相照应。但是在外这么多年，石益平已经是个能拿主意的大姑娘了，家人的反对反而让她更坚定了自己的想法："我想着就是这个人了，管你们怎么说，这种事情我还是有自己的主见的。"两个年轻人回宿松的老家拜见了石益平的父母，就在民政局办了结婚证。没有什么积蓄，家里也掏不出钱来支持，两个人连婚礼也省了，"拍照片加办证，一共也就花了 29 块钱。"

四、被老板一家欺负

石益平再来浙江打工，已经是 2009 年了。在宿松老家，她生下了一个可爱的女儿。孩子一岁半的时候，夫妻俩商量着再到浙江打工，挣的总比在家里多些，孩子以后的花销大着呢。

这一次，石益平跟着本村的裁缝师傅到了温州市永嘉县的珠岙村。这里是 20 世纪初十分出名的"童装第一村"，村里有数百家童装家庭作坊。会裁剪加工，就能在这里混口饭吃。原先，师傅的家庭条件也不好，靠裁缝手艺接济家里,撑到今天。她心疼石益平相同的处境,决定收作关门弟子,好让这个姑娘以后也有傍身的一技之长。

"干裁缝这一行,就意味着吃尽苦头。我先跟你把话说明白,吃不了苦,就不要干这个,你想好了吗?"

"想好了!"

两年前的那股冲劲好像又回来了,更何况,这一次石益平的身份不同了,她是父母的子女,她是丈夫的妻子,她是孩子的母亲,生活要求她接受这份挑战。

师傅领进门,修行在个人。不到三个月,石益平已经能熟练地做好整条裤子了。裁剪、车线、缝边、收腰,一个人就是一条生产线。这期间,做坏的裤子不少,返工重做的更多,不过当裁缝就讲究"熟能生巧"四个字,慢慢地,剪刀在手里也像有了灵性似的,缝纫机也变得听使唤了。这中间,戳了多少次手,破了多少次皮,个中辛苦也因这出师的喜悦变得微不足道了。

一对贵州夫妻向石益平伸出了橄榄枝,他们的童装厂才刚刚起步,希望她加入进来做车工。这对夫妻对初来珠岙的石益平夫妻俩多有关照,感念这份恩情,石益平接受了这份差事。同时,丈夫也在附近的阀门厂找到了工作,夫妻俩吃住在村里,终于安顿了下来。

在厂里,石益平是最拼命的,车工的流程逐渐默然于心,到了不用脑子去想,手上都可以反应过来的地步。很快,她就成了厂子里效率最高、出活最快的工人,工资也蹭蹭上涨。

但是好景不长,童装厂的生意始终不是太好,到了2010年更显颓势。竞争不过别家,客源流失了,出货少了,利润也降了下来。这时石益平也发现,一向待她还不错的老板夫妻态度有些变化。老板娘总是拿刻薄的话来酸自己,发工资的时候也总是找各种理由克扣一些,不再那么爽快了。最重要的是,原来自己和丈夫与他们夫妻关系都不错,最近他们总是挑事,有意无意说一些暗示的话挑拨自己和丈夫的关系,开一些不中听的玩笑。石益平本来没想往心里去,可是久了发现事情不对。丈夫是个暴脾气,也不知道听了他们什么谗言,回来开始和自己闹别扭,发脾气。而自己在厂里也愈加地不受待见，工人们也看出这其中端倪，有意疏远。去工厂成了一件无比痛苦的事情。

石益平终于爆发了，一气之下，收拾东西回了家。谁知道，正是回家这件事情，被老板夫妻视作把柄，想以此做文章扣下石益平的工资。这下，她终于明白了老板夫妻俩葫芦里卖的什么药，他们是有意挑拨自己的家庭关系，中伤自己，然后找到借口不给工资啊！自己在外这么久，从没有被人如此欺负过！火冒三丈的石益平不得已报了警，要警察来主持公道。可惜，最终的结果并不理想，"他们千方百计想要扣掉的钱还是扣掉了，拿到那一点点钱，也真的没什么意思。"

多年后提起这件事，石益平依然愤恨不已："真的看错人了，我念着他们一开始帮我俩很多忙，当时厂里经营不好，他们寄回家给小孩的生活费都没有，我把我自己的4000块钱给他们，结果他们对这个钱也起了心思，他们根本就没打算还给我。经历了这个事情我就知道，在外面没有什么真正的朋友，不要轻易相信别人。"

后来，当年的这个老板私下联系石益平，告诉他当时自己对她有想法，心里喜欢，被妻子发现了，妻子出于愤怒和嫉妒，正好厂子效益差，石益平工资又高，就是想要把她铲走。这个窝囊的男人为了利益，居然和妻子一起陷害石益平夫妇，挑拨夫妻不和。"我和他说，你什么也不要说了，你就是一个小人。"石益平的口气满是不屑。

五、"我和弟弟是拴在一根绳上的蚂蚱"

在石益平外出打工的这些年岁里，弟弟在华中科技大学念完了四年本科，并找到了工作。本想着重点大学的毕业生，工作了应该能帮姐姐承担一部分家庭责任，然而实际情况却并不如人意。弟弟自上大学以来，与家里人联系就很少，每次打电话回家只有一个主题，就是要钱。"我弟跟我爸妈要钱，转过头来我爸妈就跟我要钱。"提到这事，石益平心中满是苦涩。这些年来，都是自己用一分分辛苦钱供弟弟吃穿念书，但是到了弟弟工作时，不但没有寄钱补贴家里，反而还在不断向父母、姐姐伸手。弟弟毕业了在做什么工作，干得怎么样，如何吃住，石益平一无所知。这个沉默寡言的弟弟，逢年过节连家都不愿意回一趟，都是父母打无数个电话在年关给催回来的。姐弟俩在家里，就像陌生人一样，招呼也不打，各忙各的。石益平忙着擦洗收拾、迎来送往，弟弟呢，就只抱着手机一语不发。

"我也不知道为什么会变成这样，他小时候很外向的，也经常和我们说他的事情，长大了就越来越内向，现在在家里就一句话都不说，谁要是说他几句，他立马红眼了，惹不得惹不得。"长期在外的姐姐弄不清楚，这些年来弟弟是如何长大的，等到回过神来，站在她面前的已经是一个疏远了的陌生人。她不是没尝试过和弟弟沟通，丈夫和亲戚都轮番劝解过，可是没有撬动弟弟的心门分毫。"我也没有办法了，真的，他也已经30多岁了，到现在还问家里要钱，我又要养女儿，还要养我弟弟，我也真的很委屈。你知道吗，我和我弟就是拴在一根绳上的蚂蚱，他过好，我才能过好。"石益平说着就红了眼眶，她看不到家庭关系的未来。

六、新的烦恼

在小县官童装厂的三楼车间，排风机轰隆隆地响着，工人们乱中有序地忙活着，只是外行人看不出其中的规律。石益平在这家工厂已经待了六年，也算是一名老员工。像她这样的车工，带着一把剪刀，有布料和缝纫机，就有了吃饭的家伙。从早上6点半到下午5点（忙的时候加班到十一二点），一天能做四五十条裤子，每个月的收入也有七八千元。靠着这笔工资和丈夫的收入，石益平供养着整个大家庭，还在村里盖了新房。车工们几乎都是这样，在他们的故乡，他们每次归家都带着一笔新的财富，给家里盖起小楼房，配上新车，完成那些出门时就立下的心愿；在漂泊之地的工厂里，他们佝偻着背在缝纫机前终日劳作，染料染黑了他们的手指；尘絮肆无忌惮地飘落在皮肤上，钻进鼻腔内；皮肉之伤只要不出太多血，就无需去在意。

在这不能停歇的忙碌之中，石益平也有着新的烦恼：女儿的学习问题。

　　那个当年在炕头匆忙生下的小娃娃已经是个漂亮的小姑娘了，圆圆大大的眼睛尤其像妈妈。平常的日子里，她在宿松老家的小学念书，暑假才接来父母身边团聚。爷爷奶奶并不能指导孩子学习，只一味地满足孩子吃饱穿暖的要求，小姑娘糟糕的学习成绩成了石益平心里的一块大石头。

　　没有人比石益平更明白学习意味着什么。过年回家时，她遇到久违的高中同学，原本成绩不如她的同学成了教师，石益平想起这事心里的那种酸楚就没法排解。自己吃的苦已经够多了，她真心期盼女儿能是块读书的料子，学而优则仕，以后走读书人的路。可是这个小丫头让她操碎了心，作业基本不写，对学习的兴趣寥寥。"一大家子人指着我们的工资过日子，我们要拼命赚钱啊，所以把姑娘放在家里让爷爷奶奶带。但是她现在这个情况，我又想回去陪她念书，不然小孩子就浪费了，真是愁死了。"这的确是个现实的两难。打也打了，骂也骂了，女儿的学习依然没有长进。对于五年级的孩子来说，或许担忧学习尚早，但是谁又有十足把握呢？"我和她爸也讲不出什么大道理，要是哪天她自己开窍了就好了，唉！"

撰稿人：倪羌顿（北京大学社会学系本科生）
指导老师：蒙晓平

35 从打工仔到老板

访谈时间：2018 年 1 月 23 日上午
访谈地点：浙江珠岙村，廖新文的水洗厂
访谈对象：廖新文，35 岁

> 廖新文就是这样一个重感情、懂回报的 80 后青年，他在外出闯荡的 20 年间里，有辛酸，也有喜悦，或许，就是在尝遍酸甜苦辣人生百味之后，他懂得了与人相处的独家秘诀，让他获得了今天的成功。

他，是 80 后大军中的一员；他，出生在地道的湖南农村家庭；他，是走在城里街头都会迷路的毛头小子。但是，他凭借着聪明的头脑，高超的交际能力，不怕吃苦的毅力，成就了今日年产值上千万的水洗厂老板。他，就是在外闯荡 20 年的湖南小伙儿廖新文！

一、初到城里不认路

初见廖新文，是在今年 1 月底珠岙村的一家水洗厂里。新潮的发型，简单却不失时尚的着装，外加一双尖头皮鞋，这一身时尚帅气的打扮，难免会让人以为这是一位到厂子指导的时装设计师或者服装厂请来的模特。

1983 年，廖新文出生在湖南的小山村里。父母均是地道的农民，父亲跟随建筑队在广西打工，母亲则在家种地，照顾三个小孩儿。15 岁之前的他，像其他农村孩子一样，过着上树摘果，下河摸鱼，其乐无穷的童年生活。

15 岁那年，初中毕业的他选择跟同龄人一同外出打工。这个一直生活在山村里的农村小伙儿，第一次来到城里，面对眼前灯红酒绿、车水马龙的繁华都市景象，他呆住了。这里的生活与他老家有着天壤之别，身边的人来来往往，却不再是他所熟识的大爷大妈，而是一群熟悉的陌生人；夜幕下的城市万家灯火，甚是美丽，却没有一盏灯是为他开启。在偌大的城市里，他就像一棵失去根的蒲公英，随处漂泊，无处安放，他，该如何在这里生存下来呢？

初到城市的廖新文，穿着一身土衣服，他说，这身打扮很有标志性，一看就是从农村来的。或许是从小就有一股要强的气概，为了不让周围的陌生人瞧不起他，这个来自农村的穷小子买了一件 8 块钱的地摊货，这件来自韩国的二手时尚衣服，成为了穷小子廖新文融入城市生活的第一个符号。

城市里不仅仅充满着各种时尚的元素，还布满了一条条四通八达的柏油路，这对于从小没进过城的廖新文来说，又是一个巨大的挑战。在城市里，他毫无方向感，可以毫不夸张地说是一出门就找不到回去的路。或许是从小就有一股不服输的倔强，为了克服方向感失灵的现状，他想出了一个在外人看来比较愚笨但却有效的方法：每走一百米，就用石头画一个记号。就这样，凭借着一个个记号，他逐渐找回了方向感，逐渐地熟悉了这座陌生的城市。

二、一个善于运用感情投资的人

如果说 15 岁前往福建、广东打工是廖新文人生的转折点的话，那么 2003 年跟随姐姐前往温州则是他打工经历的转折点。廖新文称，他永远也不会忘记那次去温州的经历，绿皮火车里挤满了人，他没有地方可以待，就在火车座位底下蜷着身子待了整整 24 个小时，或许正是他这种能吃苦的精神成就了今天的自己吧！

当时姐姐在服装厂当技工，所以他也开始在那里当水洗工人。在姐姐的指导下，他慢慢地掌握了衣服的水洗技术，成为一名优秀的水洗工人。

廖新文自己也称，人活在世上，如何取得成功呢？要么你做事感动别人，也就是用技术说话；要么就是通过言语让别人喜欢我们，也就是俗话说的会拍马屁。你不会做会说也行，但是做和说，你两样都不会的话在外面就很难混。虽然我不否认廖新文有着高超的水洗技术，但是相比于技术而言，我更相信为人处世的方式是他成功的重要因素。

廖新文是一个善于运用感情投资的人。无论是在生活上，还是在事业上，感情投资都是他获取成功的一大法宝。2003 年，初到温州，他在服装厂与自己的妻子相识、相知到相爱。谈到妻子，可以看到他满脸洋溢着幸福的表情，他说："刚和妻子认识那会儿，我跟她讲我爸爸是在广西建筑队里做包工头，妈妈是在家做蔬菜生意的，其实我爸是在建筑队打工的，我妈也只是在家种菜而已。就这样，我把我的妻子'骗'到手。但是想想，当时我家里那么穷，妻子能从贵州嫁到湖南，身边又没亲人、朋友、同学，我没有钱，脾气还不好，她图什么啊！所以啊，我就想，既然我挣不到钱，但最起码要对她好，什么都顺着她、依着她，久而久之我俩产生了感情。"

或许，就是因为最初将妻子"骗"到手的愧疚，才使得他明确了自己的人生目标。廖新文认为，人要对自己有信心，别人能做到的我也能做到。所以，在事业上，他更加发愤图强。在服装厂当厂长的时候，老板通过业绩加提成的方式算工资。廖新文能够在订单多的时候每月赚 5 万，订单少的时候，每月赚 3 万。他说，之所以会这样，是因为老板一般只看结果，不看过程的。打个比方说，今天厂子里停电了，还有一批货没有干完，如果是其他厂长的话，肯定会选择今天休息，但是我不会这样做，我会自己先掏腰包，把这批货拿到别的厂子里做，这样的话，我们今天的工作就可以如期完成，老板会认为我是一个能干的人；并且，我还可以在其中赚差价，一举两得，何乐而不为呢？所以，他一直坚信，想要在社会中生存下去，就不能按照常理出牌，要比别人有更多、更奇特的想法；而且还要善于感情投资，用他自己的话来讲就是：每个人都有自己的脾气，如果你对我不好但是我对你好的话，那么慢慢地，我会感化你，你就会发现我的好；反之，你今天对我不好，我明天对你也不好的话，那么你在别人的心目中也好不到哪里去。

廖新文还是一个善于挖掘资本的人。或者说，他的成功的另一个秘诀就是"不懂装懂"。他说，虽然自己初中还没有毕业，但是如果有人问他问题的话，即使他不会，他也会装作懂的样子，先以自己开车或者暂时没时间为由敷衍过去，然后他就会去请教那些明白这些事情的人，得到问题的最佳答案，然后他承担一个中介者的作用，将最佳答案告诉求助者，这样，就会在求助者心里造成一种假象：廖新文什么都懂。他说，其实他自己什么也不懂，但是他善于挖掘身边的资本，借用周边的资源与平台，多向别人请教，久而久之，自己也就懂了，客户也会误认为他什么都懂，喜欢跟他建立合作关系，这样，他就自然而然地不必为找不到订单而忧愁。

在服装厂做厂长的时候，廖新文不仅白天要在工厂里上班，晚上还要帮妻子照顾大排档生意。每天晚上忙到 3 点多钟，早上五六点钟起床去市场采购当天大排档运营所需要的食材，然后再去上班……这种生活持续了大约两三年。回忆起当时的生活，他说，虽然辛苦，但是因为每天赚钱比较多，反而很快乐，每天最快乐的莫过于凌晨两三点跟妻子两个人躺在床上数钱。

三、开办水洗厂

就这样，凭借着自己的努力与智慧，廖新文在老家的县城里买下了自己的第一栋房子，那时候，他才 20 岁多一点……2008 年，廖新文人生的另一个转折点来了，他不顾家人的反对，毅然决定将刚买的房子卖掉，投资在温州办厂，那时，他才 25 岁。

但是，筹办工厂并不是一件容易的事情，他面临的最大的困难就是资金不足。当时办厂需要 450 万元，廖新文在其中占 10% 的股份，所以，他需要投资 45 万元，但是即使卖了房子，还差 10 万元的资金。走投无路的他此时选择动用之前的社会关系。他向两个客户借钱，其中一个告诉他要等到月底，但是最后也没有借给他；另一个客户要了他的生辰八字之后，去大师那里算了一卦，决定借钱给他。廖新文认为，一个人想要成功，机遇是必不可少的。换句话说，世上千里马万万匹，但只有遇见伯乐，才会成为真正的千里马。

在贵人的帮助下，廖新文与人合伙办的水洗厂终于开业了。生活中最有趣的莫过于你从来都不会知道下一秒会发生什么，变幻莫测是生活最鲜明的性格。水洗厂如期开业，但是如何能够将工厂顺利地运营下去是老天爷给这位湖南小伙儿出的另一道考题。工厂的运行需要客户、订单的支持，但是温州人做生意还是比较喜欢跟老乡合作，为了在众多温州老乡中崭露头角，廖新文坚信，不按常理出牌是他获得客户的一大法宝。他不会像其他老板那样为了订单今天请客户喝酒，明天请客户唱K，而订单拿到手便不再请客。他认为，想要拉到客户，与客户建立稳定的合作关系，感情与行动二者缺一不可，廖新文称自己会经常与客户沟通，交流最新流行趋向，业界的最新动态等，他认为，这种经常性的沟通，既可以帮助自己与客户建立良好的感情，还可以了解到产业的最新消息，有助于企业提前做好调整应对策略。在感情加行动的策略下，廖新文垄断了水洗厂附近所有的服装厂，并且与他们建立了良好的合作关系。

一个企业的良好运营，既需要足够的客户，也需要充足的资金支持。资金周转不开的时候，廖新文有自己的一套方法。他说："假如，我今年一共有60个客户，这60个客户呢，我一般分为两组，也就是30人一组，这个月先把这30个人的钱要过来，然后下个月我再问另外30个人要，这样，才能有效地周转资金。做什么事情要有个规划，什么东西到急用那一天再去安排的话肯定不行，不过很多时候计划赶不上变化也正常，这时候，就得看个人的临场发挥了。"

在管理水洗厂的时候，廖新文有着自己的资金周转、拉取客户的手法，可以说，靠的正是感情牌；而对于员工的挑选，这种方法同样管用。之所以善于运用感情牌，或许就是因为廖新文本人就是一个重感情的湖南青年。水洗厂里的员工，大多数都是他从湖南老家的村子里带出来的。自从2008年办厂以来，每年回家，他都会带一批老乡到自己的厂子里做工，现在大约带出了 500 多个老乡，差不多每家每户都有人在他的水洗厂做过工人。外出之后，老乡的生活也变得好了起来，慢慢地在镇子里买上了房子……廖新文认为，毕竟自己是吃那里的水长大的，所以，就想做点力所能及的事情回馈家乡，每年除了将村子里的年轻人带到温州自己的水洗厂上班之外，他还会在春节的时候，给村子里 60 岁以上的老人发红包，以表示这个大山里的孩子对家乡人的感激之情。就算平日里买菜，如果遇到好几个老人卖同样的菜，他会每家都买一点，来照顾老人家的生意；即使吃不了送人，他也会照样这样做。前几年，廖新文和姐夫一起，花了 130 多万元，在湖南老家的村子里建了一个食堂，以方便村民平日里办酒席。

廖新文就是这样一个重感情、懂回报的 80 后青年。他在外出闯荡的 20 年里，有辛酸，也有喜悦。或许，就是在尝遍酸甜苦辣人生百味之后，他懂得了与人相处的独家秘籍，让他获得了今天的成功。

撰稿人：徐萌（北京大学社会学系硕士生）
指导老师：蒙晓平

36 人生向上

访谈时间：2016 年夏，2018 年 2 月 10 日晚上
访谈地点：宁夏固原市，老胡（胡玉仓）家中
访谈对象：老胡，51 岁

> 老胡尽管靠自己大半辈子的打拼，进了城，有了房子，交了朋友，立了人品，挣了面子，大儿子也结了婚，人生的意义大半已落到实处，可老胡还是满心烦恼着：两个儿子不像自己能够吃苦，也不愿意吃苦，更找不到好的工作，将来如何在城里扎下根来呢？

固原本地建筑行业的兴起，也就是近十年的事儿。老胡是这建筑大军中的一员老兵，干了有 20 多年，从 20 世纪 90 年代的一天十几块钱，干到今天的一天 200 多块。自 2011 年起，老胡的妻子也开始跟着在工地做小工，搬砖、拌水泥、抄沙灰。如今，老胡全家都搬到了城里，住进了楼房，大儿子也已成了家。老胡"当初从没想到能干到这一步"，只是想着奋斗到哪儿算哪儿，给下一代"把苦力下着"。老胡这大半辈子，是一点一滴苦下来的，用他自己的话说就是："人生向上。"

一、烧窑

1967 年，老胡在河东村出生，是家里面的老大。父亲年轻的时候，患过脊髓炎，留有残疾，母亲又有精神分裂症，因此，老胡从小就挑起了生活的担子，在家里种田养牛。固原地区自古就是"靠天吃饭"，一年的雨

水好了，收成就够吃；雨水一不足，吃饭就紧张，常常是新粮勉强接续上旧粮。当时，吃的主要是玉米面，白面很少，吃一次"麻花子"就算过节了；人的饭量却奇大，馍馍经常是成盆地吃，也难以吃个够，不像现在，一两碗饭就饱了，还能嚼个零食。因此一年下来，靠种地仅仅够维持一家人的生活。老胡觉得这日子过得紧巴，早早地想着干点别的。

1984年，老胡17岁，在水库上干过几个月，从早到晚用架子车往水库上拉土并夯实，风吹日晒的，工钱是一天一块钱。

20世纪80年代末，村里兴起烧瓦窑，老胡也挖了一个，和弟兄们合伙干。从1988年一直干到1997年，下了不少苦。那时候做的是土坯子瓦，用的是土法，手工一点一点弄，最费力气：先把泥块敲下，拿脚用连起的木片翘着，再用脚踏好，弄得绵绵的、细细的；指头厚的泥片，扯成泥条，直接缠上，就是个圆罐罐，留有四个缝子；将其提出去摆下，晾干变硬后，就是四叶瓦；再就是放进土窑里烧，不间断地烧上七天七夜，烧成了就是小青瓦。烧瓦的同时，继续制作晾干的泥瓦，这边烧成了，那边的干泥瓦也做好了，正好循环。整个制作过程，最怕的就是下雨，"泥泥子"逢雨就烂，得抢时间往房里搬。仓促之间，将笨重的圆罐罐往房里搬，最是累人不过。这种连轴转的工作，任谁也是受不了的，因此，一年也烧不了几窑（通常五六窑），就再也干不动了。尤其是烧窑，得两个人轮流烧，昼夜火不停。烧窑的过程更是丝毫马虎不得，水量、火候的控制，直接影响到成品瓦的质量、颜色，进而影响瓦的价格。

土窑制瓦的好处是原材料（主要是土、水、木材等）都是自家的，成本比较低。但到了90年代末期，附近生产效率更高、质量更好的平凉机瓦，逐渐取代了手工制瓦，全村的瓦窑场就没落下来。老胡每提起烧瓦窑的经历，都是百感交集：干瓦窑，既苦又累，比干建筑队都累。但是自由，自己的窑，自己说了算，干多干少都是自己的，下苦活儿但不受气。有一次麦收农忙，与老胡合伙烧窑的一个朋友没来，老胡自己一个人烧了八天七夜，一窑瓦下来，就累倒了。机瓦取代土瓦之后，老胡的瓦窑场也关了，村头河滩地上至今余留着满目的废弃瓦窑。

二、打工置业

1997 年，老胡在石嘴山跑了两年多，2000 年正式在基建上干活儿。工钱从一天二十几块钱，涨到 2006 年左右的一天五六十，再涨到 2012 年的一天 130 元，最高的时候一天 200 多元。老胡最骄傲的事情之一，就是从未做过小工，一开始就从大工做起，模仿其他泥瓦匠砌砖、抹水泥，后来手艺越干越好。在固原干到 2007 年，2008 年去了大武口，2009 年回到固原，2010 年去新疆干了一年，2011 年再回固原，一直干到今天。

河东村民早先去市里面打工，基本都是蹬自行车去的。带上一些馒头，中午就着水龙头把午饭就对付了，晚上再摸黑回家。20 多里的路，要骑上两个小时。若是雨后，就更麻烦了。2004 年，老胡索性赊账买了一辆摩托车，花了 4000 多块钱，还了两年多才结清余款。当时一个小牛犊，也就卖几百块钱。有了摩托车，可以在工地上住，想回家了就可以骑摩托车回家，几十分钟就到，也是一件非常体面的事儿。2011 年，逢着机会，老胡在市气象站附近相中一处院落，就花 11 万块钱买了，一半是自己攒的钱，一半是借的，几年前就慢慢还清了。房子建筑面积 100 平方米，加上院子 200 平方米。在城里有了房子，老胡就把全家都接了过来。白天骑摩托车去工地打工，晚上一家人在一块儿，油钱也省了。后来在院子里扩建了几间房，一家人住堂屋和两个卧室，靠外的三间房子以每月 100 元的价格租给了三个学生。

2011 年，妻子跟着老胡进城，在建筑工地做小工，干了三年多。在建筑队干小工，是一件特别磨人的事儿：要能吃苦，抱砖、抄水泥等，样样得行；要眼里有活，看匠人需要，脚勤手也勤。小工没技术，但需要体力，还要摸索干活儿的门道：抱砖一次抱几块，怎样搬，才能既跟上匠人砌墙的速度，又能最省力气；拌水泥一次拌多少，水泥、沙子、水的比例各是多少，既用起来舒服，又刚好够用，等等。在建筑工地上干，头几天特别重要：每天天蒙蒙亮就要起床吃饭，去工地干活儿；临近中午或下午上工，最是难熬，烈日临空，汗流浃背，身上黏糊糊的，有些男的索性就光着膀子；黄昏时体力将尽，昏昏沉沉，忍着耐着，翘首以盼，只等一声令下，收工吃饭。一天下来，常要工作近 12 个小时。要是工期紧，加班加点也是常有的事情。吃罢晚饭，基本上沾床就睡了。要是能挺过来这头几天，就能继续干下去。

常年在建筑队打工，接触砖块、水泥、石灰、沙子，手指会变得粗大，磨蚀严重，易于皲裂，双脚会布满厚厚的一层老茧，腰部腿部则过于劳损，从而积累下一身的病症。干了三年小工，妻子累不过，就在住家附近一家餐厅当了服务员。

对妻子进城，老胡是满心感激的。老胡算了一笔账：妻子在家干活儿，庄稼再好，刨出去种子、薄膜、肥料、灌溉等投资的钱，一年下来，只够维持生活，碰到年成不好，还可能赔钱；不如直接把家里的地租出去，夫妻俩都出去打工，无论庄稼丰歉，每年都可以收取定额的租金，两个人在城里打工，就能获取双份的收入。工价最高的 2015 年，两人一个月能赚上万把块钱。这样一来，老胡赚的钱可以攒下来，妻子赚的钱可供日常开销。在老胡看来，城市生活成本太高，只靠一个人在建筑队打工，很难在城里扎下根来，幸亏有妻子进城后帮衬，多了一份收入，才立得住脚。老胡妻子进城务工之前，一家人一年的开销就得一两万，如果老胡一年挣三万，也只能攒下一万块钱，按照固原现在的房价，买房是无从谈起的；而现在有了妻子的收入，老胡一年挣的 3 万块钱就可以全部攒下来，十多年就能在固原挣下一套房子。

幸运的是，2015 年前后，老胡在城郊的院落被划入了城改范围，最后拆迁补偿了 30 多万块钱。他预先换购一套拆迁安置房，100 多平方米，预计两年后建成。在老院拆迁、新房建造的这段过渡时期，开发商给了老胡一笔安置费，每月 1000 多块钱，用作租房费用。老胡本来需要租一套房子作为过渡用房，正巧同村的一个朋友有意转让几年前在市区购买的一套楼房，老胡考虑到两个儿子总得两套房子，就下决心买了下来。这几年打工赚钱，慢慢把这栋房子的余款也给结清了。2017 年，原房主搬走以后，老胡全家就搬进来了，恰逢老胡大儿子结婚，连装修带购房款，花了 20 多万了。

三、心忧下一代

人活一辈子，立的是人品，挣的是面子，交的是朋友。儿子结婚，是见证老胡人品、面子、交情的时刻。人品好、面子大、交情深的，办事时借钱、借车、帮忙，基本是有求必应；而平时人品、面子、交情不行的，办事就会很吃力，人寻不着，钱借不上，车租不来。因此，尽管老胡早在2011年全家就搬到了城里，但和村里经常保持着联系，红白喜事，人情从来没有中断。儿子结婚，几个亲戚朋友就给寻来了10辆小车。条件好的，帮衬个一万或五千；条件不好的，帮衬个一千或五百。对方一旦经济紧张，老胡就立即把欠款还了，信任是对彼此人品、面子、交情的认可。

可对于下一辈，老胡就没有那么乐观了。对老胡这一辈而言，最重要的事情是下一辈的成家和上一辈的终老，因此肯吃苦，懂节约，常知足；而对老胡儿子这一辈而言，最重要的是自己的自由、顺心，尚未意识到并主动承担自己的责任，因此不能吃苦，不懂节约，难以知足。在建筑队打拼20余年，老胡对吃的、穿的、用的、住的，未有太多要求，有白面吃、有衣服穿、有地方住就够了。而老胡儿子这一辈，在饮食、着装、日用品、消费理念上，与上一辈截然不同，吃穿用住更是多元，消费也更为大胆超前，在吃苦耐劳、精打细算上，与老胡更不可同日而语。比如一件衣服，老胡觉得差不多能穿就行，要物美价廉的，而年轻人则只看样式、品牌，不说价格；一个馒头，老胡就能吃得津津有味，不嫌弃更不丢弃，而年轻人则要有副食搭配，馊硬馒头是决计不吃的；一盒烟，老胡觉得有两块钱就抽两块钱的烟，冒口烟就行，而年轻人哪怕兜里有5块钱，也会再借上5块钱，要买10块钱的烟。老胡觉得：人得勤奋着，为了娃娃就要付出，不能光顾自己，给下一代能弄多少就弄多少；人想着知足就能过，有多大脚穿多大鞋，人生要向上走，闯到哪里是哪里。

因此，老胡尽管靠自己大半辈子的打拼，进了城，有了房子，交了朋友，立了人品，挣了面子，大儿子也结了婚，人生的意义大半已落到实处，可老胡还是满心烦恼着：两个儿子不像自己能够吃苦，也不愿意吃苦，更找不到好的工作，将来如何在城里扎下根来呢？两个儿子从小到大就没怎么接触过农活，很难指望着回老家务农，更何况他俩也从未想过要回老家生活。老胡在城里安的家，儿子如何才能守得住呢？

撰稿人：董彦峰（北京大学社会学系博士生）
指导老师：卢晖临

37 种菜工人

访谈时间：2018 年 7 月 2 日下午
访谈地点：宁夏河东村，冷凉蔬菜基地菜农窝棚
访谈对象：赵建军，40 岁

> 如今几十年下来，赵建军愈发觉得：其实人活着过日子和种地是一个道理。种地的人要看天吃饭，风雨阴晴都是命，顺势而为，强求不得；但没有打算，该播种时不播种，该守着时不守着，减苗收割都没有时数，连老天都帮不了他。

一、种菜基地

3 月，河东村逐渐褪去冬衣，生机从日益松软的土壤蔓延到枝头萌发的新芽儿。每年的此时，与这和煦春日一同来的，还有河东冷凉蔬菜基地的 500 名工人。

赵建军正是其中的一位"种菜工人"。

今年是赵建军来到河东冷凉蔬菜基地种菜的第一年，与他一同来的还有妻儿和几个同乡。

上午 10 点半，赵建军和妻子王慧娟上坡回来准备吃午饭。他把从小卖部买来的豆腐和菜一股脑儿撂进滚水中，挤了一大块火锅底料进去，把它搅化开后就盖上锅盖，点了支烟，坐床边等着。

赵建军看着从锅边溢出的水蒸气，深深吸了一口烟，感觉劳作了一上午的疲惫随着吐出的烟雾一同散开。

赵建军一家人住在基地宿舍里。十几平方米的屋子里陈设很简单。几块砖头上面搭块长木板，铺上褥子就成了床，上面堆着被子和衣服；同样用砖头和短木板搭起的两层小台子，上层摆着锅碗瓢盆，下层放了一些洋芋和青菜，就是做饭的地方。电热器、水壶、音响、鞋子、雨衣等，这些杂物随意地堆在地上或挂着。

基地上的工人都住在这样的宿舍——菜地对路整齐排列的几列简易板房。一列有五个单间，两三个人挤在一间。宿舍没有窗户，每列板房之间是仅相隔一米多的过道，通风很不好。进入雨季的固原湿度很大，屋里时常漫着淡淡腐朽的味道。

种菜的工作其实并不轻松。除非大雨，蔬菜基地的工人每天固定在早上5点多去干活，一直干到上午10点多，回宿舍吃午饭。午饭后又要去地里，直到晚上10点，有时到十一二点，才回宿舍吃晚饭、休息。基地主打种植菜心，每茬生长周期仅40天左右，菜地循环耕种。冷链、配送区的工人还好，像赵建军这样的种菜工人平时基本没有休息时间，在蔬菜播种和收割期时更是忙碌。

基地种菜工人的基本工资是一天70元左右，收的菜按一斤6角钱卖给公司。收成好时，赵建军一个月能挣六七千，不好的时候仅三千多。种菜没有在工地上挣钱多，但赵建军觉得要比在工地上自在些，所以结婚后，等新房盖起来就专门种菜了。最近几年，家里的地被流转出去，种上了树。夫妻俩尽管不甚情愿，却也只能离乡，出去给别人种。

工人们通常是与亲友或同乡结伴而来，亲戚或同乡一般都在一组工作，住得近，关系也近，彼此相处很融洽。工作繁重，生活条件也不算好，基地上却很少有吵架或打架的事情发生。

基地上独身的工人很少，通常都携妻带子，甚至有一家三代都来的，所以基地上总会有二三十个孩子。五六岁的孩子，父母平时没有时间和精力照看，任由他们在基地附近玩耍，等再大一些就送回老家读书。

基地上也有不少十七八岁的年轻人。到基地初期，小伙子们还每天留心着头发怎么梳才有型，而小姑娘每天搽搽粉、涂涂口红。后来，就没力气每天打扮自己了。

在雨天不上地时，工人们通常会选择窝在宿舍，或者睡觉，或者聊天，或者玩手机；有时也会去镇上买点衣服鞋子，下馆子犒劳自己。也有不少人聚在一起玩扑克，打麻将，多半是要赌钱的。一般 10 块钱一把，有些赌红了眼的人一晚上能把这一个月挣的钱都输进去。有的赌怕了，发了工资就立刻把钱寄回家，只留一点点生活费。别人知道他没钱，就不会拉他赌了。

在赵建军看来，这种赌钱的人都是"没打算的人"，但凡有点打算的人都不会这么过日子。

吃完饭，赵建军和王慧娟稍稍歇了会儿，片长就开始喊人赶紧集合、去上地——耙地、拉沟、撒种、除草、减苗、割菜……

二、16 岁出门打工

还不到 7 点，天色就暗了下来。赵建军抬头看了眼阴沉沉的天，心里有些着急，加快了割菜的速度。现在正是菜心开始收割的时候，收割期很短，误了几天，再收割上来的质量和数量都会大打折扣。

固原气候干旱，今年却一反常态，阴雨连绵。之前已经下了许多天雨，刚刚放晴没多久，天色又阴沉了起来。不一会儿，雨下起来了。雨势渐渐变大，菜地上陆续有工人开始往回走，赵建军和几个工友还在冒着雨收割。一个多月来，起早贪黑，每天都在地里埋头苦干，就是为了这几天能多收上来一些菜，可偏偏这雨水又来捣乱。赵建军心里着急又恼火，可什么办法也没有。

雨水很快由小转大，赵建军和几个工友也只能停了手里的活，匆匆往回赶。回到宿舍时，妻子正半倚在床上看手机，儿子躺在她身边吵着闹着。夫妻俩分属于不同的片区，王慧娟所在片区的蔬菜正处于生长期，下雨对这个片区的工人来说并不算一件坏事，反倒让他们得了清闲。

赵建军进门后一边和王慧娟抱怨着固原的"鬼天气"，一边换下被雨淋湿的衣服，躺在床上倒头就睡了。

赵建军是家中老大，还有一弟一妹。他从小在田地里长大，家里世世代代都是农民，虽不富贵，但温饱不愁，日子安稳。赵建军尚在襁褓里的时候，父母就一直背着他去地里上坡；等他长大些，也常常跟着父母待在田里。他不爱读书，要么在课堂上睡觉，要么索性翘课，跑到田边地头晃悠或帮着父母干点力所能及的活儿。日子就在泥土稻香间摇摇晃晃般遛过，他也乐得自在。

16 岁那年，父亲突发脑溢血。家里卖田卖牛给父亲治病，欠了一屁股债，最终父亲还是走了。

父亲的离世让赵建军陷入巨大的慌乱之中，也让他迅速成熟起来，不得不去面对他从未思考过的人生选择：弟妹年幼，母亲柔弱，田地所剩无几，又有外债。身为长子，必须担起责任。

赵建军至今仍记得，有一天，他和母亲在堂屋枯坐到半夜。母亲断断续续说了许多，村里的闲事，田里的收成，她和父亲的故事，现在的处境……最后母亲佝偻着身子，低着头说："要不你就出去吧，你大爹在深圳工地上帮人家做事，我给你联系联系……"赵建军想了想，没有别的出路，只好这样了。母亲不断嘱咐他，到那边要好好工作，不要给人家惹麻烦，说着说着就哽咽着落下了泪，借口收拾行李躲进了里屋。

这是赵建军第一次离开家乡，也是他第一次见到一个与小山村截然不同的世界。可生活由不得赵建军去适应调整、去思乡怀愁，也由不得他去感受大千世界的繁华与精彩。他没有时间，也没心思。白天，赵建军要跟着大爹在工地上运水泥；晚上，则要去跑车拉货。一天 24 小时连轴转，睡眠是奢侈的享受。

好在赵建军为人老实，勤奋能干，吃亏受累也不与人争。大爹和工地上的同乡知道他的处境，也处处照顾着他。

打工的日子很苦，可赵建军没什么怨言。他知道自己没什么文化，只能出苦力。看着家里的日子一点点变好，他从心底觉得这苦日子值得。

家里的外债逐渐还清了。等赵建军和王慧娟结了婚，家里盖起了新屋，生活算是稳定了下来，赵建军才换回了种地的营生，一直做到现在。

从 16 岁出来打工，到如今已整 40，赵建军从来没有过什么太大的野心。

或许在年纪轻一点的时候，赵建军也想过富贵荣华，想着出人头地。如今几十年下来，赵建军愈发觉得：其实人活着过日子和种地是一个道理。种地的人要看天吃饭，风雨阴晴都是命，顺势而为，强求不得；但没有打算，该播种时不播种，该守着时不守着，减苗收割都没有时数，连老天都帮不了他。

三、儿女

赵建军睡了一会儿，突然被一阵"打打杀杀"的叫喊声吵醒。原来住在前边宿舍的小伙子又打开了他的音响。小伙子最近刚买了低音炮，每天都要放音乐，甚至玩游戏的时候也会连音响外放。

游戏音效混着雨声一直环绕在耳边，赵建军躺在床上闭着眼睛迷糊了一会儿，长出一口气就坐了起来。打开手机看了看时间，已经快9点了，外面天色已经黑透，一颗老旧灯泡从屋顶上吊下来，悬在空中微微散发出昏黄的光，屋里也只剩下他一个人。

就在他愣神的时候，王慧娟和儿子拎着一兜东西回来了。在他睡觉的时候，小儿子吵着晚上想吃方便面，王慧娟只好带他去买了。

赵建军和王慧娟有两个孩子，一男一女。女儿今年12岁，在老家上小学五年级，平时奶奶带着。儿子今年刚5岁，夫妻俩带在身边。

河东通常在农历十月份左右下雪，下雪后，基地的大部分农业活动都会暂停，工人们有的就回家休息，但大部分工人，包括赵建军和王慧娟，会南下到广东，在那里继续种菜，一直到过年才回老家。就像候鸟一样，年复一年，南方、北方，北方、南方。

面对两个孩子，夫妻俩多少是怀有些愧疚之情的。常年在外面打工，待在家里的日子很少。今年3月初就来到了河东，一直在这里种菜，没有回去过一次。

女儿算很懂事，知道父母是为了养育他们才外出打工，也懂得父母的辛苦，在家里读书一直都很刻苦，也常常帮奶奶干活儿。女儿给他们打电话时，从来不哭闹，只有几次带着哭腔轻轻问他们什么时候会回来。女儿的懂事让赵建军和王慧娟两人更心酸不已，两个人只能拼命干活儿，省吃俭用，尽力往家里多寄点钱补偿。

儿子倒是从小跟在他们身边，但也要跟着他们一起到处奔波。夫妻俩不忍心委屈了孩子，所以尽管儿子顽皮不懂事，夫妻俩都不曾真正对他发过火，有什么心愿要求，也都尽力满足。

四、婚姻

"你要出去了？"王慧娟抬眼，看见赵建军穿上雨衣。

"趁着这会儿雨小了点，我去把剩下的菜收了，再不收，这拨菜可真要被糟蹋没了。饭你们俩吃吧，不用给我留了。"赵建军捋了捋衣服，出门时顺手揉了揉小儿子的头，"手机离远点，再这样玩眼睛早晚得瞎。"

雨水滴滴答答地还在下着。赵建军所属的片区，有三四个工友和他有着同样的忧虑。到晚上 12 点左右，今天的任务完成得差不多了。几个人一同往回走。路上，有人提议去小卖部买点酒喝。赵建军也想喝点酒解解乏，可咂吧咂吧嘴后，又咽下了这个想法，借口说累了想赶紧回去睡觉。后天就是这个月结工资的日子，他想多寄点钱回家。

赵建军悄悄推开屋门，脱下衣服，轻轻地挂起来，看到了王慧娟给他留的饭。米饭和炖豆腐用饭罩子扣着，静静地躺在灶台上。王慧娟知道赵建军不爱吃方便面。

赵建军比王慧娟大几岁，从小就彼此认识。虽不在一个年级，但上小学时他们几个住得近的孩子经常结伴去学校。结婚那年，赵建军刚刚还清给父亲治病时欠下的外债，家里旧屋拆迁，新房土坯刚刚建起，还没钱装修。王慧娟家境不错，人长得也标致，有不少媒人上门说媒，可她心气高，没一个看上的。赵建军家的媒人上门给二人说媒时，王慧娟的父母没少犹豫，但王慧娟看中赵建军老实勤奋，又为人可靠，对赵建军家境倒不是很在意，一句抱怨话没说过便嫁了进来。"老天爷总不会亡了老实人的路。"王慧娟常常这么说。

结婚的第二年大女儿出生。到女儿三四岁时，王慧娟在家里待不住，也跟着赵建军一起出来打工。王慧娟脾气不好，性子又直，平素里没少凶赵建军。赵建军也不回嘴，通常都只默默受着等她气消。有时候王慧娟凶得厉害，赵建军忍不住了，也和她杠上几句，但往往吵不过王慧娟，被气得反复念叨"我不和你这凶婆娘一般见识"，却再说不出别的话来。吵归吵，二人却没真闹过什么矛盾。这么多年来，两人的生活算不上甜蜜恩爱，但彼此都互相珍惜。

一天的活干完了。躺在床上，赵建军长长地舒出一口气。女儿前几天打电话过来，兴冲冲地说她考了班级第一。儿子今年回家后就要送他去镇上读书了，虽然淘气，但脑子聪明，应该是块读书的材料。

撰稿人：杨乾宇（北京大学社会学系本科生）
指导老师：蒙晓平

38 打工买房的学问

访谈时间：2018 年 1 月 30 日下午
访谈地点：安徽店集村，陈洪海家中
访谈对象：陈洪海，48 岁

> 话说陈洪海是怎样从身无分文到 30 万的呢？"反正那时候其他花销比较少，也是靠省吃俭用攒起来的。那时我在酱油厂，我家属在租房的地方开了个小超市，挣的也不是很多。怎么说呢，时间长了慢慢就攒起来了。不像现在年轻人花销那么大，攒不下什么钱。我们那时候过惯了苦日子，知道节俭。"

一、打工渐渐如意

陈洪海是在初中毕业之后出去打工的。"那时候我们的情况是初中毕业之后考中专，因为中专毕业之后包分配；考上中专的就去上学，考不上的就出去打工。"陈洪海深深地叹了一口气，接着说，"那时候地少，家里的地加起来才 10 亩左右。家里五口人，光靠地也不行。弟兄几个长大了都要娶媳妇的，就想去外面打工——不出去也不行。"就这样，18 岁的陈洪海成了店集村外出打工浪潮中的一分子。

陈洪海初次打工的地方在上海的一个城乡结合部。那时他还是一个孩子，并没有多少人生经验，他也不知道自己能做什么。按他的话讲就是："刚出去的时候没有头绪。"一开始，陈洪海跟着老乡铺设自来水管道。这种工作由工程量决定，并不能保证每天都有活儿干。所以在此期间陈洪海也断断续续地做做其他的事情，比如早晨会去批发市场贩一些菜，骑个三轮车拉到附近的村里卖；实在没办法了就去附近捡垃圾、收废品卖钱。

就这样艰难地生活了一段时间，后来在老乡的介绍和帮助之下，陈洪海在附近的村子里承包了 100 亩左右的耕地，开始种粮食。种了三四年，由于种地成本不断抬高，粮价没有相应提高，种地不赚钱，陈洪海就转而进厂打工了。

他去的是酱油厂，一家乡镇企业，一干就是七八年。

在酱油厂的那几年，一切都如计划好了似的，上班、下班，上班、下班……工资也由一个月 2000 多元增长到后来的 3000 多元、4000 多元。陈洪海的生活平稳安定。有了一定的经济基础，他便把人生大事办了，和一位姑娘结了婚。

随后，他的家属（也就是妻子，店集村称呼妻子为家属）也跟随他来到上海，在附近开了一个小超市，卖一些日常生活用品来贴补家用。

陈洪海脑子活泛，善于捕捉商机。他发现在城乡结合部住着很多像他们一样的外来人，他们每天都需要用热水，但如果他们自己用电烧水就比较贵。陈洪海夫妇就在小卖部添置了一台烧热水的锅炉，开始卖热水，一瓶热水 2—5 毛不等，自己挣到了钱，也方便了他人。夫妻二人既勤奋，又节俭，慢慢有了一定的积蓄。

陈洪海在酱油厂干的时间长了，渐渐对工资不太满意，就跳槽来到水星家纺工作。他的工作就是负责把加工好的被子打包装好，偶尔邮递。虽然工作简单，但是很忙，有时晚上要加一点班；赶上网上做活动，他的工作量更大。不过工资是计件付酬，这就意味着多劳多得。这正合陈洪海心意，他宁可多工作一点时间，多挣一点钱，也不愿把时间浪费了。

"总的来说，现在还是很不错的，生活压力没有之前那么大了。"陈洪海说。

二、置业赶上房价大涨

2003 年，在交够几年的社保后，陈洪海在奉贤区买了一处 80 平方米的房子。他甚是得意，微微一笑道："那房子当时全款是 100 万元多一点，现在大概值 200 万左右吧，涨了将近一倍啊！不管怎么说，买这个房子是正确的。因为钱放在家里，亲戚朋友借一借，自己再花一花也就没有了。关键是那时候也没什么投资门路。"

在那个年代，大部分外出打工的人，挣钱是很不容易的；即使挣到钱，也会回老家盖房子，很少人有在外买房的意识。但是陈洪海不仅有这样的意识，他还付诸行动。"那时候看到房价一直在涨，再加上手里有点钱，把钱放到银行里也赚不到什么钱，也没有什么生意投资，所以就买一套房吧，现在看来还可以。"别看陈洪海说这话时轻描淡写，实际上背后隐藏着他当时的深思熟虑。

回归到房子本身，全款是 100 多万元，光首付就要 40 万元。当时陈洪海手里有 30 万元左右，他从亲戚朋友那里借了十来万，就这样把首付交了。话说陈洪海是怎样从身无分文到 30 万的呢？"反正那时候其他花销比较少，也是靠省吃俭用攒起来的。那时我在酱油厂，我家属在租房的地方开了个小超市，挣的也不是很多。怎么说呢，时间长了慢慢就攒起来了。不像现在年轻人花销那么大，攒不下什么钱。我们那时候过惯了苦日子，知道节俭。现在年轻人生活条件好起来了，但都是月光族。"陈洪海靠的是节俭的生活态度。

三、为儿女煞费苦心

陈洪海有一儿一女，女儿在宁波做服装生意，儿子在读初中。

陈洪海的女儿初中毕业之后先是在上海快餐店工作了两三年，然后去了宁波和表姐做服装生意。

之前，表姐在宁波卖衣服，觉得蛮挣钱，就动员陈洪海的女儿一起做服装批发。陈洪海对女儿说："你们自己商量决定，反正我手头有点钱。如果你们想干，我就把钱当作本金给你们投进去，干不好算我的，挣了钱算你们俩的。"陈洪海二话不说给她们投了 13 万元。现在，她们的服装批发做得不错，13万元的本金已经全部归还，并且两人每年都能拿到六七万的利润。

陈洪海有意培养女儿做生意的意识。他觉得："进厂不是长久之计，进厂只是一个跳板，有了本钱自己要做生意。人这一生总要闯闯的，不然就太平淡了。"

陈洪海的女儿在2017年腊月二十八结婚，女儿和女婿都在宁波工作，打算婚后在宁波买一套房子。按陈洪海的说法是："现在钱也没有其他的投资门路，先投资房子看看再说。"

陈洪海重视教育。为了更好地照顾儿子，也为了他能接受更好的教育，一开始陈洪海就把他送进了上海的私立小学读书。但在读初中的时候，陈洪海把儿子从上海转到了家乡凤台县的私立学校。

为什么让儿子回家读书呢？陈洪海很无奈地说道："虽然我们在奉贤买了房子，但是没有上海的户口啊，没有上海的户口就不能参加上海的高考！"陈洪海停顿了一下接着说道："哎，现在还不能异地高考。为了孩子以后考大学，只能回家来读啊。我们也知道上海那边的教育资源要好得多，但是安徽和上海念的书不一样，高考卷子也不一样。为了让孩子更早地适应，只能让他早点回来读啊。"陈洪海的话道出了中国打工家庭的无奈。

四、看好有发展前景的城市

陈洪海正在打算最近几年把上海的房子卖掉，在一个好上户口而且有发展前景的城市再买一套。他的理由是："上海的户口不好办下来，小孩读书也不方便，另外，一线城市的房价已经涨不动了，二线城市的房价还在涨，有发展前景的城市房价也在涨。"

陈洪海可能会去宁波买一套。女儿女婿和其他亲戚都在宁波，去了之后可以有个照应。"再者说上海的房价比宁波的要贵很多，把上海的房子卖了之后，在宁波买一个差不多大小的还能剩下一些钱。宁波的发展前景很好，可以把剩下的钱做个生意搞一些投资。"

"目前老家那边看不到什么希望，乡镇企业又少，地又不多，种地根本不行，人情往来也很多。"陈洪海暂时没有回家的想法，但他又说："以后老了，不能工作了会回去养老的，因为外面总归不是自己的家，一直在外面漂着，没有家的感觉。"

从 18 岁到 48 岁，陈洪海在外漂泊了 30 年之久。30 年来他通过努力打拼出了自己的天下，而下一个 30 年他又将在哪里，又将去往何处呢……

撰稿人：刘杰（北京大学社会学系硕士生）
指导老师：吕亮明

39 村里的美容院

访谈时间：2018 年 1 月 22 日上午
访谈地点：安徽店集村，刘姐家
访谈对象：刘姐，40 岁

> 这是村里的第一家美容院。就是刘姐自家的一间房子，面积不大，大概十几平方米，刚好放下三张美容床和一个摆放各种化妆品的架子。刘姐把房子重新粉刷一番，又在美容院外面，摆放了各种花花草草，一派生机。

一、离开流水线

刘姐躺在宿舍的床上，翻来覆去地睡不着。这种重复单调的生活，她实在不想再继续下去了。十年来，每天天刚蒙蒙亮就起床，一整天面对轰隆轰隆的机械工作，晚上踏着最后一抹夕阳回到自己狭小的宿舍，准备迎接第二天同样的工作。日复一日，年复一年，有时候真不明白为什么新疆的白天这么长。16 岁初中毕业那年，全凭一股莽劲儿，一时头脑发热，就跟着村里的人来到新疆这么遥远的地方，在这里竟一待就是十年之久！想想自己又有好久没有回家过年了，刘姐有些想念父母和孩子，不知道他们现在在家里过得怎么样。更重要的是，她现在对棉纺织厂流水线上的工作，已经完全失去兴趣，心中满是厌恶。自己还年轻，不能让青春就像这流水线一样流走。刘姐终于下定了辞职的决心。第二天，她向老板辞了职。

然而摆在她面前的是更大的难题：没了工作之后，家里没了收入，怎样才能继续维持生活呢？她向姐妹们倾诉。一个姐妹告诉她，自己的一个姐姐在开美容院，或许她可以去那儿学学。

或许是条路，她心里想。就这样，她去了新疆的一家美容院。

二、学会美容技艺

美容院的一切都让她感到新鲜不已。她之前没有接触过这些东西，什么按摩、护肤、化妆之类的，对于她来讲都是新事物。她第一次走进那家美容院，看见房间很大，很亮堂，进进出出的人都是衣冠整洁、腋下夹着皮包的企业老板或是打扮得光鲜亮丽的老板娘，再与那个全是机器的棉纺织厂一比较，瞬时决定自己就在那儿工作了。

刚进去的时候她还只是学徒，每个月200块钱的工资，包吃包住。虽然工资少点，但条件也还算可以。每个学徒会指派一个师傅，让他教自己手艺。作为学徒，每天除了学习按摩的手艺，还需要打扫卫生，把每个化妆品都擦一遍，把地板都拖几遍，还要包揽洗床单、叠床单等零零散散的活儿。刚开始的那段日子每天都很累，到宿舍里趴在床上就能立马睡着，但是刘姐并不觉得辛苦，每天都能学到很多新的东西，她越来越喜欢这份工作。时间稍长，新鲜感渐渐失去，感受到更多的是辛苦和乏味。但刘姐没有中途放弃，她仍旧认真地学着多种多样的按摩手法，认识了各种护肤品和化妆品，还主动找同伴互练手法。仅仅过了两个月左右，刘姐就可以出师了。

出师考试是给客人按摩。如果客人的评价好，就可以顺利出师；如果客人觉得还有很大的问题，那就还得继续学习。刘姐在新学徒中算是学得比较快的，也是最快出师的学徒之一。

出师之后，刘姐便开始自己接待客人。很多客人都对她的手法表示满意，她总是能根据不同客人的喜好给她们做相应的按摩，久而久之，刘姐也开始有自己的固定客人。不到一年，刘姐对美容院的工作就驾轻就熟了。就在这时，对家乡、对亲人的思念之情又重新涌上心头。她不再是十六七岁的孩子了，亲人现在成为了她最大的牵挂。

21 岁那年，家里给她找了个对象。她从新疆回去结了婚，成了家，有了孩子，之后继续回新疆打工。对村里很多结了婚就不再外出打工的女性，她认为很傻，为什么要被孩子拴在家里呢？所以她自己即使有了孩子，仍然选择出去打工，并且有段时间为了亲自照顾孩子，还把孩子带在身边，几年之后才让孩子的父亲送回老家。

时过境迁，家中的父母年事已高。哥哥一家人在四川安了家，一年到头都不怎么回来，只是在新村建了栋房子留给父母；妹妹也早已出嫁，虽然离家不远，但和公婆住在一块儿，平时对父母的照顾也很少。自己虽然在新村也建了房子，但人在新疆，照顾父母却鞭长莫及。孩子也渐渐长大，要上学了，需要自己在旁边看管。另外，自己年龄已不小，俗话讲叶落归根。这几重因素促使刘姐回归故里。

于是，在新疆美容院里学了一身技艺的刘姐，辞了美容院的工作，决定回家乡自己开个美容院——这是她新的梦想。

三、梦想终于实现

回到家乡之后，家里人对开美容院的想法并不支持，父母甚至提出反对。那会儿，大家还在为实现温饱而奔波劳累，乡镇里没有多少人在乎自己长得怎么样、皮肤好不好，村里人的思想都比较封建，总觉得做美容按摩就是不务正业，不够脚踏实地，所以开美容院的想法也就此搁置了。恰巧刘姐回家一两年之后，就怀了第三个孩子，需要花时间专门养育，因此在此后十年的时间里，刘姐再也没做过其他工作，一心一意带孩子。

然而，在带孩子的十年里，刘姐一直没有忘记过自己开美容院的梦想。近些年来，刘姐感觉时机渐渐成熟：一方面孩子们已大；另一方面，这些年来，村里发生了翻天覆地的变化，村里人出去打工也都挣了不少钱，见了世面，生活都逐渐宽裕，村里年轻的妈妈们开始注重梳妆打扮，美容业眼看有了市场。于是刘姐瞅准时机，在 2017 年底，把美容院顺顺当当地开起来了。

　　这是村里的第一家美容院。就是刘姐自家的一间房子，面积不大，大概十几平方米，刚好放下三张美容床和一个摆放各种化妆品的架子。刘姐把房子重新粉刷一番，又在美容院外面，摆放了各种花花草草，一派生机。美容院由刘姐一个人经营。按摩价格非常便宜，只有城里的十分之一。她还兼做了化妆品品牌的代理，平时也常常出差打探市场行情。考虑到美容这个行业的更新换代很快，她每隔一段时间就会出去学习一些新的手法，不断更新自己的知识——哪怕这些时髦技艺在这个小小的村庄里还用不到。对于她来说，保持一种不断前进的状态，才是她真正想要的、真正追求的理想生活。

撰稿人：赵晗（北京大学社会学系本科生）
指导老师：蒙晓平

40 挣的每一分钱都很辛苦

访谈时间：2018 年 4 月 1 日
访谈地点：深圳市北通企业管理有限公司
访谈对象：杨满军，48 岁

> 人的思想一定要重振，不要有任何歪心。做任何一件事情，首先都要做正。我这么多年呢，虽然也是吃了很多苦，也遭受了很多罪。但是，还是要学。我那时候把石岩整个各个工业区，总共是 300 多个工业区，我自己都能用笔画出来，就清楚到那个地步。所以，为什么能做这么久，真的是花了很多心血。咱们挣的每一分钱都很辛苦，没有投点机或者取点巧。

2000 年，杨满军 30 岁，站在人生的十字路口，不知该何去何从。

高中毕业后考上南京的一所大专学校，三年学业完成，正赶上国家改革大学毕业分配制度，不再分配工作。在城里找不到合适的工作，杨满军不得不回到宁夏固原的老家。读书未能让他跳出农门，他像身边的农村青年一样很快结婚，但他不甘心一辈子做一个庄稼汉，也不愿意做一个普通的打工仔。一心想着干一番事业，开服装店、开餐厅、搞面粉、倒煤、合伙贩卖杏仁，但都损失惨重。

最多的时候欠债三千多元，天天有人到家里追债，被老爸骂，让老婆骂，村民们也在背后指指点点，郁闷中只能靠喝酒解愁。一年多后，妻子提出离婚。困窘之中，杨满军一气之下离家出走，远赴深圳——那个经常在电视里出现，似乎充满无限发展机会的地方。

30 岁"高龄"的杨满军根本进不了厂，面黄肌瘦的体格，在工地上也不容易找到活。杨满军在深圳石岩街道一带晃悠了七八个月，靠着偶尔打零工勉强度日。其间把这个地区的所有工厂齐齐地走过了，也没能找到比较稳定的工作。

此时，召唤他回去的除了空空如也的钱包，还有妻子的一句："你回来签字。"

一、人在囧途：辗转枣阳挣路费

回老家办完离婚手续，杨满军又想去深圳。对于他来说，去深圳成为一种执念，代表着希望。

可去深圳的路费没有着落。正在异常焦虑的时候，杨满军碰到在固原酒厂工作的同村人老余，中午就请老余吃饭喝酒。酒酣耳热之际，他成功地从老余那里借到500块钱。下午拿着钱，给两个儿子和前丈母娘买了点东西，就只剩220块钱了。

杨满军盘算了一下，这点钱恐怕到不了深圳，但上路了再说吧！当晚他就坐上了从固原到西安的火车。到了西安火车站，一看到广州最低的票价是238元，而口袋里所有的钱凑起来也只有180多元。万般无奈，杨满军在火车站塔顶思来想去，把时刻表从上到下反反复复看了好多遍，最后选了K2274次火车。这趟车第三天抵达湖北襄樊，票价160元，是他能够付得起的走得最远的一趟车了。

到了襄樊，无法再向前走了，就四处打听哪里可以打短工。有人告诉他枣阳那边有人力市场。于是他花了10块钱坐小巴到枣阳。藏在衣服夹层里的最后9块钱，提醒他一定得赶紧找到工作。早晨到枣阳，转到天快黑都一无所获，又饥又累中一抬头猛然看到枣阳中学，杨满军灵光一闪，想到可以给学生们讲课。

他跑到学校门口，向门卫大爷打听是否需要老师帮学生补课。大爷一听就轰他走，说快放假了，不需要。此路不通，他只好胡诌说找中学的罗校长，没想到还真有一个罗校长，门卫和罗校长通了电话后，约他第二天来见面。

无处可去的杨满军在市场找了个角落，想想明天怎么面对罗校长，想着万一被接纳，怎么给学生讲自己擅长的作文课。到后来困乏难挨，就找了一些破纸箱垫在地上睡觉，总算熬过漫长的一夜。

一早去中学见罗校长。对方一看不认识，高声质疑他是谁。杨满军心知不能再撒谎，就直接跟校长说："说实话，我是走投无路。本来呢，我是想去深圳的，结果走到襄樊没钱了，辗转到你们这儿。我想现在快放假了，肯定有补课的学生，学校有没有补课的？或者有些老师没时间去讲，我以前在南京上过学，写作还可以。我想给他们讲几节课，搞点路费就行。"

罗校长听后挺同情，就让他先等一下，自己去问问班主任的需求。半小时后，罗校长和班主任答应他下午来试讲。杨满军饿了好几顿，又无处可去，就坐在门房等待，到了中午吃饭的时候，门卫大爷看他可怜，去食堂帮他打了一份饭。

下午的试讲是一堂大课，初二的学生和很多老师都来了，搬来了长长的板凳，挤满了教室。杨满军回忆说，他主要讲了作文的结构，大意是把一篇文章比喻为一个人："文章，像人的躯体一样，要有头有脚，有内脏，才完全。"他按这种思路，滔滔不绝地讲了八九十分钟。语文教研组组长说："可以。"最后定了一堂课60块钱。中午在学校灶上吃饭，晚上校方让他住在一个老师的寝室。

四天后杨满军拿到430块钱课酬。杨满军算了算从枣阳到深圳的路费，大约150块钱就够了，便千恩万谢地向学校辞行，走前请门卫大爷、语文教研组组长出去吃饭，还了人情。

二、睡在坟墓里的人

来到深圳，杨满军打过一些零工，经常找不到工作，有一餐无一餐地勉强支撑。好不容易找到一家压铸厂——福大利厂。厂长叫朱小六，老家江苏，他在面试杨满军时听他带有江苏口音，得知杨满军在南京上过学，就答应给他一个工作机会："这样吧，我们这儿招工特别着急。你早晨从我们厂把铸造样板拿上，送到公明的楼村，一趟 25 元，一个月送 18 次。"

走投无路的杨满军想都没想就接受了这份工作。第一天送货，一个来回车费要 12 块，工钱的一半就没了。不干，又担心找不到新的工作，于是杨满军决定以后走路送货，可以省下车费。

走这么远的水泥路，肯定费鞋。杨满军觉得还是得做些"准备"。他找到一个垃圾堆，翻来倒去，东挑西拣，终于找到一双看着底子还好，穿上也大体合脚的鞋。一趟走下来，鞋就废了，脚也疼得厉害。杨满军最初几天是白天走路送货，阳光暴晒之下，脸上皮肤开始脱落，到了晚上疼痛难忍。后来他慢慢摸索出了经验，早上拿上样板后先不走，等到晚上九点以后再走。没有太阳，也凉快一点，一路走到公明广场，找个木条躺下来，睡到天快亮，工厂快上班时再往楼村的厂里走去。例行地，每晚走回来之后，还去垃圾堆里找鞋。

在福大利厂附近，有一家小店。杨满军每天都去买"双胞胎方便面"，一买就是五包。后来店老板注意到了，问他天天吃方便面，支撑得住吗？

杨满军讲了自己的情况："每天进人家楼村的厂子，连双好的鞋子都没有，丢人到这个份儿上了，哪还有吃饭的钱？"

店老板问了杨满军发工资的时间，拿出一双回力球鞋，主动提出赊给他："你看，你穿的那个鞋又脏又破，走路没双好鞋怎么行？这双鞋你先拿去穿，等你发工钱了再付账。"

这一段时间杨满军没有地方住，更没有钱租房。店老板所在的那栋楼的楼顶，是杨满军偷偷栖身的地方。这附近有个垃圾点，扔了很多拖鞋、烂皮鞋，偶尔也有带鞋带的凉鞋。晚上没人的时候，杨满军从垃圾站里挑一些鞋子藏在楼顶上。就这样，他每天穿一双"新鞋"送铸造样板，而那双回力球鞋，大部分时间舍不得穿，等快到工厂门口才拿出来换上。

一次，杨满军无意中发现水田村口有个天桥，底下就是涵洞。比起楼顶，这里雨淋不着，太阳晒不着，于是他就在那儿"安家"了。涵洞底下有水，夏天睡在上面，很凉爽，就是蚊子多。桥上走人过车，动静很大，虽不胜其烦，但人累到一定程度，也不在乎了。在这里，杨满军还碰到了一个来自甘肃的小伙子，找不着工作，两人做伴在涵洞里住了一段时间。

身体之痛，面子之失，固然让杨满军烦恼，但是这毕竟是可以自己硬撑熬过去的，最让他担惊受怕的是针对外来人口的检查，一旦被抓住，就会因证件不全被收容遣返。在送铸造样板那段时间，他经常是放着大路不走走小路，远远看到"戴红袖箍的"就跑。选择夜里送样板，凉快是一个考虑，可以尽量避开检查人员是另一个考虑。

有一次，在石东站路口，他碰到那些戴红袖箍的，仓皇之下就跟着大家往山上跑，稀里糊涂地跟着别人跑进了一个窟窿。这个窟窿底下铺着很大的石头，铺得很平，磨得很光。他一细看，惊呆了："这里面怎么是坟墓？"就在这个窟窿里，他与另外三个人睡了一晚。

那一次经历他永生难忘。后来才知道，20世纪90年代年来深圳的一些人，由于房租都付不起，没有暂住证，为了防止被抓，就把无主的老坟掏成一个个窟窿，躲在那里。

杨满军感慨地说："回想起来咱们那时候也苦。但是，一代一代都是这样苦过来的。随着时代变化，年轻人都不愿意，也不敢在那些地方睡。其实，老一代的那些人，还不是往那里面钻？我那时候睡桥洞，还没想着睡坟墓，没想过。"

三、工伤维权淘到第一桶金

有一天刚下过雨，杨满军在石龙某工厂的门前，看到一个人的行李被丢出来，包儿翻倒在门口的泥沙里，人坐在门口跟保安吵架。他跑过去将那人叫到旁边，问是咋回事。

那人叫张玉涵，是那家工厂切割模具的小组长。张玉涵说，他工作时，大拇指前面的一截，被机器给压伤，不得已就切了。他老乡说有人把指头伤了，厂里都赔了8000块钱。他也跑去让厂里赔3000块钱，但厂里不给。

杨满军就和张玉涵在工厂旁边的小餐厅，炒了两个菜，两个人边吃边聊。杨满军好歹读过书，脑子反应快，知道先去查规定。吃完后两人在网吧查看《劳动法》，得知工伤赔偿很高，最差的级别要赔一万多。杨满军当即就说如果是真的，就先去问劳动站。其实他一看赔偿金那么多，心里就想，反正找不到工作，不如帮他把这事做了，何况张玉涵说了："如果这个钱能要到，我就拿 2000 块，剩下的全归你。"杨满军听了很高兴。

他们来到石岩劳动站求助，工作人员让他们先去工厂，看厂里怎么说。但厂里之前跟保安提前打过招呼，他们门都没能进去。跑了一个多星期，没有任何结果。杨满军是属狗的，比较义气，认死理儿，再次找到劳动站。劳动站给厂里打电话，对方说请示厂里的领导，之后就杳无音信。劳动站的工作人员也有点生气，告诉张玉涵："你这去鉴定的话，绝对是十级，这个毫无疑问。你拿了鉴定结果来，我们就给你劳动仲裁，厂里就得给钱。"

一个月后鉴定报告出来，两人理直气壮地到劳动站。工作人员让他们把两份报告，一份送到厂里，一份放在劳动站，再自己复印上一套；并把受伤的过程叙述出来，写了一个材料。

劳动站就通知工厂开庭。这一下把工厂的蔡老板惹恼了。他当即出几万块钱，请社会上的人来摆平这事。当时张在新村，杨在老村。社会上的人，一直跟着张，而在杨去找张时，就被盯上了。到晚上，他们找到杨满军租的房子，用砖头把窗户全砸了，杨满军的床上、地上全是玻璃。杨满军开始心生惧意，打电话给房东，房东说："还能是谁砸的？都是你们惹的事，肯定得罪了社会上的那些人。"

那是杨满军第一次知道所谓社会上的人，也就是黑社会。

杨满军最终没能躲过去。有一天，在翠桥山路口，猛地跑出来四五个人，把杨满军一顿暴揍——到现在他头上几厘米的伤疤依然清晰可见。张玉涵也受伤不轻。社会上的人命令他们三天内离开深圳。

杨满军挨了打，不服气，要去报警。张玉涵就拦着他，他老婆孩子在这里呢。劳动站的人劝他们赶快去缝针。杨满军一听缝一针要百十来块钱，就没去。在头上随便包了包，不出血后，就没再管了。

有一天，黑社会的人给他们传话，让他们把资料原件交出来，先躲一躲，并承诺只要他们拿到蔡老板应给的 8 万块钱，就把资料还给他们。杨满军问他们拿什么保证，那人说："虽然我们混社会，我们也讲义气。你看咱们虽然把你打了一顿，说实话，我们也不愿意。但是呢，我也有老大，我们也是靠这个吃饭。"

杨满军就让张玉涵偷偷跟着黑社会的人。到第三天，黑社会的人没拿到钱。杨满军满心忧虑，说只有豁出去了，舍命拼一把，如果有什么事，"就跟他们往死里死干。反正他把咱们打两次了，咱们至少要把他们打一次"。

黑社会的人第四次去找老板要钱，蔡老板问："把他们搞得怎么样了？"黑社会的人就让蔡老板看照片。拍得很模糊，像素不高，是杨满军他们被打和砸窗子的照片。老板就给了他们钱。

黑社会的人不找他们麻烦了，他们俩又去跟劳动站协商。劳动站的人说，厂方愿意出 8000 块钱，这件事就算了，问他们是否同意；如果不同意，就去起诉，但劳动站将不再给他们协调。杨满军和张玉涵耗不起，也怕节外生枝，就同意了。协调终于成功。

张玉涵非常感谢杨满军，按先前的口头协议，要给他 6000 块钱。两人推让一番，最终杨满军只拿了 3000 元。同时，他在深圳有了朋友。

有生之年第一次有这么大的资本，杨满军很纠结这笔钱到底要怎么用："实际上，我要在家庭责任与自己的事业上，做出权衡。你出来这么长时间了，从来没有挣过钱，这赚了 3000 块钱，而且是偶然赚到的。如果你不给父母、给家里寄一点，好像就失去了人的很多东西；那如果你把钱寄回去一部分，你自己再去做事，可能又丧失了做事的机会。我想来想去，说这个钱不能花。于是跑到水田信用社存了。"

四、寻找通往家乡的路

工伤维权的事办完，杨满军跑到二手店入手一套二手煤气灶，又动手做了个桌子，再接手隔壁老周留下的"烂床"，终于第一次在深圳把自己住的地方收拾得像个样子。看着规整的屋子，杨满军心想，自己也算在深圳有家了。

隔了两三天，张玉涵的老乡，也是厂里的会计，刘文阳过来找到张玉涵。刘文阳知道他提走了8000块钱，也知道有人帮他，就让他把杨满军也带上，说"咱们北方人坐一下"。吃饭时，刘文阳惊讶于杨满军居然没有工作，并询问以后的打算。杨满军就说："想自己做点事，不想打工。"这正中刘文阳的下怀。原来，刘文阳经常接触的业务员要自己开厂，需要准备开办工厂的资料，跑相关的工商登记手续，托刘文阳代办。刘文阳是这方面的行家，但平时在工厂做会计，时间不自由，就让杨满军做帮手，拿着他准备好的资料，替他跑腿，到相关部门走申报手续，每办完一单，可以得到一笔固定的跑腿费。

杨满军当即答应。跑了一单后，杨满军觉得这个事可以做，比工厂轻松，也有得钱赚。不过，杨满军并不只是贪图轻松，他主动提出，只要刘文阳愿意教，他就愿意学习如何准备资料，以后跑腿费不增加，他可以将准备资料的工作也承担了。

两单做下来，杨满军决定第三单要给自己做，要成立自己的公司。杨满军为自己的公司起名"北通咨询部"。杨满军这样解释这个名字："为什么我现在所有的公司都叫'北通'？那时就想着我什么时候赚上十万块钱，我就回家。北通就是'通往北方的家'。"

第一年，杨满军帮助刘文阳跑腿，赚一些辛苦费，其间报名参加了一个民办大专，学工商管理。第二年，杨满军和刘文阳合伙成立了一家会计事务所，帮助别人做账，同时继续工商登记代办业务。在帮人做账，提供咨询和代办工商登记业务的过程中，尤其是在帮助企业处理环保和消防达标等事务的过程中，杨满军对环保和消防设施的生产流程、机器设备、生产线长度、工位安排等，逐渐熟悉起来。等到有了一定资本积累之后，杨满军开始抓紧机会，涉足环保和消防工程建设业务，逐渐扩展到土木工程，最近几年又涉足房地产，公司日渐壮大

杨满军终于积累了一些资金，从当初身无分文的打工仔变成了有一定实力的老板。

五、回归故土

2015 年，在离开深圳将近十五年后，杨满军终于迎来一个回归故土的机会。大约在成立"北通"公司第三个年头，杨满军就赚到了他为自己设定的十万块钱的目标，当时他并没有像预想的那样马上返回故乡，而是很快就追逐起更高的目标。这些年，他赚的钱早已超过成百上千个十万，回归故乡的念头也越来越强烈。当年在屈辱和茫然中离开故乡，那些在困境中帮助过他的，对他期望有加的恩人自然是铭记于心；那些看不起他、在背后指指点点说三道四的乡邻们也从来不会忘记。静下心来想一想，让他仓皇逃离是故乡，是故乡的人情世故，但让他这些年挺过艰险，须臾不敢懈怠的，何尝不同样是故乡？

2015 年，固原一个农产品工业园项目到深圳招商引资，杨满军欣然回到家乡，开始实施"固原北通西农产品科技园"的开发建设。忙了一年多，在勘探费、设计费等投入一笔钱之后，由于被要求频繁改动设计，加上和地方政府对接上的一些问题，这个项目最终未能顺利推进。在宣布放弃这个项目的酒局上，杨满军借着酒意对地方招商干部表达了他的失望，"我不折腾，我够吃了。我先前从零起步。先是让我自己能吃饱，再让家人能吃饱，那慢慢我有了员工，我就让我的员工吃得饱。完了之后我就考虑到我家乡的人是不是也能有所改变。我是看着咱们是家里的亲人，我才跑回来的。我对咱们家乡的心永远都不会坏。我知道你们都没有想坏我的事，但是，这件事黄了，我个人一大笔经济损失，我对家乡的责任心也可能熄灭了"。

不过，在平静之后，杨满军也意识到项目半途而废并不能归咎于哪个个人或机构，故乡之情更不是说熄灭就熄灭的。2016 年，结束固原项目后，杨满军认真考察了固原的幼儿园状况，他准备在时机成熟时，在故乡开办连锁的幼儿园。这个想法何时能够落实，杨满军不敢确定，不过，2017 年的夏天，杨满军确定要做的一件事，是推倒他河东老家颓败的老屋，在原址建造村里最气派的别墅。当年出走时还是"三十未立"的穷小子，转眼已成鬓发微霜的中年老板。今后，杨满军打算多些时间回来住。

回顾半百人生，杨满军说：

"我在深圳也待了快20年了，这就是我创业的大致过程。其实，有些太辛酸的事也不想提，经历了很多，像磨难一样，也不敢说。真说出来，自己也很难受。

"人的思想一定要重振，不要有任何歪心。做任何一件事情，首先都要做正。我这么多年呢，虽然也是吃了很多苦，也遭受了很多罪。但是，还是要学。我那时候把石岩整个各个工业区，总共是300多个工业区，我自己都能用笔画出来，就清楚到那个地步。所以，为什么能做这么久，真的是花了很多心血。咱们挣的每一分钱都很辛苦，没有投点机或者取点巧。

"现在我也是站在起跑线上，得一路走下去……"

撰稿人：张春净（北京大学社会学系硕士生）
指导老师：卢晖临

后记 • 卢晖临

北京大学社会学系教授

改革开放开启了人类历史上规模最大、持续时间最长的人口流动，也造就了与传统农民形象迥异的改革一代的农民。今天，哪怕是在再偏僻的村庄，随意拉上一个五六十岁的农民聊聊天，你就马上会意识到像"安土重迁""孤陋寡闻""行为保守"这些通常被加在农民身上的标签是多么地不合时宜了。一个看上去不起眼的老汉，可能在新疆摘过棉花，在北京修过地铁，去广州收过废品；一个在田间劳作的中年人，可能下过矿，进过厂，干过装修。是的，这是足迹遍及（汗水洒遍）大江南北的一代农民，是经历丰富见多识广的一代农民。然而，这些与改革开放同行，为中国发展做出巨大贡献的一代农民（工），却经常成为一个抽象层面被肯定、具体层面被忽略的群体。在改革开放、中国发展这样宏大的历史叙事中，难以听到他们的声音，看到他们的面容。

《四十人的四十年——中国农民工口述故事》记录了 40 个普通农民（工）的经历、感受和观点。这些以实际行动书写历史的人，他们自身的经历应该被书写，他们的声音应该被听到。这些普通人的"微观历史"，为我们认识和思考改革开放提供了一个自下而上的角度。

本书收录的 40 个人的访谈，是从过去一年我们在中国东中西部三个村庄完成的 120 多个农民访谈中筛选出来的。在进行这些访谈之前，我们已经在这三个村庄开展了三年的田野调查。

2014 年底，国务院参事室委托北京大学社会学系成立课题组，开展"中国农村社会变迁跟踪研究"的长期计划。课题设立有两个目的：一是通过三个中国农村社区变迁历史的记录，反映改革开放以来中国社会变迁的历程；二是近距离观察农民生活和农村社会变化，及时捕捉农村的新问题和新动向，为国家出台农村政策提供建立在第一手材料上的咨询意见。

课题选取了浙江永嘉县的珠岙村、安徽凤台县的店集村和宁夏固原市的河东村作为固定调查点，跟踪观察农村社会的变化。2015 年以来的每个寒暑假，我们都组织以社会学研究生为骨干的调研队伍，在老师带领下分赴这三个村开展调查。最初的两年，我们将主要精力集中在撰写村史上。通过访谈村民，结合档案材料，我们搜集了反映这三个村历史和现状的丰富资料，最终完成了这三个村的村史，现已结集并以《三个村的四十年》为名出版。之后的 2017 年，我们在这三个村完成了"农村养老调查"和"农村基督教调查"等专题研究。

三年来，我们采用的最主要的研究方法是参与观察法。调研团队在村庄吃住，在走街串户中观察和体验村民的日常生活，列席旁听村民的会议，跟大妈学跳广场舞，在婚宴上讨酒喝。在力所能及的范围内，我们还在三个村庄开展了一些社会服务，譬如与中小学生和学生家长分享学习的经验和体会。这种研究方法让我们有机会深入了解农民生活和农村社会，更重要的，也让我们与这三个村的村民建立了友谊和信任。正是在这个基础上，我们得以顺利在 2018 年开展生活史访谈。

这些访谈主要完成于 2018 年寒假和暑假两个假期。一年来，先后有近 70 名师生参与访谈工作，其中有与这三个村保持稳定联系、与村民彼此熟悉的老师和研究生，也有第一次加入的新鲜面孔。在村庄这个特殊的环境中，新鲜面孔迅速被村民以"北大学生"这个群体身份而接纳。在访谈中，我们更是体会到这种信任关系的巨大回报。生活史访谈经常碰到两个困难：一是被访人在事实层面对自己经历的夸大、掩饰，甚至虚构；二是被访人即便做到了提供基本事实，但是不愿意在陌生人面前展露自己的感受和观点。

在我们完成的 120 多个访谈中，被访人村庄生活的经历，外出打工的经历，彼此之间有很多交集。我们发现，除了一些细节因记忆不一致而呈现差别之外，更多的是基本事实层面的相互印证和相互支持。研究团队在村庄的长期存在，不断的回访，信任关系，使得被访人"说瞎话"的情况几乎不存在。

当然，任何人对自己经历的讲述都不仅是提供简单的事实，在某种程度上一定是一种建构，涉及到当事人所理解和看重的意义和价值。是否有机会触及这个层面，既取决于我们能否获得基本事实，更取决于我们能否接触到当事人的感受和观点。我在研究生时期的一个老师，法国学者麦港，为参与调研的同学们做过多次培训，他反复强调"聆听权"这个概念。如果不能与被访人建立关系，不能建立信任的基础，那么即便被访人配合完成了访谈，也不过是一种"霸王硬上弓"，又能够谈得上多少了解和理解呢？本书中收录的访谈，有一些是我自己带着学生完成的，与邱小芬的谈话给我留下深刻印象。她谈到她的婚姻，谈到她婚后生活与公婆和丈夫的矛盾，谈到她的屈辱；谈话中，她的丈夫不时进出，当时我很受震撼，甚至有一点尴尬，但她不以为意，当着丈夫的面继续这个话题，还半开玩笑地说丈夫现在变好了。如果不了解邱小芬这段婚姻生活的感受，很难理解她后来的艰苦打拼，更难以理解她为儿子建立一个幸福家庭而付出的代价。邱小芬自爆的"家丑"一定是村人尽知却精心维护的"公开秘密"，但可能是外来研究者永远无法探知的隐秘。在那一刻，我意识到我们过去三四年在这个村庄所做的工作，我们对学生反复强调的尊重农民和理解农民的努力，让我们获得了"聆听权"这一巨大回报。

本书收录的 40 个人物，绝大多数是来自这三个村的村民。珠玑村有大量外来务工人员，我们也选择了一些作为访问对象。在分析访谈录音后，我们讨论确定了每个人物的撰写思路，重新组织了材料和叙述，但未加任何虚构。在撰写者完成初稿后，我们特别邀请了黄志辉、温莹莹、蒙晓平、吕亮明，通读所有文稿，提炼主题，并做了文字的修改。

除了本书中已经列明的撰稿人之外，中国青年政治学院的温莹莹博士，我的同事刘爱玉教授，中国人民大学的李丁副教授，西北农林科技大学的陈航英博士，研究生粟后发、李莉萍，还有很多参与撰写但最终没有收录进本书的作者，我们一起在风雪天和酷暑里调研的经历已经成为美好的回忆，在此向他们表示衷心的感谢。调研工作得到这三个村所在地县镇（街道）村三级干部的大力支持，尤其要感谢房正纶、罗天、王霆、郭伟旺、袁祖怀、吴向韶、刘群、聂军、林万乐、陈志斌、金家彪、潘剑永、陈宏斌、苏为昌、朱振标、陈桂彬、吴明辉、余章龙、郑建武、谢德怀、朱旭峰、谢德武、钱亚伟、刘龙，他们在基层繁重的工作压力下，总是设法抽出时间来看望调研的同学们，给予生活上的照顾。当然，最应该感谢的是这三个村的村民们，他们不仅毫无保留地支持我们的调研工作，而且以他们走过的人生，向我们展现如何在磨难中成长，如何在艰苦中前行，如何承担责任。

2018 年 12 月 8 日